JN440981

철저히, 친밀하게, 취약하게 사랑하다

+ 엘렌 데이비스 노스캐롤라이나 듀크 신학교 성경 및 실천신학 석좌교수

이 명료한 연구를 통해 오늘날 최고의 신학자 중 하나인 저자는 요한복음에서 발견한 깊이, 단순함, 예수를 따르고자 하는 독자들을 향한 사랑 어린 돌봄을 그대로 재현해 낸다. 그리스어 원문에 대한 저자의 탁월하고 정밀한 독해는 독자들로 하여금 '욕망', '신뢰의 성장', '사랑의 공동체 안에서의 빚어짐'이라는 흐름을 따라 요한복음이라는 드라마의 깊이를 헤아릴 수 있게 해 준다.

+ 존 맥도웰 아일랜드 성공회 아마 대주교

+ 에이먼 마틴 로마가톨릭 아마 대주교

동방정교회 전통은 신학자를 두고 하나님께 직접 가르침을 받은 사람이라고 말하기도 한다. 이 놀라운 연구 자료에서, 걸출한 학자이자 신학자인 저자는 요한복음에 대한 평생의 성찰과 학문적 성취뿐 아니라, 제자로서의 삶과 그리스도인 공동체의 필요에 세심하게 귀 기울여 온 세월의 결실을 대중적 언어로 녹여 냈다. 저자는 예수님에게서 영감받은, 깊은 의미와 사랑이 담긴 '욕망의 드라마'로 우리를 초대하고, 이 아름다운 복음서를 통해 하나님이 오늘날 우리에게 말씀하시도록 이끄는 개인적 영성을 제공한다. 개인적 영성을 제공한다. 그 결과 바로 예수 그리스도 안에서 '깊고 영속적이며 풍성한 생명'의 약속과 성취에 이르는 독특한 길을 열어 준다.

+ 재닛 몰리 *The Heart's Time, Love Set You Going* 저자

요한복음에 대해 깊이 있고 충만한 열정을 품은 저자는 인생의 많은 시간을 요한복음의 풍성함을 탐색하고 설명하는 교사이자 신학자로 헌신했다. 이 책은 그의 지혜를 일반 독자들이 쉽게 읽을 수 있도록 간결하게 요약한다. 사순절은 물론이고 고난주간과 그 이후에도 사용할 수 있는 자료다.

+ 존 베어 애버딘 대학교 인문학 왕립석좌교수

요한이 쓴 부활의 복음이 이 계시하는 예수 그리스도를 통해 하나님을 만나도록 돕는 훌륭한 길잡이다. 소그룹이나 개인 누구에게라도, 또 사순절부터 부활절을 거쳐 그 이후까지 혹은 연중 어느 시기에나, 이 책은 요한복음의 깊이를 발견하도록 도움으로써 모든 독자를 풍요롭게 만들어 줄 것이다.

+ 제인 윌리엄스 런던 세인트멜리투스 칼리지 기독교 신학 교수

이 책에는 저자의 요한복음 연구, 기도, 묵상, 함께 읽기 경험의 정수가 명료하고도 깊이 있게 담겨 있어서 우리를 하나님과의 만남으로 인도한다. 요한복음 모든 장의 중심에는 예수님이 계신다. 그분 안에 나타난 자기를 내어 주시는 사랑을 통해서 우리가 하나님을 알게 되기 때문이다. 예수님을 알아 알아 갈 때 우리는 자기 자신, 내면에 대한 탐색, 나의 욕망, '집'에 대한 갈망을 또한 발견해 간다. 이 모두는 우리와 함께 계시고 우리를 위하시는 하나님의 풍성한 현존 가운데 드러나며 그 안에서 응답된다.

+ 에이미 부셰 파이 영성 지도자, *7 Ways to Pray* 저자

저자의 탁월한 요한복음 주석서는 내가 좋아하는 책 중 하나다. 그래서 그 책과 함께 볼 수 있는 묵상집을 냈다는 소식을 듣고 기대가 컸다. 알찬 내용에 생각을 자극하며 토론할 거리가 넘치는 이 책은 사순절 기간은 물론이고 그 이후에도 좋은 자원이다. 이 책을 읽는 독자들은 예수님을 만날 것이며, 신앙은 더욱 견고해질 것이다.

+ 마이클 볼란드 버밍엄 주교

데이비드 포드는 요한복음의 압도적이고 흘러넘치는 풍성함으로 우리가 예수님을 만나고 그분을 믿고 사랑하도록 초대받는다는 사실을 우리에게 상기시켜 준다. 개인 묵상과 소그룹 모임에 모두 적절한 이 책을 통해 저자는 독자들이 요한복음을 꾸준히 습관적으로 읽을 수 있도록 격려하며, 그 안에 언제나 새롭고 놀라운 내용이 담겨 있음을 보여 준다. 요한복음 연구를 통해 기독교 신앙이 성장하기를 간절히 바라는 이들에게 이 유익한 책을 추천한다.

+ 폴 윌리엄스 영국성서공회 총무, 교수

이 책은 예수님과의 만남에 초점을 맞춘 최상의 성경 공부 수업과 깊이 있는 묵상, 풍부한 소그룹 경험을 제공한다. 요한복음에 나타난 우리를 향한 하나님의 특별한 사랑에 대한 저자의 감탄은 구체적이고 아름다우며 전염성이 강하다. 비범한 영감을 주는 안내자가 이끄는, 하나님의 마음 깊은 곳으로 들어가는 놀라운 여정이다.

철저히, 친밀하게, 취약하게 사랑하다

십자가와 부활 그리고 이후의 삶을 위한 요한복음 안내서

데이비드 포드 지음
이지혜 옮김

성서유니온

내가 하나님을 만난, 신앙의 두 고향
아일랜드 성공회와 영국 성공회에
감사하는 마음으로 이 책을 바칩니다.

그리고 나의 손주들
솔로몬, 어제일리어, 조사이아, 패스코에게.

추천 서문 11

머리말 14

감사의 글 20

들어가는 글 만남, 신뢰, 성숙 27

1부 사순절

1. **큰 그림** 의미, 사랑, 예수님 41

2. **정체성** "당신은 누구입니까?" 57

3. **욕망** "당신은 무엇을 구합니까?" 75

4. **집** "당신은 어디에 머물고 있습니까?" 97

5. **영광** 요한복음에서 하나님을 만나다 117

2부 때가 이르다

6. **목요일** 철저히, 친밀하게, 취약하게 서로 사랑하다 145

7. **금요일** 예수님이 죽으시다 165

8. **일요일** 예수님이 살아 계시다 197

차례

3부 계속되는 드라마: 21세기에도 벌어지는 예수 사건

9. 오늘날 기독교의 핵심 예수님과 배움, 기도, 사랑 229

나가는 글 우리의 미래: 예수님처럼 보냄받다 263

부록 1 요한복음 17장에 비추어 주기도로 기도하기 279
부록 2 요한복음 90일 묵상 286
부록 3 기독교 사상 1918-2024 287
부록 4 그리스도인의 연합: 희망의 표지 289
더 깊은 이해를 위하여 291
주 295
찾아보기 304

일러두기

who jesus is '예수님이 누구신지'를 기본으로 하되, 자연스럽게 읽히도록 문맥에 따라 '예수님의 정체성'으로도 옮겼습니다.

desire '욕망' 혹은 '욕망하다'로 옮겼습니다. 이 책에서 '욕망'은 대상에 대한 탐심을 가리키는 부정적 의미가 아니라, 인간의 삶을 추동하는 근원적 동기 혹은 동력을 뜻하는 중립적 의미로 사용되었습니다.

I am 예수님을 가리킬 때는 복음서의 맥락을 따라 '나는/내가…이다'로, 하나님을 가리킬 때는 구약의 맥락을 따라 '스스로 있는 자'로 옮겨 의미의 층위를 두었습니다.

reality '실재'로 옮겼으며, 이는 일상적인 사실을 뜻하는 '실제'(actual)와 구분됩니다. 실재는 눈에 보이는 현상 이면에 있는 본질적 진리나 존재로 우리 삶에 영향을 미치는 근원적인 토대를 가리킵니다.

home '집' 또는 '가정'으로 옮겼습니다. 이 책에서 이 단어는 내세나 본향을 의미하기보다는, 가정에서 누리는 안식과 평안을 경험할 수 있는 그리스도인 공동체를 포괄하는 의미입니다.

추천 서문

데이비드 포드의 주임 사제가 된 것은 제 인생에서 큰 기쁨이자 도전이었습니다. 요한복음 주석을 완성하고 난 뒤 당신이 지금 손에 쥔 이 책을 집필하기까지 사이에 잠시 쉬는 동안, 데이비드는 요한복음이 한 해 전체를 차지하도록 성서일과를 다시 써 달라고 저를 설득했습니다. 우리는 온갖 사회경제적 배경과 교육 정도를 지닌 회중이 이 비범한 복음서에 '푹 잠기게' 하려는 대장정을 시작했습니다. 데이비드가 들어가는 글에서 언급하듯이 요한복음은 초보자와 전문가 모두에게 유익을 줍니다.

포용성은 요한복음이 기도하며 독자들에게 깊이 새기고자 하는 하나 됨의 여러 측면 가운데 하나일 뿐입니다. 단순한 어휘와 반복되는 주제를 통해 초보자들은 자신감을 얻고 전문가들은 도전을 받습니다. 데이비드 포드의 '사순절은 물론 그 이후의 시간까지 아우르는' 연구는 이 주제 다수를 아우르며 요한복음을 순환하듯 따라가면서, 그 주제들이 어떻게 펼쳐지는지를 드러냅니다. 실제로 우리는 1년 동안 이런 방식으로 설교했습니다. 본문을 반복해서 살피고, 우리 회중이 '거하다', '집', '생명', '진리' 같은 요한복음의 개념들에 익숙해지도록 순환하는 에너지를 만들어 내었습니다. 설교, 카페 교회 활동, 아침 공부 모임, 외부 강사들과의 차 마시는 시간, 사순절 소그룹, 가정 교회 그리고 성경 본문을 노래로 옮긴 '요한복음 음악'을 통해 우리는 요한복음에서 하나님을 만나려 했습니다. 신앙과 지식의 여러 단계에 있는 열두 명 정도의 소그룹이 다섯 번에 모임을 통해 이 책의 1-5장 초안을 함께 검토해 주었습니다. 우리는 저자의 열정과 사상의 깊이, 그리고 각 장 마지막에 실린 아미엘 오스마스턴(Amiel Osmaston) 목사의 면밀한 질문들에 감탄했는데, 아마 독자들도 공감하리라 생각합니다.

교회가 점점 더 예수님을 '알고 신뢰하는' 공동체로 자라 가면서, 요한복음과 함께한 한 해는 참으로 특별한 시간으로 드러났습니다. 우리 교회는 수적으로도 많이 성장했는데, 아마도 이 한 해의 명확한 초점과 활기가 새로운 사람들을 많이 끌어들였기 때문인 것 같습니다. 요한의 강조점에 맞추어 우리도 사랑과 연합, 공동체 형성에 끊임없이 집중했습니다. 우리 시대에 꼭 필요한 요청들입니다.

요한복음은 성경의 다른 어떤 책보다 더 우리 시대의 갈망을 향해 직접 말씀합니다.

저는 여러분께 어떤 식으로든 요한복음과 만나 보기를 추천하지만, 특히 깊은 학문적 성찰과 기쁨 넘치는 신앙이 빚어낸 데이비드 포드 교수의 이 책 『철저히, 친밀하게, 취약하게 사랑하다』를 진심으로 추천합니다.

2025년 4월

카린 보스 하먼

체리 힌턴 세인트앤드루스 교회 사제

머리말

이 책을 집필하는 데는 오랜 시간이 걸렸습니다. 처음 이 책의 계약서에 서명한 것은 2014년이었는데, 실제로는 2023년 6월의 어느 주 곧 요한복음 중심의 집중 참여와 대화 주간이 되어서야 지금과 같은 형태의 '사순절과 그 이후를 아우르는' 묵상집으로 출간되었습니다.

그에 앞서 2021년 12월에는, 20년 프로젝트의 결실로 『요한복음: 신학적 주석』(*The Gospel of John: A Theological Commentary*, 도서출판100)이 출판되었습니다. 가장 중요한 기독교 문헌으로 꼽을 책에 이토록 오랜 세월 집중한 일은 제 인생에서 얼마나 뜻깊은 경험이었는지 모릅니다. 20년 동안 이루어진 이 작업에 기여한 핵심 인물과 사건들은 그 주석서의 에필로그에 잘 소개되어 있습니다. 하지만 거기서 살짝 암시하기만 하는 2015년의 한 사건이 이 책의 탄생에 특히 중요했습니다.

2015년 무렵, 저는 15년째 요한복음 주석서 작업에 집중하면서 상당 분량의 집필을 마친 상태였습니다. 그해 초에는 옥스퍼드 대학교 뱀턴 강좌(Bampton Lectures)에서 "대담한 영: 지금의 요한복음"(Daring Spirit: John's Gospel Now)이라는 제목으로 8회에 걸쳐 강연했습니다. 이 강연은 수년간의 학문 연구와 가르침을 집대성하고, 제목이 말해 주듯 요한복음이 21세기에 지닌 중요성을 드러내려는 시도였습니다. 학계의 연구와 성경 해석, 신학, 영성, 우리 시대의 적실성을 한데 결합하는 것이 목표였습니다. 강연 성격을 고려할 때 학문적 측면을 더 강조할 수밖에 없었습니다.

그러고 나서 2015년 가을, 저는 케임브리지 대학교에서 은퇴하고 요한복음 주석을 완성하는 데 집중했습니다. 지난 15년간 집필한 내용을 전부 다시 읽어 보고는 이대로는 안 된다는 사실을 인정할 수밖에 없었습니다. 위기였습니다. 이 주석은 확실히 학문적이어야 하지만, 학계 밖 독자들을 주로 염두에 두었습니다. 그런데 그때까지 쓴 내용을 읽어 보니 이도 저도 아닌 것만 같았습니다. 그 원고는 한편으로는 학계가 아닌 일반 독자들을 대상으로 했지만, 다른 한편으로 학문적 논의와 논쟁을 담고 있어 각주가 길고 글의 흐름이 매끄럽지 못했습니다. 절별로 주해하는 훌륭한 형식에 갇혀 버린 것처럼 느껴졌는데, 그런 예들은 이미 제 서재에 산더미처럼 쌓여 있었습니다. 그래서 그때까지 쓴 모든 원고를 폐기하고 다시 새롭게 시작했습니다.

저는 새로운 주석 형식과 구조를 실험했습니다. 성직자이자 심리치료사인 아내 데버라와 시인인 친구 미홀 오쉬얼(Michael O'Siadhail)에게 원고를 보여 주었습니다. 제 작업이 어느 정도 효과가 있다는 두 사람의 판단을 받고 나서야 그 방식대로 계속 집필을 이어 갔습니다. 이 방식은 요한복음의 흐름을 (한 절씩이 아니라) 장별로 따라가면서, 미주를 최소화하고, 학자가 아닌 독자들도 읽기 쉽게(동시에 적어도 일부 학자들에게는 설득력 있게) 쓰되, 신학만큼이나 풍부한 영성을 제공하고, 현대인을 위한 요한의 지혜를 (종종 이탤릭체의 짧은 문장들로) 추려 내고자 했습니다. 무엇보다도, 예수님이 누구시며 오늘날 그분을 따른다는 것이 어떤 의미인지를 전달하려 했습니다.

따라서 그때를 기준으로 하면, 요한복음 주석은 실상 2015년부터 2021년까지 집필한 셈입니다. 하지만 2014년에 『철저히, 친밀하게, 취약하게 사랑하다』의 계약서에 서명한 이후로 항상 이 책을 염두에 두고 있었습니다. 요한복음 주석은 교회에서 소그룹과 개인 연구를 통해 요한복음으로 깊이 들어가도록 돕는 또 한 권의 책이 필요했고, 그 책은 21세기의 설교와 가르침, 삶을 풍성하게 하는 자원이 되어야 했습니다. 2023년 중반까지 이 책의 집필을 위해 방대한 분량의 기록을 모으고 책의 다양한 형태도 고민해 보았습니다. 하지만 한 가지 중대한 난관을 점점 더 인식하게 되었습니다. 『철저히, 친밀하게, 취약하게 사랑하다』는 사순절 묵상집으로 의도되었지만, 요한복음은 도무지 사순절에 맞춰 끼워 넣을 수 있는 복음서가 아니었던 것입니다!

보통의 사순절 소그룹처럼 다섯 번에 걸쳐 요한복음의 진면목을 제대로 담아내려 했던 나의 시도는 모두 실패로 돌아갔습니다. 이는 부분적으로는 요한복음이 마치 예수님의 옷이 "호지 아니하고 위에서부터 통으로" 짜인 것처럼(요 19:23) 매우 정교하게 기록되었기 때문입니다. 따라서 요한복음은 그 기록 목적, 곧 독자들로 예수님을 신뢰하게 하고 그분과의 관계로 삶을 빚어내려는 목적에 따라(20:30-31) 전체적인 관점에서 이해되어야만 합니다. 그러나 또한 이러한 분명한 이유도 있습니다. 요한은 마지막 식사와 예수님의 고난, 십자가 처형, 부활이라는 중요한 사건들에 대비시키기 위해 사순절의 관심사를 다룰 뿐 아니라, 모든 복음서 가운데서 예수님의 부활 이후에 일어난 사건들을 가장 충실하게 전하고 있으며, 고별 강화(요 13-17장)에서는 그리스도인 공동체에서 계속될 제자도의 드라마를 위한 가장 온전한 지침을 제공합니다. 이 모든 내용을 사순절에 담아내는 것은 불가능해 보였습니다. 이 특별한 본문은 사순절은 물론이고 부활절 이후까지 단절 없이 통으로 연구해야 마땅합니다.

제가 요한복음에 푹 빠져 있던 2023년 6월 중순에 색다른 한 주를 거치면서 한 가지 해결책이 등장했습니다. 그 주간에 하루는 하이리컨퍼런스센터(High Leigh Conference Centre)에서 나이지리아 그리스도인들과 요한복음을 연구했습니다. 램버스궁(Lambeth Palace)에 있는 세인트안셀무스 커뮤니티(기도, 연구, 섬김에 집중된 '하나님의 시간 속 1년'을 마친 여러 교회 출신의 국제 청년 그리스도인 그룹)와의 시간에도 요한복음이 중심이었습니다. 영국 성공회 및 다른 교단 출신의 엘리 대성당(Ely Cathedral) 참사위원들과 요한복음을 함께 연구하고 토론한 아침 시간, 체리 힌턴 세인트앤드루스 교회(St Andrew's Church)에서 '요한복음의 해' 행사의 일환으로 열린 제러미 벡비의 바흐 '요한 수난곡'(St John Passion) 강연도 있었습니다. 스토마켓에서는 세인트에드먼즈버리와 입스위치 교구의 성직자와 평신도 사역자 백여 명과 함께 요한복음을 공부하며 보낸 하루가 있었는데, 거기서 저는 참가자들 각자가 요한복음에 대해 나눈 통찰이 담긴 카드를 모을 수 있었습니다.

그 주의 절정은 우리 집에 머물고 있던 우리 부부의 친구 아미엘 오스마스턴 목사와의 대화였습니다. 그녀는 칼라일 교구에서 신학 교육을 인도한 바 있고, 사순절 소그룹 경험도 가지고 있었습니다. 우리가 어떻게 요한복음을 사순절에 담아낼까 씨름하던 중에, 그녀는 확실해 보이는 해결책을 내놓았습니다. 이 글을 '사순절은 물론 그 이후를 아우르는'(Lent plus) 책으로 내자는 것이었습니다.

그래서 요한복음에 푹 잠겼던 그 한 주가 보여 주듯(또한 다음에 이어질 '감사의 글'에서 더 자세히 풀어내듯이), 이 책은 요한복음 주석서와 마찬가지로 다양한 사람 및 공동체와의 수많은 만남과 교류를 통해 완성되었습니다. 이 책은 명실상부 함께 만들어 가는 과정이었는데, 이는 요한복음에 아주 잘 어울리는 방식인 듯합니다. 대다수 학자는 요한복음이 오랜 시간에 걸쳐 직접 목격한 증언, 예수님에 대한 다양한 문서 증언, 초기 기독교 공동체가 경험한 삶, 일부 공동 집필 등의 다양한 요소가 결합되어 기록되었다고 봅니다. 그러한 요한복음으로부터, 그리고 직접 대면하거나 문헌으로 접한 수많은 이와의 만남으로부터, 21세기를 살아가는 그리스도인의 이해와 실천을 위한 핵심적인 정수를 추출하는 이 새로운 시도를 나눌 수 있어 매우 기쁩니다. 아울러 이 비범하고 풍성한 성경이 증언하는 그 실재 속으로 더 깊이 들어가는 길들을 제시할 수 있는 것 또한 크나큰 기쁨입니다.

감사의 글

다른 사람들과 함께 요한복음을 읽고 또 읽으며 토론하는 일은 제 인생에서 가장 매혹적이고도 깨달음과 영감을 주는 활동이었습니다. 제가 빚을 진 모든 통찰과 증언, 질문, 논의, 뜻밖의 의견과 도전에 대한 감사는 이루 헤아릴 수가 없습니다.

그중에서도 특히 집중적으로 요한복음을 읽고 대화한 시기는 2000년부터 2021년까지 『요한복음: 신학적 주석』을 집필한 때라고 할 수 있습니다. 그 주석의 "감사의 글"에는 책의 출간에 도움을 준 수많은 그룹과 사람들을 기억하고 그들의 이름을 남기려고 했습니다. 그중에는 가족과 친구들, 학생들과 학계 동료, 여러 교회와 국가의 그리스도인들, 다른 종교 전통(특히 유대교, 이슬람교, 힌두교)을 지닌 사람들, 경제, 정치, 행정, 의학, 언론, 교육, 법, 교정(矯正), 종교 간 교류, 평화 운동 등 다양한 영역에서 일하는 사람들이 있습니다. 그들 모두에게 다시 한번 감사를 전합니다.

주석을 출판한 이후로도 요한복음의 결실과 영감은 계속되었고, 줄어들 기미를 보이지 않았습니다. 실은 오히려 그 반대였습니다. 주석에서 언급하며 감사를 전한 많은 이들이 (그중 일부는 인식하지도 못한 채) 주석 출간 이후에 쓰인 이 책에도 기여했습니다. 다음의 사람들에게 감사드립니다. 닉 애덤스, 앤 수녀, 바버라 베넷, 조젯 베넷, 리처드 보컴, 제임스 브로드, 롭과 조애나 브라운, 애나 캐플, 애슐리 콕스워스, 켄 코스타, 마거릿 데일리 덴턴, 엘렌 데이비스, 레일라 데미리, 베스 도드, 앨런 포드, 애니, 데릭과 클레어 포드, 제이슨 파우트, 벤 풀퍼드, 조세프 갈갈로, 주디서 가덤, 로레인 겔스토프, 젬마 C. J. 수녀, 나이절 젠더스, 줄리 기토스, 알론 고셴고트슈타인, 마티아스 그레베, 톰과 헤더 그레그스, 이자벨 햄리, 페린 하디, 애니와 앨런 하그레이브, 리처드 하먼, 마이크 힉턴, 피터와 캐서린 아이에빈스, 캐럴 어윈, 팀 젠킨스, 앤더슨 제러마이아, 그레이그 존스, 스티브 켑네스, 대니얼 킹, 그레이엄 킹스, 도미닉 크라우터, 패트릭 레키, 로비 리, 조지아와 오웬 메이, 피터 맥도널드, 도미닉 맥멀런, 윌리엄 맥베이, 비토리오 몬테마지, 레이첼 뮤어스, 폴 머레이, 아레프 나예드, 데이브 넬슨, 벤 쿼시, 매들린 오캘러핸, 피터 옥스, 자넷 피어슨, 알렉스 래드퍼드, 이언과 재니스 랜들, 크리시 라발, 클로이 레더웨이, 미카 루오카넨, 윌리엄 살로몬, 샘 SSF 수사, 사라 심슨, 사라와 존 스나이더, 재닛 소스키스, 질리언 스펜스, 존 스윈턴, 개비 토머스, 그레이엄 톰린, 자일스 월러, 짐

월터스, 대니얼 와이스, 저스틴과 캐롤라인 웰비, 크리스티나 웰츠, 앤디 울프, 존 우드, 알렉산드라 라이트, 톰 라이트, 존, 소피, 이지, 매디, 조지 영, 피터 영, 시미언 잘, 로리 졸로스.

요한복음 주석 출간에 도움을 준 그룹과 단체 가운데 일부는 계속해서 중요한 역할을 해 주었습니다. 제가 속한 케임브리지 예배 공동체, 체리 힌턴의 세인트앤드루스 교회는 특별히 중요한 역할을 했습니다. 카린 보스 하먼 사제는 부제인 지넌 보시와 존 샌더스와 함께 다양한 행사(제러미 벡비, 롭 맥도널드, 매기 던 초청)를 통해 '요한복음의 해'(2022-2023년)를 제정하고 이끌었을 뿐 아니라, 그녀가 서문에도 썼듯이 이 책 1-5장을 교회 성도들과 미리 살펴봄으로써 중요한 피드백을 제공했습니다. 그 소그룹에 참여한 모든 분께 깊이 감사드립니다. 여전히 제 삶의 중심을 차지하고 있는 린즈하우스(Lyn's House) 공동체 친구들에게 말로 다할 수 없는 큰 감사를 전합니다. 위로자 세인트바나바 수도원(Monastery of St Barnabas the Encourager), 램버스 궁의 세인트안셀무스 공동체(Community of St Anselm in Lambeth Palace), 슈맹뇌프(Chemin Neuf), 저스틴 웰비와 함께한 신학 피정 그룹(Theological Retreat Group), 로즈캐슬재단(Rose Castle Foundation), 웨스트몰링(West Malling) 세인트매리 수도회의 베네딕토회 수녀회(Benedictine sisters of St Mary's Abbey), 맥도널드아가페재단(McDonald Agape Foundation), 페이스인리더십(Faith in Leadership), 엘리야인스

티튜트(Elijah Institute), 다종교 경전 숙의 공동체는 모두 계속해서 큰 도움을 주었습니다.

요한복음 주석서의 출판을 통해 다양한 모임과 단체와 관계 맺을 기회를 얻었는데, 이는 여러 면에서 결실을 보았습니다. 다음 단체에 깊이 감사드립니다. 캔터베리 세인트어거스틴 칼리지, 뉴욕에 있는 세인트요한대성당(Cathedral of St John the Divine)의 더크로싱(the Crossing) 공동체, 스코틀랜드 성공회 세인트앤드루스(St Andrews), 던켈드, 던블레인 교구, 사도적개혁(Apostolic Reformation) 회원들, 성서공회의 후원으로 웨스트민스터, 리버풀 대성당, 스윈던에서 열린 일련의 모임, 코벤트리대성당과 코벤트리 교구 성직자들, 엘리 대성당 참사위원들, 엘리 교구 공인 평신도 지도자들(Licensed Lay Ministers), 엘리 교구 은퇴 성직자들, 트리니티 포럼, 세인트에드워드왕과순교자교회(Church of St Edward King and Martyr) 필사실, 더럼 대학교, 애버딘 대학교, 런던 킹스 칼리지, 그레이엄 존스(Graham Jones)가 함께한 해러깃에서의 모임, 스튜어트 데이비스(Stewart Davies)와 해러깃 신학교, 마틴 실리(Martin Seeley) 주교가 이끄는 세인트에드먼즈버리와 입스위치 교구의 성직자와 공인 평신도 지도자들, 성서공회 후원으로 요한복음 주석서를 중국어로 번역한 뤄민 류(Ruomin Liu), 머크넬 수도원(Mucknell Abbey) 베네딕토회 공동체의 수녀 및 수사께도 감사를 전합니다. 오스트레일리아 퍼노 제도의 성공회 교구 가운데 주요 교회인 레이디 배런의 세인트바나바(St Barnabas') 교회와 화이트마크의 세인트알반(St Alban's) 교회는 당시 임시 사제였던 스티븐 플랜트(Revd Dr Stephen Plant, 케임브리지 트리니티홀의 학장)의 인도로 이 책 1-5장의 초교를 읽고 피드백을 주었습니다. 텍사스주 레이티 로지에서는 스티브 퍼셀(Steve Purcell)의 초대로 미홀 오쉬얼과 제가 함께 피정을 인도했습니다. 그리고 이 책 1-5장을 먼저 사용해 보고 유용한 피드백을 제공해 준 세인트에드먼즈버리 대성당(St Edmundsbury Cathedral) 성직자와 두 사순절 소그룹에 특별히 감사합니다.

학계에서도 요한복음 주석서에 대한 반응을 보여 주었습니다. 몇몇 학술지에 실린 제 주석에 대한 서평 덕분에 많은 부분을 재고하게 되었습니다. 하나는 2022년 8월에 세인트앤드루스 대학교에서 열린 영국신약학회(British New Testament Society)로, 앤디 바이어스(Andy Byers)의 사회로 리처드 보컴(Richard Bauckham), 카트린 윌리엄스(Catrin Williams), 앤드루 링컨(Andrew Lincoln)이 발제했습니다. 다른 하나는 2022년 덴버에서 열린 성서문헌학회(Society for Biblical Literature) 연례 총회로, 스티브 파울(Steve Fowl)이 사회를 맡고 캐서린 손더레거(Katherine Sonderegger), 로라 스웻 홈즈(Laura Sweat Holmes), 짐 포더(Jim Fodor), 소사 실리에이저(Sosa Siliezar)가 발제했습니다[이들의 발표와 제 논평은 「성공회연구저널」(Journal of Anglican Studies)에 수록되었습니다]. 튀빙겐 대학교에서는 가톨릭신학부 교수 요한나 라너(Johanna Rahner) 의 주도로 이 주석서에 대한 논의가 있었습니다. 월터 모벌리(Walter Moberly)가 「신학해석저널」(Journal of Theological Interpretation)에서 이 책의 서평을 기고했고 제가 그에 응답했습니다. 책이 독자들의 관심을 받지 못하는 경우가 흔한데, 이렇게 많은 분이 제 책에 진정한 관심을 보여 주신 것에 깊이 감사드립니다. 그 덕분에 이 책을 쓰는 데도 큰 도움을 받았습니다.

이 책의 모든 진행 과정에서 SPCK 출판사의 필립 로(Philip Law)는 더없이 세심하고 인내심 많은 최고 출판인의 모습을 보여 주었습니다.

또한 아내 데버라의 격려는 제게 가장 큰 힘이 되었습니다.

마지막으로, 이 책을 쓰면서 실제적인 부분에서 가장 크게 빚을 진 두 사람이 있습니다. 지난 50년간 제 모든 글의 첫 독자였던 미홀 오쉬얼은(그리고 저는 그가 쓴 시의 첫 독자였습니다) 이 책의 모든 내용을 읽고 거기에 응답해 주었습니다. 또한 이 책은 아미엘 오스마스턴이 독자로서 동행해 준 제 첫 책이 되었습니다. 그는 모든 장의 내용을 논평해 주었을 뿐 아니라, 칼라일 교구에서 교육을 이끈 다년간의 경험을 살려 각 장 마지막에 수록된 질문들을 작성해 주었습니다. 두 사람의 통찰력과 솔직함, 격려에 진심으로 감사드립니다.

들어가는 글

▪

여러분 개인이나 여러분이 속한 교회에서 이 책을 사용하는 다양한 방법에 관한 실제적인 제안을 원한다면, 이 글의 맨 마지막 부분을 참고하시기 바랍니다. 한마디로, 이 책은 사순절은 물론 그 이후의 시간까지 아우르며 고난주간과 부활절 이후로 여러분을 인도하는 활용도 높은 묵상집이라고 할 수 있습니다. 사순절을 맞아 묵상 모임을 하는 소그룹에서 사용해도 좋고, 개인 묵상에 활용해도 좋습니다. 혹은 소그룹과 개인 묵상을 섞어서 진행할 때나 최대 열두 편의 설교 시리즈를 준비할 때 기초 자료로 삼아도 좋습니다. 또한 사순절이 아닌 다른 시기에도 얼마든지 사용할 수 있습니다.

만남, 신뢰, 성숙

요한복음의 두 가지 목적

예수께서 제자들 앞에서 이 책에 기록되지 아니한 다른 표적도 많이 행하셨으나 오직 이것을 기록함은 너희로 예수께서 하나님의 아들 그리스도이심을 믿게 하려 함이요. 또 너희로 믿고[신뢰하여] 그 이름을 힘입어 생명을 얻게 하려 함이니라. (요 20:30-31)

요한은 요한복음을 기록한 이중의 목적을 분명히 밝힙니다.

첫 번째 목적은 "너희로 예수께서 하나님의 아들 그리스도이심을 믿게 하려 함"입니다.[1] 여기에는 예수님이 누구신지 소개받는 것, 예수님의 언행이 담긴 이야기와 예수님께 벌어진 이야기를 통해 그분을 만나는 것, 예수님을 믿고 그분이 누구신지를 알게 되는 것이 포함됩니다. 요한복음의 목적을 요약한 이 본문 바로 앞에서 요한은, 부활하신 예수님을 만나 "나의 주님이시요 나의 하나님이시니이다"라고 고백한 도마의 이야기를 들려줍니다(요 20:28). 그러므로 예수님을 만난다는 것은 곧 하나님을 만나는 것입니다.

두 번째 목적은 "너희로 믿고 그 이름을 힘입어 생명을 얻게 하려 함"입니다. 여기에는 장기적이고 꾸준한 신뢰와 헌신이 포함됩니다. "내가 곧 길이요 진리요 생명"이라고 말씀하신 분과 생명을 주는 관계(life-giving relationship)로 성숙해 가는 것입니다(14:6). 요한복음은 처음부터 끝까지 계속해서 예수님을 생명이라고 말하며, 그 생명은 또다시 빛, 굶주림과 먹을 것, 갈증과 마실 것, 진리, 영혼, 바람, 평화, 기쁨, 사랑, 영광, 죽음을 극복한 부활로 나타납니다. 예수님은 자기가 오신 목적을 이렇게 요약하십니다. "내가 온 것은 양으로 생명을 얻게 하고 더 풍성히 얻게 하려는 것이라"(10:10).

요한복음은 예수님을 만나고 신뢰함으로써 하나님을 만나고 신뢰하는 것, 그리고 주님이 주시는 흘러넘치는 풍성한 생명에 마음을 열고 사랑받고 사랑하는 법을 배우는 핵심적인 관계 속에서 성숙해 가는 과정을 다룹니다. 『철저히, 친밀하게, 취약하게 사랑하다』는 요한복음을 통해 독자들을 이 만남, 신뢰, 성숙의 여정으로 초대합니다. 요한복음에서 영감을 얻은 이 책은 예수님이 누구신지 그리고 "그 이름을 힘입[은] 생명"이 무엇인지를 소개합니다. 이는 곧 더욱 깊어져 가는 예수님과의 관계를 누리며 살아가는 삶입니다.

초신자와 성숙한 신자를 위한 복음

요한복음의 매우 인상적인 특징 중 하나는, 처음 읽는 사람이 쉽게 이해할 수 있으면서도 거듭 읽고 곱씹는 사람도 거기서 끝없는 풍성함을 얻도록 아주 정교하게 쓰였다는 점입니다.

우선, 이 책은 다른 복음서들보다 단순한(바울서신에 비하면 훨씬 쉬운) 그리스어로 기록되었습니다. 기초적이고 쉽게 이해할 수 있는 개념과 이미지를 사용합니다. 이미 언급한 생명과 연관된 개념들 외에도 말씀, 어둠, 실명, 갈망, 물, 포도주, 떡, 목자, 향기, 출생, 죽음, 씻음, 치유, 신뢰, 아버지, 어머니, 자녀 같은 개념들을 찾아볼 수 있습니다. 요한복음에 등장하는 이야기는 그 수는 적지만, 대체로 분량이 더 길며, 정교하게 빚어졌고 이해하기 쉽습니다. 또한 반복되는 내용이 많아서 요점이 더 분명하고 더 강렬한 인상을 남깁니다.

하지만 다른 한편으로, 요한복음은 굉장히 깊이가 있으며 새로운 통찰을 줍니다. 조금 전 나열한 이 단어들의 의미를 완전히 파악할 수 있는 사람이 있겠습니까? 이 단어들은 모두 금세 이해할 수 있으면서도 그 심오한 의미가 계속해서 우리를 사로

잡습니다. 요한이 이 단어들을 사용한 것처럼, 이 단어들을 통해 우리는 생각과 상상력과 마음을 확장하고, 실재의 새로운 차원에 우리의 삶을 열어 놓을 수 있습니다. 단순하고 평범한 단어는 우리를 사로잡고 더욱더 깊은 의미로 끌어당길 수 있습니다. "내 계명은 곧 내가 너희를 사랑한 것같이 너희도 서로 사랑하라 하는 이것이니라"(15:12). 여기서 '같이'는 무슨 뜻입니까? 또는 "이는 나를 사랑하신 사랑이 그들 안에 있고 나도 그들 안에 있게 하려 함이니이다"에서 '안에'는 무슨 의미입니까?(17:26) 2천 년에 걸친 전 세계의 독자들의 증언에 따르면, 이 본문이 특별히 유익하고 끊임없이 우리에게 새로운 도전을 던져 준다고 합니다. 이런 본문들에는 언제나 발견할 것이 남아 있고, 성장할 여지가 있으며, 우리를 놀라게 할 것도 여전히 남아 있습니다.

이 모든 것의 핵심에 한 인물, 한 이름, 곧 예수님이 계십니다. 예수님은 우리와 같은 인간이시면서 동시에 하나님과 같은 분이십니다. 하나님은 이런 식으로 자기가 누구신지를 자유로이 나타내실 수 있으며, 실제로 그렇게 하셨습니다. 하나님은 이 인물 안에서 우리에게 하나님 자신을 자유로이 주실 수 있으며, 실제로 그렇게 하셨습니다. 이것이 복음입니다. 우리는 절대 예수님을 온전히 이해하거나 파악할 수 없습니다. 요한복음은 우리에게 예수님을 소개해 주고, 그분을 신뢰하고 사랑하도록 초대하며, 우리가 성숙하고 그 믿음과 지식과 사랑을 제한 없이 확장하고 심화하도록 도전합니다.

요한복음 본문은 단순함과 깊이를 결합하여, 이 목적을 이루도록 구성되었습니다. 요한복음은 초신자와 성숙한 신자 모두를 위한 책입니다. 어느 옛 격언의 표현을 빌리자면, 이 복음서는 '생쥐가 발을 담글 수도 있고, 코끼리가 헤엄칠 수도 있는 강'과 같습니다. 저는 이 책이 초신자와 성숙한 신자 모두에게 격려가 되기를, 그리고 모든 사람이 요한복음을 반복해서 읽음으로써 더 멀리, 더 깊이 나아가도록 자극받을 수 있기를 기대합니다. 저를 비롯한 수많은 사람이 이 습관에서 굉장한 유익을 발견했습니다. 요한복음의 압도적이면서도 흘러넘치는 풍성함을 생각하면, 그러니까 우리가 헤아리려고 애쓰는 의미와 사랑과 영광의 방대함에 비하면, 초신자와 성숙한 신자의 차이는 미미할 수 있습니다. 마치 생쥐와 코끼리의 키 차이를 이 세상의 광원인 태양까지의 거리와 비교하는 것과 비슷하다고나 하겠습니다.

초신자와 성숙한 신자 모두에게 도움을 주기 위해 이 책은 시작과 지속, 만남과 성숙을 다룹니다. 이때 배움, 사랑, 기도의 성장에는 한계란 없습니다.

1장 "큰 그림: 의미, 사랑, 예수님"은 요한복음 서두에서 나타나는 매우 놀라운 실재에 대한 인식을 보여 줍니다. 요한복음의 프롤로그인 1장 1-18절은 2천 년 기독교 역사에서 아마도 가장 큰 영향력을 끼친 절이 아닐까 싶습니다. 그리고 이 말씀은 오늘날에도 여전히 중요합니다.

이 책의 그다음 세 장은 세 가지 핵심 질문으로부터 비롯됩니다. 요한복음 1장의 나머지 부분에서 이 질문들이 처음 제기되는데, 이것들은 요한복음 전체와 관련되며 그리스도인의 삶에서 본질적인 사안들을 다룬다고 볼 수 있습니다. 이 책 2장은 정체성에 대한 질문("당신은 누구입니까?")을 던지며, 3장은 욕망에 대한 질문("당신은 무엇을 구합니까?")을, 4장은 집에 대한 질문("당신은 어디에 머물고 있습니까?")을 던집니다.

5장은 고난주간에 다가가면서 사순절의 절정에 해당하는 내용입니다. 이 장은 요한복음 12장에서 예수님이 드리신 기도를 통해 드러나는 영광에 집중합니다. "아버지여, 아버지의 이름을 영광스럽게 하옵소서 하시니 이에 하늘에서 소리가 나서 이르되 내가 이미 영광스럽게 하였고 또다시 영광스럽게 하리라 하시니"(12:28). 이는 요한복음에서 하나님을 만나는 경험, 그 핵심을 관통합니다. 그다음 본문, 예수님이 죽으시기 전날에 전심으로 아버지께 기도하는 요한복음 17장은 두 분의 관계가 얼마나 깊은지를 드러냅니다. 이 기도는 예수님과 아버지가 서로 영광과 사랑을 주고받으시는, 그 강렬함과 친밀감을 잘 보여 줍니다. 그리고 놀랍게도 예수님은 그 생명을 공유하는 장으로 우리 모두를 초대하십니다.

이 책의 2부를 구성하는 다음 세 장은 "그때", 곧 고난주간의 절정을 이루는 사건들과 부활절을 다룹니다. 6장은 "목요일: 철저히, 친밀하게, 취약하게 서로 사랑하다"를 다루며, 7장은 "금요일: 예수님이 죽으시다"를, 8장은 "일요일: 예수님이 살아 계시다"를 다룹니다.

3부는 "계속되는 드라마: 21세기에도 벌어지는 예수 사건"에 관해 이야기합니다. 9장은 요한복음에서 오늘날 그리스도인의 삶을 위한 지혜의 정수를 길어 냅니다. 이 모든 내용이 나가는 글 "우리의 미래: 예수님처럼 보냄받다"에서 마무리됩니다. 여기서는 예수님이 그분을 따르는 사람들에게 주신 놀라운 소명을 요약합니다. 이것이 바로 우리 시대를 위한 영성입니다.

책의 활용을 위하여

『철저히, 친밀하게, 취약하게 사랑하다』는 대체로 사순절은 물론 그 이후의 시간까지 아우르는 묵상집으로 읽힐 것입니다. 또 이 책은 사순절 기간뿐 아니라, 원한다면 고난주간을 거쳐 부활절 이후에도 두고 읽을 책을 원하는 개인이나 소그룹을 위해 쓰였습니다. 이 책은 제가 20년 넘게 집필한 『요한복음: 신학적 주석』에서 발전되었습니다. 이 주석도 이 책과 비슷한 문체로, 가능한 한 누구나 쉽게 읽을 수 있도록 쓰였습니다(자세한 내용은 머리말을 참고하기 바랍니다). 어떤 독자들은 이 주석을 같이 읽으며 특정 질문이나 주제에 대해 더 깊이 파고들어 완결 짓고 싶을 수도 있습니다. 이를 위해 저는 때때로 이 주석을 언급할 것입니다.

하지만 이 책을 쓴 저의 가장 큰 바람은, 주석을 함께 읽든 그렇지 않든 이 책을 읽는 독자 개인은 물론 소그룹 및 회중 더 나아가 공동체 전체가 요한복음 본문을 일상 속 습관처럼 거듭해서 읽도록 영감을 주는 것입니다.

이 책의 활용법에 관한 제 생각이 독자에게 도움이 될지도 모르겠습니다. 이것은 일종의 제안일 뿐이니 반드시 그대로 따를 필요는 없습니다. 저는 이 책을 읽는 세 종류의 독자 혹은 방식을 생각해 보았습니다.

그중 하나는 요한복음을 처음 읽는 독자든 혹은 어느 정도 요한복음에 대한 지식이 있는 독자든, 교회력을 따라 읽는 개인입니다. 사람들이 자주 지적하듯이 요한복음은 다른 복음서들보다 개인에 더 큰 관심을 둡니다. 이 책을 사순절은 물론 그 이후의 시간까지 아우르는 묵상집으로 읽는다면, 사순절 첫날에는 머리말과 들어가는 글을, 사순절에 1-5장을, 고난주간에 6-7장을, 부활주일이나 그다음 주에 8장을, 부활절 이후의 승천주일, 성령강림절, 삼위일체주일까지 9장과 나가는 글을 읽을 수 있습니다. 이후에 교회가 긴 '연중시기'로 들어갈 때 요한복음을 습관처럼 반복해서 읽기 원하는 독자들은 90일 동안에 요한복음을 일독하는 앨런 에클스턴(Alan Ecclestone)의 묵상법을 사용할 수 있습니다(부록 2를 보십시오).

이 책을 읽는 또 다른 방법은 교회라는 울타리 안팎에서 진행되는 사순절 모임에 참여하는 것입니다. 다양한 교파의 지역 교회들이 연합하여 사순절 모임을 만드는 일이 많아지고 있는데, 요한복음은 이렇게 교파를 아우르는 모임을 위한 이상적인 본문입니다(특히 요 17:20-26을 보십시오). 저는 여성 모임, 남성 모임, 친구 모임, 직장인 모임, 취미 모임, 청소년 모임, 평화 사역 모임, 친목 모임 등 매우 다양한 종류의 사순절 모임에 대해 들었습니다. 대개 이런 모임들은 사순절 기간에 다섯 번 정도 만나는데, 저는 이 점을 염두에 두고 1-5장을 준비했습니다. 사순절 모임은 고난주간에는 모이지 않는 경우가 많습니다. 그래서 6장 이후부터는 소그룹 구성원들이 (원한다면) 개인적으로 고난주간에 6-7장을 읽고, 부활주일이나 그다음 주에 8장을 읽고, 승천주일과 성령강림절, 삼위일체주일까지 9장과 나가는 글을 읽는 것을 상상해 봅니다. 이후로는 부록에 맞추어 날마다 조금씩 요한복음 본문을 읽어 나갈 수 있습니다.

이 책을 읽는 세 번째 방법은 앞의 두 방법이 염두에 둔 교회력에 구애받지 않고 연중 어느 때나 자유롭게 읽는 것입니다.

저는 이 책이 하나님이나 예수님, 혹은 그리스도인의 삶에 관심 있는 누구에게라도, 또는 오늘날 기독교 세계관을 갖는다는 것이 무슨 의미인지, 아니면 그저 세계 역사에서 가장 영향력 있는 텍스트를 살펴보기 원하는 누구에게나 좋은 동반자가 되기를 기대합니다. 교회 예배에서 요한복음을 짧은 본문으로만 접한 이들은, 요한복음 전체를 하나의 완성된 글로 읽어 보면 매우 좋은 읽을거리이고 분량이 그리 길지 않다는 점을 간과하기 쉽습니다. 저는 이 책을 읽기 위한 준비 단계로 요한복음 전체를 천천히 읽어 보기를 모든 독자에게 권합니다.

또한 목회자를 비롯한 교회 지도자들은 1년 중 가장 바쁜 이 시기에 설교와 예배를 준비하면서 이 책을 생각하고 기도하는 자료로 사용하고 싶어 할 수도 있습니다.

■
교회에 사순절 모임이 없다면(혹은 모임에서 다른 교재를 사용하고 있다면), 이 책을 다음과 같이 설교와 예배 자료로 활용할 수 있습니다. 사순절 5주(1-5장), 성목요일(6장), 성금요일(7장), 부활절(8절), 부활절 이후(9장과 나가는 글).

■
교회에 사순절 소그룹 모임이 있고 이 책 1-5장을 사용하기로 했다면, 목회자는 사순절 이후로 종려주일과 부활주일 그리고 성령강림절과 삼위일체주일까지 6-9장의 자료를 활용할 수 있습니다.

■
사순절, 고난주간, 부활절에 이미 다른 주제나 자료나 계획이 있다면, 가정예배나 다른 시기의 설교에 이 책을 활용할 수도 있습니다.

1부 사순절

요한복음의 프롤로그인 처음 열여덟 절은 그리스도인의 삶 곧 우리의 배움, 생각, 상상, 기도, 예배, 사랑, 섬김이 일어나는 실재 전체를 이해하는 틀을 마련해 줍니다. 이 책 1부의 첫 장에서는 이 프롤로그가 어떻게 21세기에 걸맞은 하나님 중심 세계관의 본질을 전달하는지를 살펴봅니다.

그 후 이어지는 세 장은 요한복음이 제기하는 세 가지 핵심 질문에 대한 답을 제시합니다. 그 질문들은 바로 '예수님은 누구시고 우리는 누구인가', '우리는 무엇을 갈망하며 우리 삶은 무엇을 향해 가는가', '우리가 가장 깊이, 온전히 헌신하고 집처럼 안식을 누릴 곳은 어디인가' 하는 것입니다. 그다음으로 5장에서는 처음 네 장의 내용을 한데 모아 이 책의 주요 주제를 드러내면서 사순절의 절정에 이르게 됩니다. 그 주요 주제란 바로 '요한복음에서 하나님을 만나는 것'입니다.

1. 큰 그림

의미, 사랑, 예수님

요한복음 전체의 틀을 잡아 주는 하나님과 모든 실재에 대한 큰 그림은 요한복음의 프롤로그가 되는 첫 열여덟 절에서 드러납니다. 아마도 이 본문은 지난 2천 년 동안 기독교의 삶과 사상에서 가장 중요한 본문이 아닐까 싶습니다. 이 단락을 아주 천천히 읽어 보기를 권합니다.

태초에 말씀이 계시니라. 이 말씀이 하나님과 함께 계셨으니 이 말씀은 곧 하나님이시니라. 그가 태초에 하나님과 함께 계셨고 만물이 그로 말미암아 지은 바 되었으니 지은 것이 하나도 그가 없이는 된 것이 없느니라. 그 안에 생명이 있었으니 이 생명은 사람들의 빛이라. 빛이 어둠에 비치되 어둠이 깨닫지 못하더라. 하나님께로부터 보내심을 받은 사람이 있으니 그의 이름은 요한이라. 그가 증언하러 왔으니 곧 빛에 대하여 증언하고 모든 사람이 자기로 말미암아 믿게 하려 함이라. 그는 이 빛이 아니요 이 빛에 대하여 증언하러 온 자라. 참

빛 곧 세상에 와서 각 사람에게 비추는 빛이 있었나니 그가 세상에 계셨으며 세상은 그로 말미암아 지은 바 되었으되 세상이 그를 알지 못하였고 자기 땅에 오매 자기 백성이 영접하지 아니하였으나 영접하는 자 곧 그 이름을 믿는 자들에게는 하나님의 자녀가 되는 권세를 주셨으니 이는 혈통으로나 육정으로나 사람의 뜻으로 나지 아니하고 오직 하나님께로부터 난 자들이니라. 말씀이 육신이 되어 우리 가운데 거하시매 우리가 그의 영광을 보니 아버지의 독생자의 영광이요 은혜와 진리가 충만하더라. 요한이 그에 대하여 증언하여 외쳐 이르되 내가 전에 말하기를 내 뒤에 오시는 이가 나보다 앞선 것은 나보다 먼저 계심이라 한 것이 이 사람을 가리킴이라 하니라. 우리가 다 그의 충만한 데서 받으니 은혜 위에 은혜러라. 율법은 모세로 말미암아 주어진 것이요 은혜와 진리는 예수 그리스도로 말미암아 온 것이라. 본래 하나님을 본 사람이 없으되 아버지 품속에 있는 독생하신 하나님이 나타내셨느니라. (요 1:1-18)

이 말씀이 너무도 벅차게 느껴질 수 있고, 정말 그래야 합니다. 마치 〈스타워즈〉가 시작할 때 극장 화면을 수놓는 글자들처럼, 이 말씀은 압도적인 광경을 펼쳐 놓습니다. 이 프롤로그는 거대한 실재에 대해 말하고, 요한복음의 나머지 부분은 이 실재에 대해 더욱 많은 것을 알려 줍니다. 그 실재를 한 번에 다 이해하려 하지 않아도 됩니다. 우리는 이제 막 여정을 시작했을 뿐이니 한 번에 한 걸음씩, 한 번에 한 절씩 앞으로 더 나아가려는 마음만 있으면 충분합니다. 이 실재는 너무나 크고 심오해서 그 끝에 다다를 수는 없습니다. 오히려 이 말씀들은 우리의 지성과 감성을 동시에 확장시켜 주고, 날마다 우리의 삶을 빚어 가기 위해 존재합니다. 요한이 여기서 전하는 메시지는 분명합니다. 우리가 이 영광스러운 실재의 일부라는 것입니다.

이 큰 그림의 중심에는 의미, 사랑, 예수님이라는 세 가지 본질적인 요소가 자리합니다.

의미

실로 장엄한 서막입니다!

처음 다섯 절은 의미에 대해 다룹니다. 단어(words)에는 의미가 있고, 하나님 말씀(word)에는 가장 심오하고 완전한 의미가 담겨 있습니다. 이 서두는 하나님과 모든 실재, 모든 것, 모든 생명, 모든 사람에 대해 이야기합니다. 이 말씀은 우리가 사는 세상이 무의미하지 않다고 말해 줍니다. 깊은 의미가 있다는 것입니다. 우리는 이 세상에서 의미와 목적을 찾을 것이라고 확신할 수 있습니다. 물론 분명치 않은 것도 많을 테고 어둠도 있겠지만, 우리로 볼 수 있게 하는 빛이 존재합니다.

우리는 어떻게 자기 자신과 다른 사람들과 이 세상을 이해할 수 있습니까? 우리 인생에서 의미를 담고 있는 것들을 한번 생각해 보시기 바랍니다. 언어는 무척이나 중요합니다. 그리고 이것은 의미와 이해와 지식에 꼭 필요합니다. 하지만 언어 외에도 의미를 담고 있는 것은 많습니다. 미소와 찌푸린 표정, 몸짓과 행동, 사진과 그림, 음악과 스포츠, 음식과 음료, 건물과 조각상, 의복, 머리 모양과 손톱 장식 등도 의미를 담고 있습니다. 역사, 고고학, 미술, 연극, 문학, 영화, 과학, 기술, 의료 같은 의미와 지식의 영역도 있습니다. 이 사회에서 생활을 영위하는 데 없어서는 안 될 기술, 실천, 습관도 있습니다. (당신에게는 무엇이 가장 중요합니까?) 가족, 산업, 사업, 매체, 경찰, 법정, 군대, 병원과 진료소, 정부와 행정, 학교와 대학, 스포츠와 운동 단체, 자선 단체와 국제기구 같은 공동체나 단체 혹은 기관은 모두 의미를 담고 있습니다. (당신은 어디에 속해 있으며, 어디에서 가장 크게 영향을 받습니까?)

그런가 하면, 수 세기에 걸쳐 발전하여 수많은 사람이 거기서 의미를 발견하는 문화라는 거대한 전체가 있습니다. 실재를 온전히 파악하려 애쓰는 종교, 철학, 세계관, 생활 양식도 있습니다. 이 중 무엇이 참인지를 객관적으로 증명할 외부적 수단은 없습니다. 오히려 무엇이 참인지 증명하는 일은 서서히 배워 가는 과정, 현명한 통찰력, 누구를 그리고 무엇을 신뢰할지에 대한 의사 결정, 직접 참여해 봄으로써 무엇이 진실되게 다가오는지를 발견하는 것에 관한 문제에 가깝습니다. 이는 단순히 증거로 뒷받침되는 지식의 문제가 아닙니다(물론 그것도 중요할 수 있습니다). 우리는 대체로 한 가지(때로는 뒤섞인) 종교나 세계관 혹은 가치관 속에서 성장하여, 그것을 배우고 시도해 보고 의문을 품고 검증하며, 때로는 바꾸거나 심화하거나 거부하거나 더 진실처럼 보이는 다른 것을 찾아 나서기도 합니다. (당신의 경험은 어떻습니까? 당신이 이 책을 읽고 있는 이유는 무엇입니까?)

요한복음의 프롤로그는 수많은 사람이 2천 년간 생각하고 질문하고 시험하고 신뢰하고 살아 낸 실재를 이해하는 틀을 제공하는데, 이 실재는 여전히 이 세상에 존재하고 있습니다. 학자이자 신학자로서 제게 가장 흥미롭고 유익했던 경험을 꼽자면, 1918년 이후 기독교 사상의 놀라운 이야기를 소개하는 교과서[1]의 편집을 맡았던 일입니다(저는 이 책의 3판까지는 편집자로 4판에서는 자문으로 참여했습니다). 제가 판단하기로는, 그 책이 다루는 시기가 기독교 사상사 전체에서 가장 활발한 시기였지 않았나 싶습니다. 이 책의 부록 3에 그 교과서 4판에서 다룬 주제들을 실었으니 그 지형을 일부나마 확인할 수 있을 것입니다. 이 주제들은 요한복음 1장 1-5절이 망라하는 범위에 대한 오늘날의 사상들을 보여 줍니다. 여기에는 서로 다른 기독교 교회, 수많은 민족, 문화, 언어권, 예술과 과학에서의 여러 학문 분야, 모든 대륙 출신 사람들의 목소리가 담겨 있습니다. 이 주제들은 성경, 기독교 윤리, 영성은 물론이고 대중문화 참여, 세속사상, 다른 종교, 경제학, 인종, 정치와 환경 위기까지 폭넓게 다룹니다. 실로 압도적입니다!

지난 수십 년 동안 요한복음 1장 1-5절이 보여 주는 의미를 생각하고 그에 따라 살아가려고 애쓰면서 제가 배운 것은 무엇이 있겠습니까? 여러 가지가 있지만, 그중에서 이 책과 깊이 연관되는 세 가지만 여기에서 소개하려 합니다.

1. 요한복음의 프롤로그는 현대인의 관점에서 오히려 더 적실하게 들립니다. 이 본문은 2천 년간 지속되고 검증된 세계관, 곧 의미와 깊은 사랑과 예수님을 중심으로 한 세계관의 틀을 제공합니다. 이 세계관은 오늘날까지 계속해서 깊고 폭넓은 사고와 지혜를 추구하도록 고무시킵니다.
2. 지금까지 가장 중요한 것은 하나님을 알려는 욕망이며, 예수님과의 만남을 통해 하나님을 만날 수 있다는 이 복음서의 놀라운 메시지에 마음을 열고자 하는 욕망입니다. 예수님이 그분의 첫 추종자들('제자'는 단순히 '배우는 사람'이라는 뜻입니다)에게 첫 번째로 하신 질문은 이것입니다. "무엇을 구하느냐?"(요 1:38) 당신은 무엇을 간절히 바라고 있습니까? 요한복음은 깊은 만족으로 이어질 수 있는 욕망을 갖도록 우리를 교육합니다.

3. 배움의 여정은 계속해서 이어지는데, 요한복음은 그 여정에서 믿을 만한 동반자가 되어 줍니다. 이 책은 이제 막 여행을 시작한 사람은 물론이고, 더 나아가 보려는 사람에게도 유익합니다. 요한복음을 읽고 또 읽는 것은 평생에 걸친 작업이고, 그럴수록 점점 더 많은 의미와 진리를 발견할 것입니다. 물론, 우리는 결코 명쾌한 의미로 깔끔하게 정리된 최종 답안 같은 것을 얻을 수는 없습니다. 어둠, 곧 의미의 부재를 만나기도 합니다. 이 책은 고난, 죽음, 죄, 거짓, 악과 같은 어둠에 대해 철저히 현실적입니다. 빛이 어둠을 밝히지만, 누구나 알듯 어둠은 계속됩니다. 그러나 어둠이 최종 결정권을 갖지는 못했습니다. 하나님 말씀이 최종 결정권을 가지셨습니다. "그 안에 생명이 있었으니 이 생명은 사람들의 빛이라. 빛이 어둠에 비치되 어둠이 깨닫지 못하더라"(1:4-5).

사랑

무척이나 다정한 마무리입니다!

"아버지 품속에 있는 독생하신 하나님"(1:18). 이 말씀은 가장 심오하고 완전한 사랑을 이야기합니다.

요한복음 나머지 부분에서, 예수님과 그를 보내신 분 곧 하나님의 사랑은 3장 35절("아버지께서 아들을 사랑하사 만물을 다 그의 손에 주셨으니")에 처음으로 분명하게 언급됩니다. 이 사랑은 창조 이전까지 거슬러 올라가는 모든 실재의 근본으로 드러납니다(17:5, 23-26). (그리스어 원문을 직역한) 1장 18절의 생생한 그림은 아들이 아버지의 '가슴에 안겨' 있는 모습입니다. 이 이미지는 두 차례 결정적인 장면에서 반복적으로 등장하는데, 이 본문들에서 "그가 사랑하시는 자"에 초점이 맞춰집니다(13:23;[2] 21:20). 전통적으로 이 복음서를 기록한 요한이라고 여겨지는(21:24) 이름이 언급되지 않은 이 제자는 모든 제자의 모델로 볼 수 있으며, 그의 정체성은 신뢰, 진리, 사랑을 중심으로 합니다. 여기서 "아버지 품속에 있는 독생하신 하나님"은 그 사랑의 근원이십니다.

예수님

경탄해 마지않는 중심입니다!

"말씀이 육신이 되어 우리 가운데 거하시매 우리가 그의 영광을 보니 아버지의 독생자의 영광이요 은혜와 진리가 충만하더라"(1:14). 이 부분은 하나님과의 만남을 이야기합니다. 여기에서의 말씀(the Word)은 이미 하나님으로 확인되었습니다. "이 말씀은 곧 하나님이시니라"(1:1). 이제 이 말씀은 인간의 육신으로 체현되고, 머지않아 '예수 그리스도'로 밝혀집니다. 이는 중차대한 놀라움이자 유일하고도 전례가 없는 사건이며 독특한 인격의 등장입니다. 예수님은 경이로운 소식입니다. 그렇기에 프롤로그(를 포함한 요한복음 전체)에서 믿을 만한 증언이 얼마나 중요한지를 반복해서 강조하는 것도 당연합니다. "그가[요한이] 증언하러 왔으니 곧 빛에 대하여 증언하고 모든 사람이 자기로 말미암아 믿게 하려 함이라.…요한이 그에 대하여 증언하여 외쳐 이르되"(1:7-15). 우리가 목격자로 현장에 있지 않았다면, 믿을 만한 증언이 있어야만 경이로운 소식에 대해 확신할 수 있습니다.

요한복음에서 하나님과의 만남에 대한 핵심 진술은, 예수님을 직접 목격한 증언으로 나타납니다. "우리가 그의 영광을 보니"(1:14). 하지만 이 복음서의 핵심 메시지는, 예수님을 통해 하나님을 만나기 위해서 반드시 그분을 직접 목격해야 하는 것은 전혀 아니라는 것입니다. 요한복음 마지막에 도마가 동료 제자들의 증언을 믿지 않으려 하는 부분에서(20:24-31을 보십시오) 이 점이 확실해집니다. 도마는 부활하신 예수님을 직접 보아야겠다고 고집합니다. 그분을 보고 믿게 된 도마는 요한복음에서 가장 결정적인 진리를 고백합니다. "나의 주님이시요 나의 하나님이시니이다!"(20:28) 그러나 예수님은 이렇게 말씀하십니다. "너는 나를 본 고로 믿느냐? 보지 못하고 믿는 자들은 복되도다"(20:29). 보지 못한 우리도 믿고 신뢰함으로 복을 받을 수 있습니다. 요한은 곧바로 우리 독자들에게 이렇게 덧붙입니다.

> 예수께서 제자들 앞에서 이 책에 기록되지 아니한 다른 표적도 많이 행하셨으나 오직 이것을 기록함은 너희로 예수께서 하나님의 아들 그리스도이심을 믿게 하려 함이요 또 너희로 믿고 그 이름을 힘입어 생명을 얻게 하려 함이니라. (요 20:30-31)

이 책의 "들어가는 글" 맨 처음에 소개한 본문입니다. 만남, 믿음, 성숙에 관한 이 말씀을 다시 읽어 보고 싶은 독자도 있을 것입니다. 이 말씀은 오늘날 요한복음에서 하나님을 만나고자 하는 이들에게 굉장히 중요합니다. 십자가에 죽으시고 부활하신 예수님을 향해 "나의 주님이시요 나의 하나님이시니이다"라고 외친 도마의 고백은, 예수님을 그때와 마찬가지로 지금도 살아 계신 분, 곧 하나님으로 확인해 줍니다. 우리는 지금 예수님의 현존 가운데서 이 책을 읽고 있습니다. 도마는 그분을 볼 수 있었고, 우리는 그분을 보지 못합니다. 우리는 예수님이 말씀하신 "보지 못하고 믿는" 복을 받은 사람에 속해 있습니다. 요한이 이 책을 쓴 목적은 우리 독자들이 예수님을 믿고 그 관계가 영원히 지속되게 하기 위해서입니다. "그 이름을 힘입어 생명을 얻게 하려 함이니라."

예수님은 프롤로그뿐 아니라 요한복음 전체는 물론, 다른 복음서와 나머지 신약성경 책들에서도 중심이십니다. 예수님이 어떤 분이신지가 요한복음 모든 장의 핵심 질문인데, 이 책의 다음 장에서는 그 질문을 좀 더 탐색할 것입니다. 하지만 여기서는 우선, 프롤로그와 요한복음 전체에서 예수님에 관한 핵심 메시지를 살펴보려 합니다. 이 책의 중심이 되는 그 핵심 메시지란, 예수님과의 만남이 곧 하나님과의 만남이라는 것입니다.

예수님과의 만남, 하나님과의 만남

요한과 그를 따르는 기독교 공동체에게 있어서, 우리가 살아가는 실재는 풍성한 의미와 풍성한 사랑의 세계입니다. 그리고 그 핵심에는 이 가장 깊은 의미와 가장 깊은 사랑을 체현하신 살아 계신 인격이 있습니다. 예수님은 하나님의 자유로운 자기표현(self-expression), 곧 하나님의 말씀이십니다.

후에 요한복음에서 처음으로 사랑을 분명하게 표현한 절에서, 예수님은 이렇게 말씀하십니다. "하나님이 세상을 이처럼 사랑하사 독생자를 주셨으니 이는 그를 믿는 자마다 멸망하지 않고 영생을 얻게 하려 하심이라"(3:16). 예수님은 또한 사랑 안에서 나타난 하나님의 자유로운 내어 주심(self-giving)이십니다.

하나님은 예수님 안에서 "말씀이 육신이 되어 우리 가운데 거하[셨고]" 첫 증인들은 "우리가 그의 영광을 보니"라고 말합니다(1:14). 그러나 눈에 보이는 현존, 곧 요한복음 20장처럼 한 번에 한 장소에서 막달라 마리아나 도마와 같이 제한된 증인에게만 나타나는 현존은 사라지게 되었습니다. 그런 후에 모든 시간과 장소를 초월하여 무제한의 사람들에게 나타나는, 그분의 보이지 않지만 영원한 현존이 가능해졌습니다.

이 사실은 요한복음에 나오는 예수님과의 만남 중에 아마도 가장 감동적이라 할 수 있는 장면에서 생생하게 나타납니다. 예수님이 돌아가시는 모습을 목격한 막달라 마리아는 빈 무덤 앞에서 울면서 그분의 시신을 찾고 있습니다. 그녀가 시신을 찾는 대신, 죽음에서 부활하신 살아 계신 예수님이 마리아를 찾으셨습니다. "예수께서 마리아야 하시거늘 마리아가 돌이켜 히브리 말로 랍오니 하니 (이는 선생님이라는 말이라). 예수께서 이르시되 나를 붙들지 말라. 내가 아직 아버지께로 올라가지 아니하였노라. 너는 내 형제들에게 가서 이르되 내가 내 아버지 곧 너희 아버지, 내 하나님 곧 너희 하나님께로 올라간다 하라 하시니"(20:16-17).

그때 거기서 마리아는 예수님을 붙잡을 수 있었습니다. 하지만 프롤로그에 나온 대로, 이제 예수님은 하늘로 올라가셔서 "아버지 품속에" 계실 것입니다(1:18). 거기서 주님은 신적 자유를 따라 마리아를 비롯한 다른 모든 사람과 영원히 관계를 맺으시게 됩니다. 이것이 바로 포도나무 비유를 통해 예수님이 제자들을 초대하고 이끄신 관계입니다. "내 안에 거하라. 나도 너희 안에 거하리라"(15:4). 예수님은 이 땅에서 드린 마지막 기도에서, 이 영원한 신뢰와 사랑의 관계를 위해 기도하십니다. "내가 비옵는 것은…나를 믿는 사람들도 위함이니 아버지여, 아버지께서 내 안에, 내가 아버지 안에 있는 것같이 그들도 다 하나가 되어 우리 안에 있게 하사 세상으로 아버지께서 나를 보내신 것을 믿게 하옵소서"(17:20-21). 그래서 마리아는, 그리고 주님을 믿는 모든 사람은 예수님을 눈으로 보고 손으로 붙드는 것보다 훨씬 더 좋은 관계를 맺을 수 있게 되었습니다. 이 관계는 세상에서 가장 깊은 관계, 곧 예수님과 그분의 아버지의 사랑에 비할 수 있습니다.

예수님과 마리아의 만남은 사복음서가 묘사한 예수님의 수많은 만남 중 하나입니다. 요한복음에 기록된 만남들은 다른 복음서보다 그 수는 적지만, 더 길고 심도 있게 묘사되며 복음의 정수를 가르치기 위해 선별되어 있습니다. 이 책 후반부에서 이 만남 가운데 일부를 가능한 한 깊이 있게 살펴볼 텐데, 그 각각의 이야기는 예수님을 통해 하나님을 만나는 길이 될 수 있습니다.[3]

프롤로그의 마지막 절은 "하나님을 본 사람은 아무도 없[지만]" 예수 그리스도가 "하나님을 알려 주셨다"라고 말합니다(새

번역). 이 지식은 예수님을 직접 만남으로써 얻습니다. 때로는 예수님의 행동에서 그분이 가장 잘 드러나기도 하고, 때로는 예수님의 말씀이나 그분에 대한 다른 사람들의 반응에서 잘 드러나기도 합니다. 하지만 프롤로그와 마찬가지로 요한복음 모든 장에서 핵심적으로 다루어지는 사안은 분명합니다. 바로 예수님이 누구신가 하는 것입니다. 다음 장에서 그 내용을 자세히 살펴볼 것입니다.

맺음말

요한복음의 프롤로그가 열어 주는 기독교 세계관은, 예수님 안에 온전히 구현된 깊은 의미와 깊은 사랑의 세계관입니다. 이 세계관 속의 예수님은 언제나 관계 가운데 계십니다. 예수님은 아버지 하나님과 모든 인류와 각 사람과 온 창조 세계와 관계 맺으십니다. 그러한 지평 안에서 요한복음은 우리가 상상할 수 있는 가장 중요하고도 지대한 영향을 끼칠 수 있는 초대장을 독자에게 제시합니다. 거기에는 예수님을 만나라는 것, 예수님을 믿고 계속해서 신뢰하라는 것, 배움과 기도와 사랑 가운데 성숙해 가라는 초대가 담겨 있습니다. 이제부터 우리는 예수님과 우리의 정체성에 관한 질문을 살펴보려 합니다.

묵상과 토론을 위한 질문

아미엘 오스마스턴 수석 사제의 제안

*

"말씀이 육신이 되어 우리 가운데 거하시매 우리가 그의 영광을 보니 아버지의 독생자의 영광이요 은혜와 진리가 충만하더라.…본래 하나님을 본 사람이 없으되 아버지 품속에 있는 독생하신 하나님이 나타내셨느니라"(요 1:14-18). (성경과 당신의 경험 내에서) 예수님을 생각할 때 그분은 하나님에 대해서 무엇을 당신에게 보여 주셨습니까?

*

사복음서에서, 예수님께 반응하고 그분을 신뢰하고 따르는 것과 관련하여 당신에게 가장 강력하게 다가온 특정 인물이나 상황, 이야기가 있습니까? 왜 그것이 당신에게 의미가 있었습니까?

*

저자는 이 책의 "들어가는 글"에서 이렇게 씁니다. "요한복음은 예수님을 만나고 신뢰함으로써 하나님을 만나고 신뢰하는 것, 그리고 주님이 주시는 흘러넘치는 풍성한 생명에 마음을 열고 사랑받고 사랑하는 법을 배우는 핵심적인 관계 속에서 성숙해 가는 과정을 다룹니다." 예수님이 당신에게 특별히 '생생하게 살아 계신' 분으로 다가온 사건이나 경험을 떠올릴 수 있습니까?

*

기독교 세계관과 참된 실재 및 인생의 의미에 대한 기독교의 이해는, 다종교적이고 다양한 세속 가치관이 혼재된 서구 문화의 여러 측면과는 근본적으로 다릅니다. 기독교 세계관과 다른 세계관들이 어떻게 충돌하는지 생각나는 사례가 있다면 말해 보십시오. 그럴 때 우리는 그리스도인으로서 어떻게 반응해야 하겠습니까?

2. 정체성

"당신은 누구입니까?"

우리는 요한복음의 프롤로그가 펼쳐 놓은 하나님의 지평과 모든 실재 가운데로 들어가기 시작했습니다. 이 실재는 예수님 안에서 발견된 깊은 의미와 깊은 사랑에 관한 것입니다.

프롤로그가 끝나자마자 "네가 누구냐?"라는 요한복음의 첫 번째 질문이 등장합니다(1:19). 이 복음서 전반은 물론, 다른 모든 성경에서도 질문은 매우 중요합니다. 특히 요한복음 1장 나머지 부분에서 중요한데, 여기서 예수님이 제자들을 불러 모으기 시작하시기 때문입니다. 그리스어로 '마데테스'(*mathētēs*), 라틴어로 '디스키풀루스'(*discipulus*)라고 하는 제자는 그저 '배우는 자'라는 뜻입니다. 그러므로 예수님은 배우는 자들의 공동체를 모으고 계십니다.

어느 학습 공동체든지 자극을 주는 좋은 질문이 반드시 필요합니다. 통찰력 있고 깊이 있는 질문을 던지고, 포기하지 않고 추구하는 기술은 인생을 살아가는 데 중요한 기술입니다. 우리는 주기적으로 이렇게 자문할 필요가 있습니다. "우리에게 영감을 불어넣는 주요 질문들은 무엇인가?"

요한복음 1장의 세 가지 주요 질문은 요한복음 전체와 우리 삶 전체를 관통합니다.

1. 당신은 누구입니까? 정체성에 대한 질문이 이 장의 주제인데, 예수님과 그분을 만난 사마리아 여자에게 초점을 맞추어 살펴보려 합니다.
2. 당신은 무엇을 찾고 있습니까? 요한복음 1장 38절에 나오는 욕망에 대한 질문이 3장의 주제입니다.
3. 당신은 어디에 머물고/거하고 있습니까? 우리가 가장 편하게 느끼는 곳, 곧 장기적인 거주와 삶 그리고 관계에 대한 질문이 4장의 주제입니다.

그리고 5장 "영광: 요한복음에서 하나님을 만나다"에서는 이 세 질문을 다 함께 다룹니다.

당신은 누구인가?

프롤로그 이후에 예리한 질문과 대답으로 요한복음의 드라마가 펼쳐집니다. "네가 누구냐?"라는 질문은 한 번만 나오지 않고 계속해서 반복됩니다. 세례자 요한을 심문하기 위해 파견된 예루살렘 유대 당국자들의 대표는 그에게 이 질문을 던집니다(1:19). 세례자 요한은 재차 "나는 아니라"고 대답하여 자신이 아니라 예수님께 사람들의 관심을 집중시킵니다(1:20, 21). 세례자 요한은 자기를 "주의 길을 곧게 하라고 광야에서 외치는 자의 소리"로 여깁니다(1:23).

이는 어떤 사람에 대한 매우 특별한 진술입니다. 요한은 자신이 준비하고 있는 길을 걸으실 분이 다름 아닌, '주' 하나님이시라고 말하고 있는 것입니다! 심문이 계속되면서 그는 이 실제 인물에 대해 더 분명하게 밝혀 줍니다. "너희 가운데 너희가 알지 못하는 한 사람이 섰으니 곧 내 뒤에 오시는 그이라. 나는 그의 신발 끈을 풀기도 감당하지 못하겠노라"(1:26-27).

이 말 덕분에 초점이 요한에게서 그의 뒤에 오실 "그"에게로 완전히 옮겨집니다. 이 이야기에서 요한을 향해 질문하는 제사장들과 레위인들에게 그분은 "너희가 알지 못하는 한 사람"입니다. 요한을 예수님의 주요 증인으로 소개하는 프롤로그를 읽는 독자들에게 '그'가 누구신지는 분명합니다. 그분은 곧 육신이 되신 하나님의 말씀, "아버지 품속에 있는" 예수 그리스도십니다.

이후에 예수님이 처음으로 직접 등장하시는 사건이 이어지는데, 요한은 예수님이 누구신지를 다음과 같이 공표합니다. "보라. 세상 죄를 지고 가는 하나님의 어린양이로다.…나보다 앞선 것은 그가 나보다 먼저 계심이라.…성령이 내려서 누구 위에든지 머무는 것을 보거든 그가 곧 성령으로 세례를 베푸는 이인 줄 알라.…그가 하나님의 아들이심을 증언하였노라"(1:29-34).

그러고 나서 예수님이 누구신지 말해 주는 표현이 줄지어 등장합니다. ('선생'을 뜻하는) "랍비", ('기름 부음을 받은 자'를 뜻하는) "메시아", "모세가 율법에 기록하였고 여러 선지자가 기록한 그 이…요셉의 아들 나사렛 예수", 다시 "랍비", 또다시 "하나님의 아들", "이스라엘의 임금", 예수님이 자기를 가리켜 말씀하신 유일한 표현 "인자"(1:38-51).

무슨 일이 벌어졌습니까? 세례자 요한은 "당신은 누구입니까?"라는 요한복음의 주요 질문을 받고서, 인상적이게도 예수님에게로 그 질문의 방향을 돌립니다. 그런 뒤 요한복음 나머지 부분에서 주요 초점은 예수님께 계속 맞춰집니다. 분명하게 드러나 있든 숨겨져 있든 '예수님은 누구이신가?'는 요한복음 모든 장에서 핵심 질문입니다. 분명 이는 프롤로그에서 비롯된 질문입니다. 거기서 예수님은 우리가 살아가는 실재의 의미를 찾는 데 핵심 인물로 소개되었습니다.

"나는 아니라"(I am not)고 하는 세례자 요한의 반복된 반응은 또한 요한복음 나머지 부분에 여러 번 등장하는 "나는…이다"(I am)라는 예수님 말씀을 예비해 줍니다. 이 표현들이 예수님의 정체성을 가장 확실히 암시해 주지만, 다른 것도 많습니다.

때로 예수님의 행동을 통해 그분의 정체성이 알려지고, 때로는 말씀을 통해, 때로는 그분에 대한 다른 사람들의 반응을 통해 알려집니다. 그리고 언제나 저자가 이야기하는 방식과 거기에 더하는 논평을 통해 전해집니다. 이 책에서 예수님과 사람들의 만남은 특별한 의미가 있습니다. 그래서 이 장에서는 예수님과 상대방의 정체성이 모두 의미심장하게 다루어지는, 한 여자와의 만남을 주로 살펴보려 합니다. 이는 오늘날 무척이나 중요한, 정체성에 관한 심오하고 논쟁적인 질문들에 영향을 미칠 뿐 아니라, 무엇보다 하나님과 우리 각자의 '인격 대 인격으로의'(who-to-who) 만남과 직결됩니다.

예수님과 사마리아 여자의 만남(요 4:1-42)

먼저, 요한복음 4장 1-42절에서 예수님과 사마리아 여자가 만나는 이야기를 읽어 보십시오. 소그룹에서 함께 읽는 경우라면, 각자 한 가지 핵심 단어나 표현을 나누면서 사람들이 이 이야기를 어떻게 다르게 받아들이는지 살펴보라고 제안하고 싶습니다. 그다음에 이어지는 주요 질문은 정체성에 관한 것입니다. 예수님이 누구신지, 이 여자는 누구인지, 이 만남이 지금 우리와 우리의 정체성에 어떤 의미가 있는지 등을 다룹니다.

요한복음 4장에 이를 때쯤, 독자들은 이미 예수님을 우리가 상상할 수 있는 가장 중요한 인물로 접하게 됩니다. 그분은 하나님과 하나요, 인류와 하나며, 모든 창조 과정에 관여하신 분이라는 일련의 인상적인 호칭들로 묘사됩니다. 또한 그분은 사랑으로 세상에 보내지셨고 풍성한 생명의 '표적'을 행하시고 그분을 신뢰하는 제자 공동체를 모으십니다. 사마리아 여자와 그 마을 사람들이 예수님을 만난 사건은 그분이 누구시고 그분이 하신 말씀이 무슨 뜻인지를 더 잘 드러내 줍니다.

정체성의 문제는 대화 초반부터 분명히 나타납니다. "당신은 유대인으로서 어찌하여 사마리아 여자인 나에게 물을 달라 하나이까 하니 이는 유대인이 사마리아인과 상종하지 아니함이러라"(4:9). 예수님의 행동은 두 측면에서 논란의 여지가 있습니다. 유대인으로서 종교와 민족의 정체성 구별을 넘어선 것과, 남자로서 당시 사회적 규범에 반하여 낯선 여성과 대화를 시도한 것이 바로 그것입니다. 예수님이 사마리아 여자와 대화하시는 모습을 본 제자들은 "예수께서 여자와 말씀하시는 것을 이상히" 여겼습니다(4:27). 그러니까 예수님은 종교, 민족, 성별, 문화 같은 경계를 넘어 관계 맺기를 두려워하지 않으시는 분입니다. 우리는 이런 경계를 넘어서 어떻게 관계를 맺고 있는지를 자문해 볼 필요가 있겠습니다.

예수님의 대답은 그분의 정체성을 훨씬 크게 강조합니다. 하지만 그것은 유대인 혹은 남성이라는 정체성이 아닙니다. “네가 만일 하나님의 선물과 또 네게 물 좀 달라 하는 이가 누구인 줄 알았더라면 네가 그에게 구하였을 것이요 그가 생수를 네게 주었으리라”(4:10). 이로써 그분의 정체성은 하나님과 풍성한 생명이라는 이미지에 그 중심을 두게 됩니다.

생수에 관한 그분의 신비한 말씀으로 시작된 그녀와의 대화는 순식간에 비약하여 예수님의 새로운 정체성을 향해 나아갑니다. 이는 곧 사마리아 공동체 전체가 고백하는 최종적이고도 최고조에 달한 정체성, 곧 “세상의 구주”입니다.

먼저, 예수님은 “그 속에서 영생하도록 솟아나는 샘물”을 약속하십니다(4:14). 다음으로, 주님은 그녀의 과거 결혼 생활을 꺼내시고(4:16-18) 여자는 예수님이 누구신지를 새롭게 인식하게 됩니다. “주여, 내가 보니 선지자로소이다”(4:19).

여자는 유대인과 사마리아인을 갈라놓은 질문도 던집니다. ‘어디서 예배해야 합니까?’ 하지만 예수님은 이 종교적 분열을 중요한 문제로 여기기를 거부하십니다. 그리고는 ‘어디서 예배해야 하는가’가 아니라 ‘하나님이 누구신가’로 예배를 정의하십니다. “아버지께 참되게 예배하는 자들은 영과 진리로 예배할 때가 오나니 곧 이때라.…하나님은 영이시니 예배하는 자가 영과 진리로 예배할지니라"(4:23-24). 요한복음의 나머지 내용을 파악하고서 이 부분을 다시 읽는 사람들에게, 이 말씀 역시 하나님이 중심 되는 예수님의 정체성을 드러내 줍니다. 그분은 "내가 곧…진리"라고 말씀하실 수 있으며(14:6), 성령을 주시는 분이십니다(20:22).

그다음에 여자는 메시아 그리스도에 대한 기대감을 표현하는데, 이는 예수님이 보이신 모든 반응 가운데 가장 의미심장한 뜻밖의 반응을 끌어냅니다. "네게 말하는 내가 그라[그리스어로 '에고 에이미'(*egō eimi*)]"(4:26). '나는…이다'라는 단순한 의미의 이 그리스어 표현은, '예수님이 누구신가'가 핵심이라는 사실을 요한이 거듭 강조하는 가장 확실한 방법입니다. 또한 이는 하나님이 불타는 떨기나무 속에서 모세에게 "나는 스스로 있는 자이니라"고 하신 자기 계시와(출 3:14), 이사야서에서 자기를 표현하신 방식과 같습니다. 이 표현은 예수님과 하나님을 같은 분으로 확인시켜 줍니다. 프롤로그에서 말하듯 하나님은 예수님으로 나타나십니다. 여기 요한복음 4장 26절에서 예수님이 처음으로 친히 말씀하신 "내가 그라"라는 표현은 "내가 메시아(또는 그리스도)다"라는 의미일 수도 있습니다. 마치 요한은 이 표현이 예수님을 메시아로 지칭하는 것으로 받아들여질 수 있음을 알면서도, 크게 강조하지 않으면서 그것을 여기에 처음으로 슬쩍 끼워 넣은 듯합니다. 하지만 요한복음이 전개되면서 이 표현은 예수님을 묘사하는 데 거듭 사용됩니다. 때로는 다음과 같이 '나는…이다'에 설명이 붙어서 확장되기도 합니다. "내가 곧 생명의 떡이니라"(6:48). "나는 세상의 빛이니"(8:12). "나는 선한 목자라"(10:11). "나는 부활이요 생명이니"(11:25). "내가 곧 길이요 진리요 생명이니"(14:6). 그러나 때로 (4:26에서처럼) 이 표현은 단독으로 사용되기도 하며, 아마도 8장 58절에서 가장 강렬하고 극적으로 드러납니다. "예수께서 이르시되 진실로 진실로 너희에게 이르노니 아브라함이 나기 전부터 내가 있느니라." 이것이 바로 하나님의 "나는 스스로 있는 자"라는 선언입니다.

그런데 '예수님이 누구신가'에 대한 이야기는 여기서 그치지 않습니다. 제자들이 돌아오자 여자는 물동이를 버려두고 동네로 들어갑니다. 아마도 이는 다른 복음서들에서 어부였던 제자들이 그물을 버려두고 예수님을 따른 일과 같은 헌신의 표시일 수 있습니다. 여자는 동료 사마리아인들에게 가서 자기 이야기를 들려주며 와서 예수님을 보라고 청합니다. 그러면서 "이는 그리스도가 아니냐?"라는 마지막 질문으로 궁금증을 자아냅니다(4:29). 여자의 증언으로 어떤 이들은 예수님을 믿게/신뢰하게/삶을 온전히 내맡기게 되었는데, 이 믿음은 나중에 그들이 직접 예수님을 만남으로써 확정되었습니다. "예수의 말씀으로 말미암아 믿는[신뢰하고 삶을 온전히 내맡긴] 자가 더욱 많아"(4:41). 이들이 마지막으로 내놓은 고백은 앞서 언급된 수많은 그분에 대한 호칭에 또 다른 호칭을 추가합니다. "이는 우리가 친히 듣고 그가 참으로 세상의 구주신 줄 앎이라"(4:42). 이 호칭은 사마리아인들을 비롯하여 유대인이 아닌 사람들에게 특히 의미가 있습니다. "구주"는 하나님을 가리키는 유대 용어(예를 들어, 사 43:3, 11; 45:12, 21)인 동시에 로마 황제의 호칭이기도 했으므로, 유대인과 비유대인 모두에게 통하는 표현입니다.

요한은 하나님을 중심으로 하고 생명을 중심으로 하는 정체성을 가리키고 있는데, 이는 유대인 혹은 비유대인이라는 정체성보다 더 큰 범위를 포괄하며, 깊은 차이를 초월하여 사람들을 하나로 묶어 줍니다. 이 점은 프롤로그에서 이미 중요하게 다루어진 바 있습니다. "그 안에 생명이 있었으니 이 생명은 사람들의 빛이라.…영접하는 자 곧 그 이름을 믿는[신뢰하고 삶을 온전히 내맡긴] 자들에게는 하나님의 자녀가 되는 권세를 주셨으니 이는 혈통으로나 육정으로나 사람의 뜻으로 나지 아니하고 오직 하나님께로부터 난 자들이니라"(1:3-12). "하나님께로부터 난 자"라는 것은 우리가 하나님께로부터 생명을 받았다는 뜻입니다. 이것이 우리 정체성의 핵심이며 가족, 성별, 인종, 문화 혹은 다른 어떤 정체성보다 더 중요합니다. 우리는 예수님이 누구신지("그 이름을") 믿음으로써 이러한 자가 되는 권세를 받습니다. 그런 일 후에 우리는 "하나님의 자녀"라는 새로운 가족 정체성을 얻습니다. 우리는 하나님의 아들 예수님의 형제, 자매 그리고 친구가 됩니다. 또한 이 정체성의 핵심은 이 가족으로 태어나는 것만이 아니라, 그 가운데서 함께 성숙해 가는 것입니다. 그 정체성의 가장 크고 깊은 비밀은 사랑입니다. 우리는 온전히 사랑받았고, 그 사실을 믿으면 "아버지 품속에 있는 독생하신 하나님"(1:18)이신 예수님이 우리가 그분처럼 사랑의 삶을 살아가도록 가르치시고 격려하십니다.

변화된 여자

사마리아 여자는 어떻습니까?

물을 긷기 위해 우물을 찾은 여자는 자기에게 물을 달라고 하는 피곤에 지친 예수님을 만납니다. 두 사람은 물을 마셔야 살 수 있는 인간이라는 정체성을 공유하면서, 물에 의존하는 다른 생명과도 연결됩니다.

마거릿 데일리덴턴(Margaret Daly-Denton)은 그녀의 대단히 훌륭한 저서 『요한복음: 지구 성경 주석』(*John: An Earth Bible Commentary*)에서, 당시의 생태적·경제적·사회적·문화적 맥락을 배경으로 하여 이 만남 이야기를 살핍니다. 예를 들어, 그녀는 물 긷는 일이 (오늘날에도 많은 지역에서 그렇듯) 당시 여성들의 지루한 일과였다는 점과 로마 제국의 환경 파괴에 대해 논의합니다. 하지만 그와 동시에, 요한복음 전체를 꿰고 있는 '은빛 실'인 물[1]이 어떻게 이스라엘 성경 전체를 풍성한 울림으로 가득 채우는지 거듭 조명합니다. 그러면서 그녀는 이를 오늘날의 삶과 우리의 환경 위기에 심오하고 예언자적인 방식으로 연결시킵니다. "만물이 그로 말미암아 지은 바 되었으니"(1:3), 또 예수님이 "양으로 생명을 얻게 하고 더 풍성히 얻게 하려" 오셨다는 사실이(10:10) 우리 시대에 얼마나 중요한지는 아무리 강조해도 지나치지 않습니다. 여기 요한복음 4장에서는 우리가 살아가기 위해 물이 필요하다는 사실을 과소평가하고 있는 것이 아니라, 풍성한 삶에는 마시는 물 이상이 필요하다고 말하고 있습니다. 그래서 예수님은 여자에게 "그 속에서 영생하도록 솟아나는 샘물"을 주겠다고 말씀하십니다.

요한복음이 말하는 영생은 무엇보다도 예수님의 정체성과 성령의 선물로 규정되는 깊고 영속하는 생명입니다. 예수님은 하나님이 존재하시듯 존재하시며, 그분은 죽음의 이편과 저편에 계신 "스스로 있는 자"이시기에 이제 우리는 이 심오한 생명으로 들어갈 수 있습니다. 이 책 후반부에서 살펴볼 내용처럼 이 생명은 빛과 사랑, 기쁨, 영광, 진리, 부활과 동일시될 수 있지만 그 특징은 무엇보다도 예수님의 행동과 가르침, 사람들과의 관계, 결정적으로 고난과 죽음과 부활을 통해 드러납니다. 이제부터 이 여자가 경험할 것처럼, 이 생명을 받는 것이 우리가 얻을 궁극의 선물입니다.

이 여자는 마음을 열고 받아들이는 학습자입니다. 실수도 하지만 근본적인 개인의 문제와 종교적 문제를 토론하는 데 기꺼이 열려 있습니다.

먼저, 예수님의 말씀에 여자의 상상력이 자극을 받고 확장됩니다. 주님은 사마리아 여자라는 그녀의 정체성을 넘어서 관계를 맺으십니다. 물로 표현된 넘치는 생명을 여자에게 약속하시는데, 이는 누구든 그의 구체적인 정체성과 상관없이 모든 사람의 생명을 유지하는 데 꼭 필요한 것입니다. 이는 여성이자 사마리아인인 그녀와 더 깊은 대화로 들어가는 길을 열어 줍니다.

그다음에 예수님은 여자의 과거와 남성 편력을 더 깊숙이 파고들면서 대화의 난국을 헤쳐 나가십니다. "너에게 남편 다섯이 있었고 지금 있는 자도 네 남편이 아니니"(4:18). 여자는 예수님과 있었던 일을 최종적으로 이렇게 증언합니다. "내가 행한 모든 일을 내게 말한 사람을 와서 보라!"(4:29) 이 말은 요한이 이 대화에서 기록하지 않은 다른 내용이 많았음을 암시하며, 예수님 그리고 그분을 통한 하나님과의 만남에서 어떤 중대한 일이 일어날 수 있는지를 시사해 줍니다. 그 중대한 일은 바로 우리가 주님께 속속들이 알려지게 될 것이며, 또한 그분이 엉망진창인 모습과 고통, 기쁨, 그 모든 복잡다단함을 포함하는 우리의 모든 삶과 자아를 긍휼히 여기며 이해하신다는 사실입니다. 이 여자는 좋은 의미에서, 곧 그녀에게 유익이 되는 방식으로 자기가 주님에게 알려졌음을 압니다. 이러한 긍휼을 보여 주는 최고조의 사례는 요한복음 마지막 장에 등장합니다. 거기서 예수님을 부인했던 베드로는 새로이 사랑과 섬김을 시작할 기회를 얻고 이렇게 외칩니다. "주님, 모든 것을 아[십니다]"(21:17).

그다음에 여자는 사마리아인인 자신과 유대인인 예수님에게 핵심적인 질문을 제기합니다. 바로 하나님을 예배하는 문제입니다. 다시 예수님은 한 걸음 더 깊이 들어가십니다. 여자는 이미 예수님을 선지자로 알아보았는데, 이제 그분은 여자를 한 걸음 더 나아간 믿음으로 초대하십니다. "여자여, 내 말을 믿으라[그리고 신뢰하라]"(4:21). 그런 뒤 이어지는 풍성한 의미를 담고 있는 단락에서(4:21-26), 그분은 무언가 새로운 일이 벌어지고 있다고 말씀하십니다. "때가 이르리라.…때가 오나니 곧 이때라." 그 예배는 사마리아인이나 유대인이 지금까지 알고 있었던 모든 것을 초월합니다. 그리고 이 대화의 절정에서 중차대한 지금의 사건이 "내가 그라"는 예수님의 정체성과 불가분의 관계임을 분명히 합니다.

이 만남에서 여자로서의 삶과 사마리아인으로서 드리는 예배는 예수님에 의해 정면으로 도전받았습니다. 점차 여자는 그분이 누구신지 알아 가면서 자기의 정체성이 변화하는 것을 발견합니다. 마지막 장면에서(4:39-42) 여자가 얻은 새로운 생명이 동료 사마리아인들을 향한 증언으로 흘러넘치고, 그들도 직접 예수님을 만나서 그분을 신뢰하는 새로운 공동체가 형성됩니다.

맺음말

요한복음 4장 1-42절은 오늘날 정체성에 대한 근원적 질문들을 일으키는 이야기를 들려줍니다. 그 질문 중 일부를 이 장 마지막에도 수록했는데 독자들이 더 많은 질문을 던져 보기를 권합니다.

하지만 이러한 정체성에 대한 질문들—예수님과 하나님, 우리 자신과 공동체에 대하여—은 요한복음 전체와 계속해서 연관되는데, 특히 다음 두 장의 주요 질문들과 밀접하게 엮입니다. 실제로, 예수님과 사마리아 여자의 이야기는 다음 두 질문에 대한 도입부 역할을 할 수 있는데, 그 내용을 소개하면서 이 장을 마무리하려 합니다.

3장 "욕망: 당신은 무엇을 구합니까?"에서는, 목마름은 예수님과 사마리아 여자 모두에게 가장 분명한 형태의 욕망이며, 예수님은 여자에게 단순히 물에 대한 갈증을 넘어서는 다른 차원의 목마름을 일깨워 주십니다. 예배에 암묵적으로 내포된 하나님에 대한 욕망도 있습니다. 하지만 놀랍게도 예배와 관련하여 실제로 본문이 확증해 주는 욕망은, 우리를 찾으시는 하나님 아버지의 욕망입니다. "아버지께 참되게 예배하는 자들은 영과 진리로 예배할 때가 오나니 곧 이때라. 아버지께서는 자기에게 이렇게 예배하는 자들을 찾으시느니라"(4:23). 그러나 이 이야기에서 욕망에 대해 가장 강조되는 발언은, 음식을 들고 돌아온 제자들과 예수님의 대화에서 나타납니다(4:27-38). 제자들은 예수님께 음식을 권하지만 그분은 이렇게 말씀하십니다. "나의 양식은 나를 보내신 이의 뜻['의지, 욕망, 바람, 원함'을 뜻하는 그리스어 '텔레마'(*thelēma*)]을 행하며 그의 일을 온전히 이루는 이것이니라"(4:34). 이는 예수님의 가장 중요한 관계 곧 아버지와의 관계의 핵심으로 들어서고자 하는 욕망이며, 요한복음 특히 17장에 나오는 예수님의 기도는 이것이 독자들의 욕망의 중심이 되기를 반복해서 초대합니다.

4장 "집: 당신은 어디에 머물고 있습니까?"에서는, 예수님과 사마리아 여자 이야기의 마지막 장면을 살펴봅니다. "사마리아인들이 예수께 와서 자기들과 함께 유하시기를[그리스어 '메이나이'(*meinai*)] 청하니 거기서 이틀을 유하시매['메이나이']"(4:40). 예수님이 그들과 함께 유하시고 머무르시며 거하시는 것을 통해 그들의 믿음이 깊어집니다.

묵상과 토론을 위한 질문

아미엘 오스마스턴 수석 사제의 제안

*

예수님과 사마리아 여자의 만남을 살펴보면서, 이 이야기가 그분의 정체성과 성품을 드러내는 방식 중에 당신에게 가장 중요하게 와닿은 것은 무엇입니까? 또한 예수님이 여자에게 말을 걸어 그녀와 연결되시는 장면에서, 그것이 예수님과 관계를 맺는 우리 자신에 대해 무엇을 보여 줍니까?

*

사마리아 여자는 예수님을 만나 '변화되었습니다.' 당신이 아는 사람 가운데 예수님을 만나고 따르면서 변화된 사람을 떠올릴 수 있습니까? 그들에게 어떤 변화가 생겼습니까?

*

"영접하는 자 곧 그 이름을 믿는 자들에게는 하나님의 자녀가 되는 권세를 주셨으니"(요 1:12). 저자는 "'하나님께로부터 난 자'라는 것은 우리가 하나님께로부터 생명을 받았다는 뜻입니다. 이것이 우리 정체성의 핵심이며 가족, 성별, 인종, 문화 혹은 다른 어떤 정체성보다 더 중요합니다"라고 씁니다. 당신은 이 말에 동의합니까? 우리에게 정말로 이 일이 가능하겠습니까?

*

요한복음은 다음과 같은 예수님의 말씀을 기록합니다. "내가 곧 생명의 떡이니라"(6:48). "나는 세상의 빛이니"(8:12). "나는 선한 목자라"(10:11). "나는 부활이요 생명이니"(11:25). "내가 곧 길이요 진리요 생명이니"(14:6). 이 중에서 어떤 말씀이나 이미지가 당신에게 가장 생생하게 예수님의 정체성을 보여 줍니까? 그 이유는 무엇입니까?

3. 욕망

"당신은 무엇을 구합니까?"

"무엇을 구하느냐?"[그리스어 '티 제테이테'(*ti zēteite*)] 요한복음에서 하나님의 말씀이신 예수님이 첫 제자들에게 처음으로 하신 말씀입니다. "당신은 무엇을 욕망하는가?" 이는 인간이 던질 수 있는 질문 중에 가장 중요한 질문이라고 할 수 있습니다. 여기 나오는 그리스어 동사는 매우 강력하며 찾다, 탐색하다, 추구하다, 얻으려 노력하다, 원하다, 구하다, 요구하다, 요청하다, 살피다, 기대하다, 바라다, 욕망하다 등의 다면적인 의미를 지닙니다. 이 말은 다른 비슷한 단어들과 함께 요한복음 전체에 널리 사용되는데, 그 가운데서도 핵심이 되는 그리스어 동사 '텔레인'(*thelein*)은 '갈망하다', '바라다', '원하다', '의도하다'라는 뜻입니다.

그러므로 요한복음은 욕망의 드라마 혹은 지혜로운 욕망을 갖도록 하는 교육으로 읽힐 수 있습니다. 이 점에 유의하여 이 책을 읽고 또 읽으면서 현재 삶과의 연관성을 찾아보시기 바랍니다.

우리 개인의 삶과 문화의 많은 부분이 욕망과 관련됩니다. 인생은 선택과 결정, 희망과 두려움, 우리가 원하는 것과 원하지 않는 것으로 가득합니다. 우리 삶에는 다른 행동보다 이 행동을 우선시하거나 다른 사람보다 이 사람을 선호하는 욕구, 다른 집단/운동보다 이 집단/운동에 가입하거나 특정 모임이나 대의, 사람, 직업, 이상에 헌신할 가능성으로 가득합니다. 지금껏 이토록 다양한 매체를 가지고 욕망을 일깨우는 그칠 줄 모르는 자극으로 포화 상태에 이른 문화는 없었습니다. 이것을 클릭하라, 여기에 투표하라, 이것을 사라, 이것을 먹으라, 이것을 마시라, 여기에 좋아요를 누르라, 이것을 보라, 이것을 읽으라, 이것을 배우라, 이것을 믿으라, 여기에 항의하라, 여기에 방문하라, 이것을 흉내 내라, 이렇게 되라, 이 사람을 팔로우하라. 우리 욕망을 자극하는 데 가장 성공한 사람들과 조직이 세상에서 가장 부유하고 강력한 집단에 속해 있습니다. 물론, 우리의 욕망은 영광스럽게 정당할 수도 있고, 끔찍하게 잘못되었을 수도 있으며, 그 사이 어딘가에 위치할 수도 있습니다.

요한복음에서의 욕망

예수님은 그분의 첫 말씀에서 새내기 제자들에게 욕망에 대한 질문을 제기하십니다. 그리고 이 질문은 당시 제자들과 우리 독자들 모두에게 가장 필요한 질문으로 여전히 남아 있습니다. 물론 앞으로 살펴보겠지만, 나중에 '무엇'에서 '누구'로의 결정적인 전환이 이루어지기는 합니다.

앞서 보았듯이, 사마리아 우물가에서 예수님은 하나님 아버지가 영과 진리로 예배할 사람들을 찾으시며(요 4:23-24), "나를 보내신 이의 뜻[혹은 욕망]을 행하[는]" 것이 그분의 양식이라고 말씀하십니다(4:34; 5:30도 보십시오). 요한복음 전체와 각 장의 목적은, 우리를 이 욕망의 드라마로 더 깊이 인도하여 우리의 욕망을 예수님의 욕망에 조율시키고, 그 욕망에 점진적으로 헌신하도록 영감을 불어넣는 것입니다.

이는 생사가 걸린 드라마입니다. 주님의 원수들은 "더욱 예수를 죽이고자 [했습니다]"(5:18; 또한 7:1, 19, 20, 25, 39; 8:37, 40; 10:39; 11:8도 보십시오). 후에 주님이 잡히신 동산에서 그분 생애의 마지막 막이 시작될 때(18:1-8) 예수님은 첫 제자들에게 하신 첫 말씀을 의미심장하게 바꾸어 다시 물으십니다. 이번에는 '무엇' 대신에 '누구'를 사용하십니다. 예수님이 "너희가 누구를 찾느냐?", "누구를 찾느냐?"라고 물으시자(18:4, 7), 그들은 "나사렛 예수", "나사렛 예수"라고 답합니다(18:5, 7). 주님의 답변은 그분 특유의 정체성, 곧 '에고 에이미', '에고 에이미', '에고 에이미'인데(18:5, 6, 8) 이는 '내가 그니라' 혹은 '내가…이다'라는 뜻입니다.

부활하신 예수님과의 첫 만남에서 이 점이 효과적으로 강화됩니다. 그분이 막달라 마리아에게 처음 하신 말씀은 "여자여, 어찌하여 울며 누구를 찾느냐?"였습니다(20:15). 정체성에 대한 질문과 욕망에 대한 질문은 세상에서 가장 중요한 질문, 곧 '누구'에 대한 질문으로 녹아 들어가, 그 초점이 예수님에게로 모입니다.

요한복음 마지막 장에 나오는 마지막의 두 대화는, 이렇게 예수님 지향적이며 하나님 중심적인 욕망의 지혜를 더욱 깊이 파고듭니다.

먼저, 예수님은 베드로에게 "네가 나를 사랑하느냐"라고 거듭 질문하시면서, 그분의 사랑을 거듭 확인해 주십니다(21:15-17). 베드로는 "내 양을 먹이라"라는 목양의 소명을 거듭해서 받은 뒤(21:15, 17), 다음과 같은 말씀을 듣습니다.

> 내가 진실로 진실로 네게 이르노니 네가 젊어서는 스스로 띠 띠고 원하는['텔레인'] 곳으로 다녔거니와 늙어서는 네 팔을 벌리리니 남이 네게 띠 띠우고 원하지[다시 '텔레인'] 아니하는 곳으로 데려가리라. 이 말씀을 하심은 베드로가 어떠한 죽음으로 하나님께 영광을 돌릴 것을 가리키심이러라. 이 말씀을 하시고 베드로에게 이르시되 나를 따르라 하시니. (요 21:18-19)

예수님은 하나님의 영광을 위해 사랑하고 섬기면서 그분을 따르고자 하는 베드로의 욕망을 확인해 주시지만, 이는 그보다 못한 다른 욕망들을 희생해야 한다는 의미입니다. 이러한 사유가 사순절의 핵심입니다.

그런 다음 베드로는 "예수께서 사랑하시는 그 제자"를 보면서 "이 사람은 어떻게 되겠사옵나이까?"라고 묻습니다(21:20-23). 우리는 마지막 식사 자리에서 그가 나눈 예수님과의 친밀함이 떠오릅니다. 예수님은 "내가 올 때까지 나의 뜻[바람이나 욕망('텔로인')]이 그를 머물게 하는 것이라고 해도, 그것이 너와 무슨 상관이냐? 너는 나를 따르라"고 말씀하십니다(21:22, NRSV). 예수님은 베드로에게 다른 제자의 미래나 적당한 시기나 예수님이 다시 오실 정확한 시간 혹은 구체적 정황 등에 대해 대략적으로도 말씀해 주시지 않습니다. 요한복음에서 흔히 그렇듯 본질에만 집중된 레이저처럼 예리한 초점들이 여기 존재하는데, 이 경우에는 다음과 같은 것들입니다.

1. 예수님의 주된 욕망/뜻: "나의 뜻/바람/욕망"
2. 미래의 열쇠는 한 사람 곧 예수님이시다: "내가 올 때까지"
3. 미래로 향하는 길은 이 사람 예수님과 함께하는 것이다: "나를 따르라!"

베드로가 던진 '어떻게' 질문은 '누구'를 중심으로 하는 삼중 답변이 되어 돌아오고, 베드로는 그 중심 곧 예수님의 '나의', '내가', '나를'에 다시 초점을 맞추게 됩니다.

그러므로 요한복음 전반은 수많은 욕망이 상호 작용하는—또 때로는 충돌하는—드라마입니다.[1] 예수님, 그분의 아버지, 그분의 제자들, 그분의 원수들, 군중, 예배자 그리고 다른 이들의 욕망이 모두 작동하고, 그 과정에서 독자들은 자기의 욕망이 감화받고 형성되고 변화하도록 거듭 초대받고 있습니다. 이제부터는 이 주제를 분명히 보여 주는 한 가지 핵심 본문을 살펴볼 것입니다.

무리를 먹이심: 욕망에 대한 교육(요 6:1-71)

이 본문이 미니 드라마 같은 장면들을 통해 욕망에 관한 지혜를 어떻게 가르치고 있는지 유의하면서 요한복음 6장을 천천히 읽어 보시기 바랍니다.

'욕망'과 관련된 핵심 단어들은 다음과 같습니다. 원하다(6:11, 21), 찾다(6:24, 26), 위하여 일하다(6:27), 주리다(6:35), 목마르다(6:35), 뜻을 행하다[6:38(2회), 39, 40], 하려 하다(6:67).

'음식'과 '생명'에 관한 단어가 쓰인 횟수 역시 많은 것을 드러내는데, 이 표현들은 욕망의 대상을 가리킵니다다. '떡'[6:5, 7,

9, 11, 26, 31, 32(2회), 33, 34, 35, 41, 48, 50, 51, 58(2회)], 물고기(6:9, 11), 남은 조각(6:12, 13), 먹다[6:13, 23, 26, 49, 50, 51(2회), 52, 53, 54, 56, 57, 58(2회)], 양식[6:27(2회), 55], 만나(6:31, 49), 생명/영생[6:33, 40, 47, 48, 51(3회), 53, 54, 57(3회), 58, 63(2회), 68], 다시 살리다(6:39, 40, 44, 54), 마시다/음료(6:53, 54, 55, 56).

건강과 양식에 대한 욕망

"큰 무리가 따르니 이는 병자들에게 행하시는 표적을 보았음이러라"(6:2). 건강을 바라는 마음은 자연스럽고 좋은 것이며, 예수님은 그분이 주시려는 풍성한 생명의 일부분으로서 사람들을 고치십니다(이에 대한 핵심 진술은 10:10입니다). 하지만 생명은 단지 질병에서 자유로워지는 것 이상의 의미를 지닙니다. 치유와 사람들을 먹이신 사건을 비롯하여 예수님이 공생애에서 베푸신 여러 놀라운 일을 가리켜 요한복음은 '기적'(miracles)이 아니라 '표적'(signs)이라고 부릅니다.

예수님이 행하신 풍성한 삶의 표적은 혼인 잔치에서 엄청난 양의 물을 포도주로 바꾸신 사건으로 시작되고(2:1-12), 죽은 친구 나사로를 다시 살리신 사건에서 절정에 달합니다(11:1-44). 본래 표적이란 선한 것이지만, 그 자체를 넘어서 프롤로그에서 말한 다음의 내용을 가리켜 줍니다. "우리가 다 그의 충만한 데서 받으니 은혜 위에 은혜러라"(1:16). 그 충만함에는 신뢰/믿음/내맡김, 진리, 기쁨, 기도, 섬김, 사랑, 영광 등 수많은 차원이 있습니다.[2] 충만함을 표현하는 이미지 또한 매우 다양합니다. 아주 풍성한 포도주, 물, 바람/영, 떡, 물고기, 열매, 빛, 책 등이 있습니다. 그리고 이 모든 내용 중에서 가장 심오한 의미는 우리가 받는 무언가가 아니라, 우리가 받는 분입니다. 충만함은 그분의 충만함이고, 그 충만함을 받는 우리는 "[그분을] 영접하는 자 곧 그 이름을 믿는[혹은 신뢰하는] 자들"입니다(1:12).

예수님은 사람들이 배고프다는 한마디 말도 하지 않았을 때도 그들의 배고픔에 반응하셔서, 풍성한 떡과 물고기로 충족시키십니다. "그들의 원['텔레인']대로 주시니라." 또한 본문은 먹고 남은 양을 크게 강조합니다. "먹고 남은 조각이 열두 바구니에 찼더라." 여기까지는 나쁘지 않습니다.

권력, 음식, 표적에 대한 욕망 vs.
예수님과 그분이 주시는 생명에 대한 욕망

그러고 나서 무리가 욕망하는 것과 예수님이 욕망하는 것 사이에 갈등이 불거집니다. 주요 쟁점은 권력, 음식, 사람들을 설득하여 믿게 하는 표적에 관한 것입니다.

권력과 관련해서, 군중은 "[예수님을] 억지로 붙들어 임금으로 삼으려" 했습니다. 그들은 자기들을 로마의 통치에서 해방시켜 줄 강력한 지도자를 원하는데, 예수님은 거기에 굴하지 않으시고 "혼자 산으로" 떠나가십니다(6:15). 이 저항의 더 깊은 의미는 나중에 예수님이 재판을 받으실 때 본디오 빌라도와 나눈 대화에서 드러납니다(18:33-38). 빌라도가 예수님께 유대인의 왕이냐고 묻자 그분은 이렇게 대답하십니다. "내 나라는 이 세상에 속한 것이 아니니라. 만일 내 나라가 이 세상에 속한 것이었더라면 내 종들이 싸[웠을 것이다]"(18:36). 예수님은 그분을 체포하려는 자에게 저항하기 위해 칼을 사용한 베드로에게 조금 전 이렇게 말씀하셨습니다. "칼을 칼집에 꽂으라. 아버지께서 주신 잔을 내가 마시지 아니하겠느냐?"(18:11) 그리고 바로 전에, 제자들에게 그분의 죽음을 준비시키면서 이 잔의 의미를 이렇게 가르치셨습니다. "사람이 친구를 위하여 자기 목숨을 버리면 이보다 더 큰 사랑이 없나니…또 그들을 위하여 내가 나를 거룩하게 하오니 이는 그들도 진리로 거룩함을 얻게 하려 함이니이다"(15:13; 17:19). 주님은 사랑의 진리를 보여 주시며, 그분이 곧 그 사랑의 진리이십니다. 이제 빌라도가 그분께 왕이냐고 다시 묻자 예수님은 이렇게 말씀하십니다. "내가 이를 위하여 태어났으며 이를 위하여 세상에 왔나니 곧 진리에 대하여 증언하려 함이로라. 무릇 진리에 속한 자는 내 음성을 듣느니라"(18:37). 이는 사랑과 완전히 하나 된 진리가 지닌, 매력적이고 강압적이지 않은 능력입니다.

음식과 관련해서, "예수를 찾으러 가버나움으로" 간 무리에게 그분은 이렇게 말씀하십니다.

> 내가 진실로 진실로 너희에게 이르노니 너희가 나를 찾는 것은 표적을 본 까닭이 아니요 떡을 먹고 배부른 까닭이로다. 썩을 양식을 위하여 일하지 말고 영생하도록 있는[그리스어 '메네인'(*menein*)] 양식을 위하여 하라. 이 양식은 인자가 너희에게 주리니. (요 6:26-27)

우리가 우선시해야 할 욕망들이 있습니다. 사순절은 1년 중에 그런 것들—여기서는 예수님이 주시는 깊고 영속적이며 풍성한 삶에 대한 욕망—에 집중하는 시기입니다. 예수님은 곧 이에 대한 더 깊은 의미를 펼쳐 보이기 시작하십니다. "하나님께서 보내신 이를 믿는 것이 하나님의 일이니라"(6:29). 예수님에 대한 신뢰는 올바른 욕망, 곧 그분이 주신 생명을 받고 그분이 인도하시는 곳은 어디든 따르는 삶의 열쇠입니다.

표적과 관련해서, 사람들은 예수님께 도전합니다. "그러면 우리가 보고 당신을 믿도록[그리고 신뢰하도록] 행하시는 표적이 무엇이니이까?"(6:30) 이것은 마치 조용히 무리를 먹이신 한 차례의 '표적'만으로는 부족하다고 말하는 듯합니다. 모세가 광야에서 날마다 온 백성에게 만나를 주었듯이 그들은 뭔가 더 화려하고 극적인 일을 원합니다. 그다음 6장의 나머지 내용은 그 만나를 예수님 중심으로 이해함으로써, 우리를 요한복음에서 가장 절정의 표적으로 이끕니다. 바로 예수님의 십자가 처형입니다. "내가 줄 떡은 곧 세상의 생명을 위한 내 살이니라"(6:51). 이 사건은 이상하고 충격적이면서도 요한복음에서 욕망과 사랑과 진리와 영광으로 이루어진 생명을 전해 주는 핵심입니다. 혹은 이렇게 말하는 편이 낫겠습니다. 그 사건의 중심에는 생명과 사랑과 진리와 영광의 심장부에 자리한 한 인격이 계십니다. 그분은 우리 욕망의 대상이시며, 온전히 신뢰받으실 분입니다. 고난주간과 마음을 매혹하는 그분의 약속이 지닌 신비에 가까이 다가가면서, 우리는 다음의 말씀을 더 자세히 탐구해 볼 것입니다. "내가 땅에서 들리면 모든 사람을 내게로 이끌겠노라 하시니"(12:32).

채워지는 욕망—계속해서!

요한복음 6장은 다음 핵심 말씀을 계기로 전환을 맞습니다.

> 예수께서 이르시되 나는 생명의 떡이니 내게 오는 자는 결코 주리지

아니할 터이요 나를 믿는 자는 영원히 목마르지 아니하리라. (요 6:35)

조금 전(가버나움 회당에서, 6:50을 보십시오) 예수님은 사람들이 원한다고 한 만나보다 더 좋은 떡을 아버지께서 주실 것이라고 말씀하셨습니다. 예수님은 6장 32-33절에서 "내 아버지께서 너희에게 하늘로부터 [주실] 참 떡"을 약속하십니다. "하나님의 떡은 하늘에서 내려 세상에 생명을 주는 것이니라." 이 떡은 두 가지 면에서 모세가 준 떡을 능가합니다. 첫째, 이 떡은 단순히 매일의 신체적 배고픔을 만족시키는 것 그 이상입니다. 이것은 "생명"의 선물입니다. 이 생명을 주님은 바로 전에 "영생"이라고 묘사하셨습니다(6:27). 영생은 깊고 영속적이며 하나님을 중심으로 하는 삶입니다. 둘째, 이 떡은 이스라엘 백성만을 위한 것이 아니라, "세상"을 위한 생명입니다. 이 생명은 자질과 시간, 공간의 한계를 초월합니다. 이는 그들의 욕망을 자극합니다. "주여, 이 떡을 항상 우리에게 주소서"(6:34).

그러고 나서 사람들의 상상을 초월하는 깜짝 놀랄 만한 결정적인 말씀이 나옵니다. "예수께서 이르시되 나는 생명의 떡이니 내게 오는 자는 결코 주리지 아니할 터이요 나를 믿는 자는 영원히 목마르지 아니하리라." 그 선물이란 이 살아 계신 인격체와의 신뢰 가운데서 누리는 친밀한 관계입니다. 그분의 '나는… 이다'라는 선언은 그분이 하나님과 하나이심을 의미합니다.

이 내용과 욕망은 무슨 상관이 있습니까? 이런 식으로 욕망이 충족되면 욕망이 멈추게 되는 것입니까? 당연히 그렇지 않습니다! 요한복음 서두에서 혼인이라는 주제가 얼마나 중요한지 생각해 보시기 바랍니다. 혼인 잔치에서 물을 풍성한 포도주로 바꾸신 첫 번째 '표적', 신랑으로 묘사되는 예수님, 신랑의 친구로 등장하는 세례자 요한 등을 떠올려 볼 수 있습니다.[3] 좋은 결혼 생활에서, 이제는 전적으로 서로를 신뢰하고 헌신하는 관계의 맥락 속에서 욕망은 충족되고 계속해서 충족됩니다. 전환점이 되는 이 35절에서 우리는 누구나 예수님께 나아와, 그분을 신뢰하고, 이 관계 속에서 영원히 살아가고, 그분이 욕망하시는 것을 함께 욕망함으로써 하나님을 만나라는 초대를 받고 있습니다. 앞서 베드로와 사랑받는 제자에게서 보았던 것처럼 우리는 상호 신뢰, 이해와 사랑에 대한 성숙한 욕망이 담긴 요한복음 21장의 풍성한 이야기를 이미 펼쳐 보기 시작했습니다.

35절 바로 뒤에 나오는 절들은 욕망이 얼마나 근본적인지를 분명히 합니다. 예수님은 자기의 목적이 "나를 보내신 이의 뜻[욕망('텔레마')]"을 행하는 것이라고 요약하신 뒤, 그 '뜻'을 다시 이렇게 요약하십니다. "내 아버지의 뜻[욕망('텔레마')]은 아들을 보고 믿는[신뢰하고 삶을 온전히 내맡긴] 자마다 영생을 얻는 이것이니 마지막 날에 내가 이를 다시 살리리라"(6:40). "깊고 영속적이며 하나님을 중심으로 하는 삶"이라는 '영생'에 대한 요약은,

제 생각에 최고의 설명이기는 하지만, 유일한 설명은 아닙니다. 앞의 내용에서 예측 가능할 뿐 아니라 이제 (요한복음과 이 책의) 후반부에서 볼 수 있듯이, 더욱 중요한 설명은 바로 사랑입니다. 사랑을 강조하는 것으로의 전환은 예수님과 마르다, 마리아, 나사로의 사랑을 언급하는 11장부터 시작됩니다. 이는 요한복음 13-17장의 고별 강화에서 한층 심화되고, 요한복음 21장에서 절정에 이릅니다.

"너희도 가려느냐?"(요 6:67)

요한복음 6장의 나머지 부분은 35절의 의미를 한층 더 파고듭니다. 그 깊이는 기독교 역사에서 격렬하고 때로는 폭력적인 논란의 대상이 되었는데, 특히 (주님의 만찬, 미사, 성체성사로도 알려진) 성찬을 어떻게 이해하느냐를 두고 그러했습니다. "내가 진실로 진실로 너희에게 이르노니 인자의 살을 먹지 아니하고 인자의 피를 마시지 아니하면 너희 속에 생명이 없느니라"라는 말씀에 대해서(6:53), 이 장에서 요한도 이 문제들이 얼마나 논쟁적이고 어려운지를 인정합니다. 나중에 이 문제 가운데 일부를 살펴보겠지만, 여기서는 요한복음 6장 후반부에서 주목해야 할 두 가지 핵심 쟁점만 짚어 보겠습니다.

하나는 우리와 예수님이 서로 안에 상호적으로 거한다는 사실의 첫 등장입니다. "내 살을 먹고 내 피를 마시는 자는 내 안에 거하고 나도 그의 안에 거하나니"(6:56). 이와 같은 깊은 상호성이야말로 요한복음에서 하나님을 만나는 목적이라고 할 수 있습니다. 이를 이해하는 한 가지 방법은 이 책 서두에 소개한 실제적인 제안을 따르면서 요한복음 17장에 비추어 주기도를 드리는 것입니다.

다른 하나는 욕망에 대한 마지막 언급입니다. 자신의 살을 먹고 피를 마시라는 예수님 말씀은 그분을 따르는 이들조차 걸려 넘어질 만한 내용이었으며, 그렇기에 많은 제자가 떠나갑니다. "예수께서 열두 제자에게 이르시되 너희도 가려느냐[가기를 바라느냐/욕망하느냐('텔레인')]"(6:67). 이 말씀은 예수님이 오신 목적과 요한복음을 기록한 목적을 관통합니다. 예수님의 목적은 우리를 신뢰와 상호 간의 사랑으로 초대하는 것인데, 이는 서로 안에 거한다는 묘사로 잘 요약됩니다. 요한복음의 목적은 이 초대를 전달하는 것입니다. 하지만 그 신뢰와 사랑에 저항하는 강력한 세력이 존재합니다. 그들은 초대만 거절하는 것이 아니라, 초대를 제안하고 그 초대의 빛 속에서 살아가는 사람들도 거절할 수 있습니다. 그 결과가 예수님의 삶과 죽음과 부활의 드라마인데, 이 드라마는 지금도 계속되고 있습니다. 이 장의 도입부에서 다루었듯이 진정한 신뢰와 사랑은 강압적이지 않으며, 욕망은 근본적으로 잘못된 방향으로 흐를 수 있습니다.

거절에 직면할지 모르는 예수님의 질문은 그분의 취약함을 드러냅니다. 누구라도 얼마든지 그분을 거부할 수 있습니다. 그리고 가룟 유다의 배신을 암시하는 절이 확실히 보여 주듯(6:70-21), 앞으로 더 끔찍한 일이 기다리고 있습니다.

사순절과 우리 사회의 욕망

이렇듯 예수님은 욕망과 연관되시며, 그분의 삶과 죽음과 부활은 욕망의 드라마라고 할 수 있습니다. 이는 과거에도 그랬듯이, 현재의 삶과 심오하게 연결됩니다.

이 장을 시작하면서 인간의 삶이 욕망과 얼마나 깊이 연관되는지, 특히 얼마나 우리 문화가 다양한 매체를 통해 욕망을 자극하는 것들로 포화 상태에 이르렀는지를 언급했습니다. 이 사실과 사순절의 연관성은 조금 더 생각해 볼 필요가 있습니다.

대다수 사람에게 가정은 부모나 형제자매의 욕망과 상호 작용하면서 자기 욕망을 표현하고 형성하는 첫 번째 장소입니다. 어린 시절에 어떤 종류의 애착을 형성했는지는 우리의 사회적·정서적 발달과 학습 발달에 근본적이고 장기적인 영향을 미칩니다. 부적절한 관계 혹은 불안정, 염려, 애정 결핍, 정상적인 감정과 욕구의 억압이 우세했던 유아기, 감당하기 힘든 각종 트라우마는 모두 평생에 걸쳐 문제를 초래할 수 있습니다.

저는 어린 자녀와 부모의 유대 관계를 연구하는 팀에서 심리치료사로 일하는 딸 레이첼에게, 그녀가 가장 공들이는 세 가지가 무엇인지 물어보았습니다. 레이첼은 신뢰 가운데 형성된 서로에 대한 애착, 아이의 욕망과 감정과 필요에 대한 조율, 놀이를 꼽았습니다. 우리 모두는 어린 시절 경험에 따라 복잡한 과정을 거치며 빚어집니다. 그리고 부모, 조부모, 교사 등 아이를 형성하는 데 참여한 사람들로부터 우리는 각자의 양육 과정에서 건강한 것과 건강하지 않은 것 모두를 얻을 수 있습니다. 그런 부분에서 부적절하거나 해로운 패턴을 바로잡는 것은 어느 가족, 혹은 사회나 교회에게 큰 도전입니다.

욕망의 교육과 재교육은 평생에 걸쳐 이루어집니다. 어떻게 해서 욕망이 우리의 일상적 습관과 행동 양식, 우리의 먹고 마시는 것, 우리의 학습과 지식, 우리의 돈을 벌고 소비하는 방식, 우리의 오락과 미디어 사용, 우리의 정치적 혹은 다른 무언가에 대한 헌신, 우리의 우정과 애정 관계, 우리의 하나님과의 관계 등 모든 중요한 삶의 영역에 영향을 주는지 주기적으로 살피는 것은 중요합니다.

사순절 기간 40일은 그리스도인들이 다른 어떤 욕망보다도 하나님을 향한 욕망에 집중하도록 특별히 격려받는 시기인데, 이 모두는 우리와 우리의 번영을 바라는, 우리를 품어 주시는 하나님의 욕망 안에서 이루어집니다. 어떻게 하면 하나님의 그 압도적인 사랑에 대한 우리의 반응이 더욱 풍성해져서 사람과 문화와 공동체를 더 온전한 모습으로 빚어 가도록 도울 수 있겠습니까?

사순절에 읽는 필수 성경 본문에는 예수님이 세례자 요한에게 세례를 받으신 뒤 광야에서 금식하신 40일의 기사가 늘 포함되었습니다. 광야에서 그분은 음식, 권력, 화려한 표적을 가지고 영향력을 끼치는 것에 대한 욕망을 시험받으셨습니다. 요한복음은 마태복음과 누가복음이 묘사한 것처럼 예수님이 광야에서 시험받으신 사건을 그분과 사탄의 충돌로 기록하지 않습니다. 오히려 이 시험의 본질은 앞서 살펴본 예수님의 욕망과 군중의 욕망이 충돌하는 요한복음 6장의 내용과 유사합니다.

- 음식: "이 돌들에게 명하여 떡이 되게 하라"(눅 4:2-4; 마 4:2-4도 보십시오).
- 권력: "천하 만국"을 다스리는 권세(눅 4:5-8; 마 4:8-10도 보라).
- 화려한 표적: 성전 꼭대기에서 "뛰어내리라"(눅 4:9-12; 마 4:5-7도 보십시오).

하지만 시험의 본질 외에도, 더 중요한 공통점이 있습니다. 바로 '예수님은 누구신가' 하는 것입니다. 사탄은 거듭해서 예수님의 핵심 정체성을 쟁점화합니다. "네가 만일 하나님의 아들이어든"(눅 4:3, 9; 마 4:3, 6). 예수님은 세례받으신 직후에 시험을 받으시는데, 세례받으실 때 "하나님의 아들"이라는 이 핵심 정체성이 인상적인 모습으로 확증되었습니다. "하늘로부터 소리가 있어 말씀하시되 이는 내 사랑하는 아들이요 내 기뻐하는 자라 하시니라"(마 3:17; 눅 3:22). 요한은 예수님이 누구신지, 특히 예수님과 하나님 아버지의 관계 속으로 독자들을 더 깊이 이끕니다. 이 과정에서 요한복음 6장은 중요한 단계입니다.

앞으로 살펴보겠지만—이 책 앞부분에서 제안한 실천에 참여하고 있는 이들이라면 이미 경험하기 시작했을 것입니다—요한복음 17장에 나오는 예수님의 기도에서 그분이 누구신지에 관한 가장 깊은 차원이 열리게 됩니다. 이 책 남은 장들에서 이 부분은 자세히 살펴볼 것입니다. 하지만 지금은 이 장의 주제를 고려하여, 그분의 생애 가장 중요한 시기에 드린 예수님의 이 기도가, 어떻게 하나님 아버지께 자기의 궁극적 욕망을 쏟아놓는지에 주목합니다. 그리고 예수님은 그 절정인 17장 20-26절에서 그때 이후로 예수님을 따르게 된 우리 모두를 위해 기도하십니다. 우리가—그리고 온 세상이—예수님이 아버지와 나누시는 그 생명과 영광과 사랑의 강렬함 속으로 완전히 들어가기를 바라시며, 주님은 이렇게 간결하게 말씀하십니다. "아버지여…[내가] 원하옵나이다"(17:24).

묵상과 토론을 위한 질문

아미엘 오스마스턴 수석 사제의 제안

*

3장 서두에서는 "우리 개인의 삶과 문화의 많은 부분이 욕망과 관련됩니다. 인생은 선택과 결정, 희망과 두려움, 우리가 원하는 것과 원하지 않는 것으로 가득합니다…"라고 말합니다. 우리 사회와 소비문화는 어떻게 우리의 욕망을 빚어내고 거기에 압력을 가합니까? 우리는 그것에 어떻게 대처해야 합니까?

*

저자는 "요한복음 전체와 각 장의 목적은, 우리를 이 욕망의 드라마로 더 깊이 인도하여 우리의 욕망을 예수님의 욕망에 조율시키고, 그 욕망에 점진적으로 헌신하도록 영감을 불어넣는 것입니다"라고 씁니다. 우리가 개인이나 교회로서 가장 간절히 바라고 찾는 것은 무엇입니까? 그것은 예수님의 욕망과 조화를 이룹니까?

*

저자는 예수님이 5천 명을 먹이신 이야기에서 무리의 욕망(권력, 음식, 표적)과 예수님과 그분이 주시는 생명에 대한 욕망을 대비시킵니다. 우리는 진심으로 '예수님을 찾고' 있습니까? 그분을 가까이하기 원합니까? 날마다 그분에게서 공급받기를 갈망합니까? 이렇게 하는 데 가장 도움이 되는 것은 무엇입니까?

*

저자는 "그런 부분에서 부적절하거나 해로운 패턴을 바로잡는 것은 어느 가족, 혹은 사회나 교회에게 큰 도전입니다.…욕망의 교육과 재교육은 평생에 걸쳐 이루어집니다.…사순절 기간 40일은 그리스도인들이 다른 어떤 욕망보다도 하나님을 향한 욕망에 집중하도록 특별히 격려받는 시기인데, 이 모두는 우리와 우리의 번영을 바라는, 우리를 품어주시는 하나님의 욕망 안에서 이루어집니다"라고 씁니다. 어떻게 하면 하나님의 그 압도적인 사랑에 대한 우리의 반응이 더욱 풍성해져서 사람과 문화와 공동체를 더 온전히 빚어 가도록 도울 수 있겠습니까?

4. 집 “당신은 어디에 머물고 있습니까?”

무엇을 구하느냐는 예수님의 질문에 그분의 첫 제자들이 내뱉은 첫마디는 “랍비여, 어디 계시오니이까?”였습니다(요 1:38).

‘계시오니이까’로 번역한 그리스어 ‘메네인’은 요한복음의 핵심 단어입니다. 이 번역 외에도 ‘메네인’에는 거하다, 살다, 거주하다, 남다, 있다, 견디다, 계속하다, 지속하다의 의미가 있습니다. 장기적인 삶에 관한 단어입니다. 요한복음에서 이 말은 무엇보다도 하나님과 함께하는 삶, 하나님 안에 있는 생명, 곧 ‘영생’을 가리킵니다. 예수님은 이생과 영원 모두에서 깊고 영속적이며 사랑의 감화를 받은 이 삶으로 우리를 초대하십니다.

하나님과의 만남은 아주 다양한 방식으로 일어납니다. 사람 수만큼이나 다양한 양상입니다. 예수님은 이름을 불러 각 사람을 인도해 내시고(10:3), 우리가 어떤 사람이고 무엇을 욕망하며 어디에서 가장 집처럼 편안하게 느끼는지를 완전히 이해하시면서 한 사람 한 사람과 관계를 맺으십니다. 최고의 의미에서 ‘집’

이란 우리가 사랑받고 있으며 사랑하는 데 자유로운 존재라는 사실을 신뢰할 수 있는 곳을 말합니다. 하지만 우리가 드릴 응답이 그분을 향한 신뢰가 될 수 있겠습니까? 그 만남이 어떤 방식으로 일어나든 우리가 그분을 신뢰하도록 이끈다면, 그것은 요한이 말한 '메네인', 곧 서로 간의 신뢰와 사랑 가운데서 오래 거하며 살아가는 삶의 출발점이 될 수 있습니다.

요한복음의 목적은 독자들을 이 영원한 관계로 끌어들이는 것입니다. 이 관계는 예수님을 영접하는 것, 예수님을 따르는 것, 예수님을 믿고 신뢰하는 것, 예수님을 사랑하는 것, 그분 안에 거하는 것 등 여러 방식으로 묘사될 수 있습니다. 요한복음의 궁극적 목적이 가장 분명하게 표현된 말씀은 우리 독자들에게 직접 전하는 말로 제시됩니다. "너희로 믿고[신뢰하고] 그 이름을 힘입어 생명을 얻게 하려 함이니라"(20:31).

진정한 집

첫 제자들이 예수님께 던진 "어디 계시오니이까?"라는 첫 질문에는 평범한 의미가 있습니다. 그들은 가서 '계신['메네인'] 데를 보고 그날에 함께 거합니다['메네인']'(1:39). 저자는 이 단어를 반복하면서 '메네인'과 예수님이 '어디' 계시냐는 질문의 중요성을 강조합니다. 이후에 요한복음이 펼쳐지면서 다른 차원의 의미가 드러나는데, 이 장 후반부에서는 포도나무 비유를 집중적으로 살펴볼 것입니다. 그 비유에는 열일곱 절에 '메네인'이 11회 등장하며 우리를 상호 내주(mutual indwelling, '서로 안에 거하는 연합'을 의미하는 신학 용어—편집자)로 이끕니다. 이 상호 내주는 예수님 제자들의 삶에서 핵심입니다. "내 안에 거하라. 나도 너희 안에 거하리라"(15:4). 그곳이야말로 우리가 가장 진정으로, 심오하게 그리고 영원히 거할 수 있는 집입니다.

'집'이 우리 각자에게 어떤 의미인지는 잠시 생각해 볼 가치가 있습니다. 분명 장소는 매우 중요합니다. 당신은 어디서 가장 집처럼 편안하게 느낍니까? 특정 방, 집 혹은 아파트, 정원이나 시골길에서? 어떤 마을이나 동네, 도시나 나라에서 그렇게 느낍니까? 실은 그보다 더 중요한 것은 사람입니다. 당신은 어떤 사람과 함께 있을 때 집처럼 편안함을 느낍니까? 가장 신뢰할 수 있는 사람은 누구입니까? 주기적으로 식사를 나누는 사람은 누구입니까? 자주 마음을 털어놓거나 거절이나 실망을 감수하면서까지 나를 드러내는 사람은 누구입니까? 당신에게 '뼈아픈 진실'을 말해 주는 사람은 누구입니까? 당신을 인정하고 알아주며 당신과 친숙한 사람들은 누구입니까? 오래 관계를 맺어 온 사람은 누구입니까? 당신 '마음의 공동체'에는 누가 있습니까? 새로 사귄 사람이 내 뿌리가 어디인지를 물을 때 당신은 뭐라고 대답합니까?

집에 대한 개념과 경험은 사람마다 굉장히 다양합니다. 과거와 현재의 집과 가족에 대한 자기 경험을 돌아보고(그것이 좋든 나쁘든 혹은 그러한 것들이 혼재되어 있든), 요한복음은 집의 의미에 대해 우리에게 무엇을 말해 주는지 귀 기울여 봅시다.

예수님을 처음 만난 그분의 첫 제자들에게 예수님이 머무신 곳은 '가까운 어딘가'를 의미합니다. 그래서 예수님은 "와서 보라"고 그들을 청하실 수 있습니다(1:39). 하지만 프롤로그를 읽은 독자라면 예수님이 계신 곳과 우리의 진정한 집이 가리키는 더 심오한 층위로 이미 들어섰을 것입니다.

혈연 가족을 넘어 새로운 가족으로의 탄생은, 이 복음서가 어디로 독자들을 초대하는지 보여 주는 첫 번째 그림입니다. "영접하는 자 곧 그 이름을 믿는[신뢰하고 삶을 온전히 내맡긴] 자들에게는 하나님의 자녀가 되는 권세를 주셨으니 이는 혈통으로나 육정으로나 사람의 뜻으로 나지 아니하고 오직 하나님께로부터 난 자들이니라"(1:12-13). 하나님의 생명을 공유하는 이 특별한 가족은 영광과 진리, "은혜 위에 은혜"가 충만한 곳입니다(1:14-16).

그다음 프롤로그의 절정이라 할 수 있는 핵심적인 말씀에서 이 하나님의 가족에 감추어져 있던 가장 깊고도, 공공연한 비밀이 드러납니다. 이는 곧 모든 실재의 중심에 자리하고 있다고 믿어도 좋을, 가족과 같은 사랑의 관계입니다. "본래 하나님을 본 사람이 없으되 아버지 품속에 있는 독생하신 하나님이 나타내셨느니라"(1:18). 이 완전한 사랑의 가정생활로부터 온 창조 세계가 솟아나고, 요한복음을 읽는 가운데 있는 모든 독자가 그리로 초대를 받습니다. 저자 요한은 '아버지 품속에 있는 예수님'이라는 생생한 이미지가 보여 주는 이 사랑을 모든 독자가 알기를 원합니다.

후에 마지막 식사 자리에서 "예수께서 사랑하시던…제자" 곧 사랑받는 제자는 아주 인상적인 모습으로 처음 등장합니다. 그는 예수님의 품에 의지하여 누워 있습니다(13:21-30). 그다음에 이야기의 마지막, 그러니까 사랑받는 제자가 이 복음서의 증언을 기록한 자로 확인되기 직전에, 우리는 예수님의 품에 의지하여 있던 그를 다시 한번 떠올리게 됩니다(21:20).

요한복음에서 사랑받는 제자는 여러 면에서 제자도의 모델입니다. 그는 이름으로 불린 적이 없는데, 아마도 사랑을 중심으로 하는 그의 정체성이 곧 그의 메시지를 통해 모든 독자와 함께 공유하려는 정체성이기 때문일 것입니다. 우리 모두가 사랑받는 제자일 수 있습니다. 그는 신뢰하고 신뢰받으며, 사랑하고 사랑받습니다. 요한이 십자가 처형을 기록한 감동적인 일화에서,[1] 그와 예수님의 어머니(요한복음은 마리아의 이름도 언급하지 않는데, 아마 같은 이유에서일 것입니다. 우리 모두가 스스로를 마리아와 동일시하도록 초대받고 있기 때문입니다[2])는 예수님이 일구신 새로운 가정에서 서로에게 의탁합니다.

> 예수의 십자가 곁에는 그 어머니와 이모와 글로바의 아내 마리아와 막달라 마리아가 섰는지라. 예수께서 자기의 어머니와 사랑하시는 제자가 곁에 서 있는 것을 보시고 자기 어머니께 말씀하시되 여자여 보소서 아들이니이다 하시고 또 그 제자에게 이르시되 보라 네 어머니라 하신대 그때부터 그 제자가 자기 집에 모시니라. (요 19:25-27)

이는 '혈연' 가족을 긍정하는 동시에 변화시킵니다. 이것이 진정한 의미에서의 집입니다. 어머니는 자녀를, 제자는 선생을, 친구는 친구를 깊이 사랑합니다. 이 사랑은 한 데 모여, 어머니와 제자와 친구를 향한 예수님의 사랑에서 영감을 받은 새로운 가정으로 거듭납니다. 예수님은 이렇듯 새로운 방식으로 그들을 하나 되게 하시면서 자기 목숨을 내려놓는 일을 완수하고 계십니다. 그 일을 두고 주님은 "이보다 더 큰 사랑이 없나니"라고 말씀하셨습니다(15:13). 이곳이 바로 더할 나위 없는 최고의 사랑이 깃든 진정한 집입니다.

요한복음 마지막 장면은, 마지막 만찬에서 예수님 품에 있던 사랑받는 제자를 독자들에게 떠올리게 할 뿐 아니라, '메네인'도 다시 한번 강조합니다. 예수님은 베드로에게 사랑받는 제자에 대해 말씀하십니다. "내가 올 때까지 나의 뜻[욕망]이 그를 머물게 하는['메네인'] 것이라고 해도, 그것이 너와 무슨 상관이냐?"(21:22; 21:23도 보십시오, NRSV) 우리는 그 제자가 어디에 머물러 있다고 상상해야 합니까? 예수님의 어머니와 함께하는 '진정한 집', 십자가에서 고난받으심으로 예수님이 사랑으로 화합하게 하신 바로 그 집에 있을 것입니다. 그 집에서 이 복음서가 탄생했습니다. "이 일들을 증언하고 이 일들을 기록한 제자가 이 사람이라. 우리는 그의 증언이 참된 줄 아노라"(21:24). 그리고 십자가에서 죽으시고 부활하신 예수님은 이 복음서를 통해 시대를 초월하여 전 세계에 수많은 집을 짓고 계십니다. 물론, 오늘날 여러분의 사순절 모임도 여기에 포함됩니다! 이제 우리도 "그의 증언이 참된 줄 아[는]" 그 신비로운 "우리"에 포함될 수 있습니다.

요한복음을 꿰는 금빛 실

'거함'과 '집'이라는 주제는 요한복음 전체를 꿰는 금빛 실과 같습니다. 지금까지는 아버지 품속에 계신 예수님, 예수님 품에 기댄 사랑받는 제자, 사랑받는 제자와 예수님 어머니가 이룬 새로운 가족과 같은 두드러지는 이미지들에 주로 초점을 맞추었습니다. 요한복음은 서로 사랑하는 흐름으로 독자들을 매혹시키기 위해 쓰였습니다. 이 상호 간의 사랑은 아버지와 예수님, 예수님과 사랑하는 제자 및 예수님의 어머니, 그리고 이제 이 모든 이들과 우리 사이에서 일어납니다.

포도나무(혹은 포도밭)의 비유를 자세히 살펴보기 전에, 우리가 진정한 의미의 집을 상상할 다른 여러 방식 가운데 두어 가지를 언급하는 것은 가치가 있을 것입니다.

요한복음 2장 13-25절에서 예수님은 아주 놀라운 가족적 연결 고리를 제시하십니다. 우선 그분은 성전을, 그 풍부하고 다차원적인 역사와 엄청난 종교적·신학적 의미를 담아서 "내 아버지의 집" 곧 그분의 가족이 거하는 가정이라고 부르십니다. 그다음 놀랍게도 그분의 몸을 성전과 동일시하십니다. 이는 예수님이 곧 거하는 '장소'임을 보여 주는 초기 단서입니다. 욕망을 다룬 앞 장에서 살펴보았듯이, 이 사실은 요한복음 6장에서 처음으로 분명해집니다. 거기서 깊고 영속하는 생명에 대한 우리의 굶주림과 갈증은 상호 내주를 통해 충족된다고 이야기합니다. "내 살을 먹고 내 피를 마시는 자는 내 안에 거하고 나도 그의 안에 거하나니"(6:56). 포도나무 비유는 사랑, 의미, 예수님의 정체성의 관점에서 이를 더 심화시켜 줄 것입니다.

요한복음 8장에서 예수님은 그분과 그분이 하신 말씀을 알고 믿으면 새로운 가정을 갖게 된다고 말씀하십니다. 그 안에서 우리 각 사람은 온전히 자유로울 수 있습니다. 종이 아니라 가족 구성원으로서 말입니다.

> 그러므로 예수께서 자기를 믿은 유대인들에게 이르시되 너희가 내 말에 거하면['메네인'] 참으로 내 제자가 되고 진리를 알지니 진리가 너희를 자유롭게 하리라.…진실로 진실로 너희에게 이르노니 죄를 범하는 자마다 죄의 종이라. 종은 영원히 집에 거하지 못하되 아들은 영원히 거하나['메네인'] 그러므로 아들이 너희를 자유롭게 하면 너희가 참으로 자유로우리라. (요 8:31-36)

그러나 집과 가정생활이라는 금빛 실은 이미지와 비유로만 제시되지 않습니다. 요한복음 11장에서 예수님이 죽은 나사로를 다시 살리신 사건, 곧 그분의 공생애에서 가장 극적이며 절정을 이루는 표적에는 실제적이고 문자적인 혈연 가족이 등장합니다. 나사로는 요한복음에서 예수님이 사랑하셨다고 기록된 첫 번째 인물입니다. "주여 보시옵소서. 사랑하시는 자가 병들었나이다"(11:3). "보라. 그를 얼마나 사랑하셨는가!"(11:36) "예수께서 본래 마르다와 그 동생과 나사로를 사랑하시더니"라는 말씀에서 볼 수 있듯이 나사로와 그의 누이 마르다와 마리아는 분명 예수님과 가까운 친구들입니다(11:5). 또한 놀랍게도 주님은 강렬한 감정을 드러내십니다. "예수께서…심령에 비통히 여기시고 불쌍히 여기사…눈물을 흘리시더라"(11:33-35). 이들은 서로에게 강렬한 감정을 느낍니다. 이러한 감정은 무엇보다도 예수님이 가족 식사에 참여하신 다음 장에서 드러납니다. "마리아는 지극히 비싼 향유 곧 순전한 나드 한 근을 가져다가 예수의 발에 붓고 자기 머리털로 그의 발을 닦으니"(12:3).

저는 여기서 요한이 예수님의 친구들로 구성된 모범적인 공동체를 묘사하고 있다고 보는 해석자들에게 동의합니다. 이 공동체는 고별 강화에서 묘사된 제자도와, 사랑받는 제자와 예수님의 어머니로 구성된 새로운 가정이라는 그림 곁에 나란히 놓입니다.[3] "향유 냄새가 집에 가득"하다고 말하는데(12:3), 이 향기는 이 가정을 예수 중심의 풍성함과 사랑을 보여 주는 매력적인 표지로 바꾸어 놓습니다.

포도나무 비유로 넘어가기 전에 마지막으로 살펴볼 것이 한 가지 더 있습니다. 요한복음 14장은 다음과 같은 예수님 말씀으로 시작됩니다.

> 너희는 마음에 근심하지 말라. 하나님을 믿으니[신뢰하니] 또 나를 믿으라[신뢰하라]. 내 아버지 집에 거할 곳[동사 '메네인'에서 파생한 '모나이'(*monai*)]이 많도다. 그렇지 않으면 너희에게 일렀으리라. 내가 너희를 위하여 거처를 예비하러 가노니 가서 너희를 위하여 거처를 예비하면 내가 다시 와서 너희를 내게로 영접하여 나 있는 곳에

너희도 있게 하리라. (요 14:1-3)

이 말씀은 이생과 영생 모두에 있는 집을 궁극적으로 약속합니다. 이것은 한 '존재'와 불가분의 관계를 지닌 '장소'입니다. "나 있는 곳에 너희도 있게 하리라." 예수님은 도마가 "주여, 주께서 어디로 가시는지 우리가 알지 못하거늘 그 길을 어찌 알겠사옵나이까?"라고 질문한 직후, 이 불가분성에 대해 반복해서 말씀하십니다(14:5). "내가 곧 길이요 진리요 생명이니 나로 말미암지 않고는 아버지께로 올 자가 없느니라"(14:6). 이는 내주하심에 관한 예수님의 세 가지 근본적인 말씀으로 이어집니다. 그리고 이 말씀들은 포도나무 비유(이어지는 단락)와 요한복음 17장에 나오는 예수님의 기도(다음 장 "영광: 요한복음에서 하나님을 만나다")를 심층적으로 다루기 위한 길을 예비해 줍니다. 세 가지 말씀은 다음과 같습니다.

1. 성령을 선물로 주셔서 "영원토록 너희와 함께 있게" 하십니다. 예수님은 성령에 대해 "그는 너희와 함께 거하심이요['메네인'] 또 너희 속에 계시겠음이라"고 말씀하십니다(14:16-17).
2. 예수님은 "그날에는 내가 아버지 안에, 너희가 내 안에, 내가 너희 안에 있는 것을 너희가 알리라"고 약속하십니다(14:20).
3. 예수님은 "사람이 나를 사랑하면 내 말을 지키리니 내 아버지께서

그를 사랑하실 것이요 우리가 그에게 가서 거처['모넨'(*monēn*), 동사 '메네인'에서 파생됨]를 그와 함께하리라"고 말씀하십니다 (14:23).

이 모두를 종합하면, 우리는 매우 놀랍고 압도적인 실재를 마주하게 됩니다. 그것은 바로 우리는 성령님, 성부 하나님, 예수님과 함께 사랑받고 사랑하면서 영원히 집에 거하는 존재라는 사실입니다.[4] 이제 포도나무 비유로 들어가 봅시다.

포도나무 비유

13-16장은 요한복음에서 가장 중요한 예수님의 가르침인데, 그중에서도 15장 1-17절은 그 중심부입니다. 이 비유는 굉장히 다채로운 의미를 담고 있어서 책 후반부에서 다시 살펴볼 것입니다. 이 장에서의 핵심은 '메네인' 그리고 예수님과 그분을 믿고 사랑하는 사람들이 어떻게 서로 안에 거하는지에 집중하는 것입니다. 이를 통해 '진정한 집'의 의미가 깊어지고 확장됩니다.

요한복음 15장 1-17절을 천천히 읽어 보기를 권합니다. 포도나무와 포도원 이미지를 통해 예수님이 하나님 아버지 및 제자들과 맺는 관계를 상상하면서 그 의미 속으로 들어가 봅시다. 하지만 동시에, 이 본문 특히 8절 이후가 포도나무 이미지를 넘어서 "내가 일러 준 말"(15:3)과 기도, 사랑, 계명, 기쁨, 우정을 거듭 가리키는 방식에 주목해 봅시다. 요한은 그가 표현하는 그림과 이미지에는 언제나 더 큰 의미가 있다는 메시지를 독자들이 확실히 이해하도록 최선을 다하는 교사입니다. 그 깊이를 온전히 파헤치기 위해 평생이 걸리는 한이 있더라도 말입니다.

존재에서 존재로: 상호 내주의 역학

이 비유를 통해 하나님을 만나는 것은 독자들을 상호 내주의 역학으로 이끌어 줍니다. 여기에는 다양한 차원이 존재하며, 이는 그리스도인의 지식과 경험에서 가장 풍성하고 흥미로운 주제 중 하나입니다. 저는 역동적으로 상호작용하는 세 요소, 곧 "나는…이다", "내 말", "내 사랑"을 강조하려 합니다. 각각을 자세히 설명하지는 않겠지만, 개인 묵상과 그룹 토론에 도움이 될 만한 두어 가지를 제시하려 합니다.

하나, "나는…이다"

2장 "정체성: '당신은 누구입니까?'"에서 살펴보았듯이 "나는…

이다"는 예수님의 고유한 정체성을 드러내는 가장 독특한 표지입니다. 이는 출애굽기 3장 14절에서 모세에게 자신을 "스스로 있는 자" 야웨로 계시하신, 하나님과 하나이신 예수님의 정체성을 나타냅니다. 바로 지금 우리 상황의 실재는, 우리가 어디에 있든 하나님이 현존하시듯 예수님이 우리와 함께 현존하신다는 것입니다.

이토록 무한히 놀라운 진리에 대해 우리는 어떻게 그에 걸맞은 응답을 시작할 수 있겠습니까? 다음 두 조언은 그 진리 속으로 더욱 깊이 들어가서 날마다 그 진리를 살아 낼, 다시 말해서 이 포도나무에 거할 실제적 방법을 알려 줄 것입니다. 두 가지 조언 모두 하나님이 누구신지와, 예수님이 우리와 관계를 맺으시기 위해 이미 손을 내미셨다는 사실에 근간을 두고 있습니다. "너희가 나를 택한 것이 아니요 내가 너희를 택하여 세웠나니"(15:16). 프롤로그에서 강조했듯, 이것은 가장 깊은 의미와 가장 깊은 사랑이 함께 어우러진 주도적인 행위입니다.

둘, "너희가 내 안에 거하고 내 말이 너희 안에 거하면"

"너희가 내 안에 거하고 내 말이 너희 안에 거하면"(15:7). 이것이 바로 매일의 거함이라는 실재에 꼭 필요한 비결입니다. 예수님의 말씀이 우리 안에 거해야 합니다. 어떻게 그럴 수 있겠습니까?

무엇보다도, 말씀을 듣거나 읽고 믿을 때 분명 그렇게 됩니다. 처음 말씀을 읽거나 듣는 것은 마치 첫 만남과 같습니다. 그러나 예수님 안에 거하려면 계속해서 말씀을 다시 듣고 읽어야 합니다. (성경 읽기에 관한 전통적인 기도처럼) 이는 말씀을 "읽고, 새기고, 배우며, 마음 깊이 받아들이는" 것입니다. 반복해서 음미하고 연구하고 질문하는 것입니다. 성경, 찬양, 전례, 문학과 예술, 매체, 여타 자료에 담긴 다른 깊은 의미와 연결하는 것입니다. 자기 삶과 경험에서 말씀을 보는 것입니다. 예수님의 말씀과 정체성이 우리의 정체성과 욕망을 빚어 가는 것입니다.

예수님은 이를 곧바로 기도 속에서 우리의 욕망 그리고 하나님과 맺는 관계에 연결시키십니다. "무엇이든지 원하는 대로 구하라. 그리하면 이루리라"(15:7). 기도와 이 엄청난 약속에 대해서는 책의 후반부에서 더 자세히 살펴볼 것입니다.

"내 말이 너희 안에 거하면"이 무슨 뜻인지 이해하기 위해서 바로 이 포도나무의 비유에서 시작하여 서로에게서 배워 보십시오. 여기 나오는 예수님의 모든 말씀은 복수형 '너희'를 대상으로 한다는 사실을 기억하기 바랍니다. 즉, 이 말씀이 주님과 함께 한집에 머무는 한 가족이자 공동체로서 우리 안에 '거해야' 합니다. 그러므로 여러분이 발견한 의미를 서로 기꺼이 나누시기 바랍니다.

셋, "나의 사랑 안에 거하라"

"아버지께서 나를 사랑하신 것같이 나도 너희를 사랑하였으니 나의 사랑 안에 거하라"(15:9). "나의 사랑 안에 거하라"는 것은 무엇입니까? 초대입니까, 부르심입니까? 명령입니까? 바람이나 약속, 진심 어린 외침입니까? 열렬한 호소입니까? 요한복음의 나머지 맥락을 고려하면 이 모두를 합친 것으로 볼 수 있습니다. 그분의 사랑 안에 거하라는 말씀은 "아버지께서 나를 사랑하신 것같이 나도 너희를 사랑하였으니"라는 궁극적인 좋은 소식에 뿌리를 두고 있습니다. 이 말씀을 받는 것, 이를 믿고 살아 내는 것은 우리 모두에게 가장 큰 도전입니다. 그것은 보통 파도가 밀려오듯 일어납니다(요한복음이 종종 파도처럼 반복되는 흐름 속에서 가르치는 이유가 바로 이것입니다). 우리는 이 말씀을—우리 삶과 생각, 상상 속에서 여러 우여곡절을 겪은 후에—망설이며 받을 수도 있고, 전심을 다해 받을 수도 있습니다. 그런 뒤에 우리가 처음 기대한 것보다 훨씬 더 큰(혹은 전혀 다른) 것이 있음을 발견할 것입니다. 요한복음을 통해 하나님을 만나는 것이 그 시작이라면, 신뢰와 이해, 기도와 사랑 안에서 성숙해 가는 일은 또 다른 차원의 여정입니다. 우리가 이미 발견했듯이 요한복음은 만남과 성숙을 둘 다 이야기합니다. 그 둘의 핵심에 사랑의 상호성이 자리합니다.

그렇기에 우리의 반응이 요구됩니다. "내가 아버지의 계명을 지켜 그의 사랑 안에 거하는 것같이 너희도 내 계명을 지키면 내 사랑 안에 거하리라"(15:10). 이는 예수님이 이 고별 강화에서 사랑에 대해 가르치신 두 번째 큰 파도로 이어집니다. 요한복음 13장의 첫 번째 파도는 새로운 사랑의 계명과 제자들의 발을 씻기신 겸손한 섬김을 연결시킵니다. 여기서는 사랑의 섬김이라는 명령을 조금도 약화시키지 않으면서도, 우정의 더욱 충만한 상호성에 방점이 찍힙니다. 거기에는 서로에 대한 지식과 이해, 자기 생명까지 기꺼이 내려놓으려는 태도가 포함됩니다(15:12-17). 우리는 이생과 영생에 이르기까지 우리를 수용하는 우정을 보여 주는 누군가의 사랑 안에 거할 수 있습니다. 우리 안에 거하는 그분의 말씀 중에는 "나는 부활이요 생명이니"라는 말씀도 있습니다(11:25). 죽음을 정복하고 사랑으로 가득한 그 생명 덕분에 주님은 또한 이렇게 말씀하십니다. "내가 이것을 너희에게 이름은 내 기쁨이 너희 안에 있어 너희 기쁨을 충만하게 하려 함이라"(15:11).

그 이상의 의미

우리가 이 비유와 거기서 비롯되는 예수님과의 우정이라는 선물을 받고, 신뢰하고, 살아 내려 한다면, 우리에게 거듭 주어진 거대한 명령이 하나 있습니다. "내 계명은 곧 내가 너희를 사랑한 것같이 너희도 서로 사랑하라 하는 이것이니라"(15:12). 이 명령은 단순히 기독교 공동체에 꼭 필요한 계명 그 이상입니다. 이 말씀이 지금 우리에게는 어떤 의미입니까? 우리가 교회에 소속되는 길은 무엇입니까? 이 말씀이 지역, 국가, 세계 차원에서 어떤 의미가 있습니까? 우리는 다른 그리스도인들과 어떻게 연결되어 있습니까? 우리는 어떻게 그들과 분리되어 있습니까? "내가 너희를 사랑한 것같이 너희도 서로 사랑하라"에서 '같이'는 실제적으로 무엇을 함축합니까? 예수님은 어떻게 사랑하셨습니까? 주님은 어떻게 우리의 친구이셨고, 친구이십니까? (우물가에서 만난 사마리아 여자, 마르다와 마리아와 나사로, 막달라 마리아, 베드로, 사랑받는 제자와) 예수님의 대담하고 깊은 우정은 어떻게 우리에게 영감을 불어넣습니까?

요한복음 15장 1-17절은 여러 면에서 13-16장에 나오는 예수님의 가르침에서 정점에 이릅니다. 하지만 다음 장 "영광: 요한복음에서 하나님을 만나다"에서 살펴볼 것처럼, 요한복음 17장에 나오는 예수님의 기도에는 더 높은 정상이 등장합니다. 하지만 지금으로서는, 요한복음 15장 말씀에서 영감을 받아 그 말씀이 우리 안에 거하기를 구하며, 친구 되신 예수님의 사랑 그리고 이곳과 전 세계에 흩어져 있는 예수님의 다른 친구들의 사랑 안에 더 온전히 거하기를 욕망할 수 있습니다.

묵상과 토론을 위한 질문

아미엘 오스마스턴 수석 사제의 제안

*

당신의 뿌리는 어디입니까? 어디에 속해 있습니까? 당신이 '집'처럼 느끼는 곳은 어디입니까? 그 소속감이 당신을 어떻게 빚었다고 생각하십니까?

*

저자는 요한복음 14장 묵상을 다음과 같이 마무리합니다. "우리는 매우 놀랍고 압도적인 실재를 마주하게 됩니다. 그것은 바로 우리는 성령님, 하나님 아버지, 예수님과 함께 사랑받고 사랑하면서 영원히 집에 거하는 존재라는 사실입니다." 당신은 삼위일체의 세 위격 성령님, 하나님, 예수님을 똑같이 '집처럼 편하게' 느낍니까? 이것은 당신이 기도하는 방식과 하나님의 임재를 상상하는 방식에 어떤 영향을 미칩니까?

*

예수님은 "너희가 내 안에 거하고 내 말이 너희 안에 거하면"(요 15:7), "아버지께서 나를 사랑하신 것같이 나도 너희를 사랑하였으니 나의 사랑 안에 거하라"(15:9)고 말씀하십니다. 우리는 어떻게 '예수님 안에 거할' 수 있습니까? 당신이 그렇게 하는 데 가장 도움이 된 것은 무엇입니까? 당신이 다니는 교회는 어떻게 도움이 되었습니까?

*

이 장에서 당신과 다른 사람들이 죽음 앞에서 더 큰 확신과 평안을 느끼도록 도움이 되었거나 도움이 될 만한 부분이 있다면 무엇입니까?

요한복음에서 하나님을 만난다는 것은 예수님 안에 있는 하나님의 영광을 만나는 것입니다. 요한복음의 증언은 분명합니다. "말씀이 육신이 되어 우리 가운데 거하시매 우리가 그의 영광을 보니 아버지의 독생자의 영광이요[1] 은혜와 진리가 충만하더라"(요 1:14).

지금 예수님 안에 있는 하나님의 영광을 만나는 한 가지 방법은 요한복음의 증언을 믿는 것입니다. 도마는 십자가에 죽으시고 부활하신 예수님을 보고 자신이 하나님을 만나고 있다는 사실을 깨닫고 이렇게 외칩니다. "나의 주님이시요 나의 하나님이시니이다!"(20:28) 그러자 예수님은 "너는 나를 본 고로 믿느냐? 보지 못하고 믿는 자들은 복되도다"라고 말씀하십니다(20:29). 바로 이어서 요한은 자기가 쓴 복음서의 목적을 독자들에게 요약해 줍니다. "오직 이것을 기록함은 너희로 예수께서 하나님의 아들 그리스도이심을 믿게 하려 함이요 또 너희로 믿고 그 이름을 힘입어 생명을 얻게 하려 함이니라"(20:31). 독자들은 직접 보지 않고도 믿는 복을 누릴 수 있습니다.

우리는 요한복음을 읽으면서 이런 방식으로 하나님을 만났는데, 이 장에서는 요한복음의 핵심 용어인 '영광'을 통해 이를 계속 이어 가려 합니다. 앞으로 살펴볼 것처럼 영광은 하나님의 생명 중심부로, 하나님을 신뢰하고 사랑하는 삶의 중심부로 나아가는 요한의 주된 통로입니다.

영광이란 무엇인가? 준비 운동

영광은 여러 의미가 있고 많은 것을 연상시킵니다. 이 장의 내용에 우리 상상력과 생각과 마음의 근육을 준비시키기 위해 몇 가지 준비 운동을 제안합니다.

- 요한복음에서 늘 그렇듯, '무엇'보다 '누구'라는 질문을 먼저 던지시기 바랍니다. 당신이 전심으로 감탄할 수 있는 종류의 영광을 엿볼 수 있었던, 과거와 현재의 사람들을 생각해 봅시다. 사랑, 희락, 화평, 오래 참음, 자비, 양선, 충성, 온유, 절제 같은 '성령의 열매' 체크 리스트를 사용해 봐도 좋을 것입니다. 이런 것들로 밝게 빛난 사람은 누구였습니까?

- 성 이레네우스(St Irenaeus)는 "하나님의 영광은 온전히 살아 있는 인간"이라고 말했습니다. 이는 생명과 사랑으로 가득한 우정이나 가족, 공동체로 확장될 수 있습니다. 당신은 어디서 이런 모습을 엿보았습니까?
- 하나님의 영광에는 압도적이고 넘쳐흐르며 '지나친' 면이 있습니다. 제 생각에 영광과 잘 어울리는 단어가 있다면 '완전히'입니다. 완전히 놀라운. 완전히 뜻밖의, 완전히 자유로운. 완전히 감동적인. 완전히 황홀한. 완전히 아름다운. 완전히 우아한. 완전히 좋은. 완전히 실재적인. 완전히 진실한. 완전히 믿음직한. 완전히 빛나는. 완전히 찬양할 만한.[2] 완전히 그리고 무한히 영광스러운! 당신은 이런 것들을 암시하거나 나타내 주는 것을 어떻게 경험했습니까?
- 빛나는 얼굴은 영광을 표현하는 이미지 중 하나입니다. 바울은 "어두운 데에 빛이 비치라 말씀하셨던 그 하나님께서 예수 그리스도의 얼굴에 있는 하나님의 영광을 아는 빛을 우리 마음에 비추셨느니라"고 기록했습니다(고후 4:6). 성경에서 영광을 언급하는 다른 많은 본문에도 얼굴이 나옵니다. 그중에서도 영광을 상상하는 가장 감동적이고 기분 좋은 방법은 웃는 얼굴입니다. "하느님, 우리를 어여삐 보시고, 복을 내리소서. 웃는 얼굴을 우리에게 보여주소서"(시 67:1, 공동번역).[3]

이는 수많은 유대인과 그리스도인이 날마다 실천하는, 영광을 중심으로 하는 준비 운동 곧 시편 기도(와 찬양)로 우리를 인도합니다. 한번 시도해 보십시오!

왜 영광인가?

프롤로그(요한복음의 다른 모든 장을 읽을 때마다, 각 장의 핵심 주제와 연결시키면서 반복해서 읽을 가치가 있습니다)에서는 예수님의 영광을 충만한 "은혜와 진리"로 이해합니다. 그리고 "아버지의 독생자의 영광"이기도 한 이 영광은 그 절정에 해당하는 다음의 말씀을 가리킵니다. "본래 하나님을 본 사람이 없으되 아버지 품속에 있는 독생하신 하나님이 나타내셨느니라"(요 1:18). 우리는 요한복음의 독자들이 초대받고 있는 핵심 실재인 하나님의 사랑을 이미 자세히 들여다보기 시작했습니다. 예수님으로 체현된 이 사랑은 그분을 따르는 사람들의 정체성과 욕망 속에 감추어진 가장 심오한 비밀인데, 이들은 예수님의 사랑 안에 거하면서 '사랑받는 자'로서 집과 같은 충만한 편안함을 누릴 수 있습니다.

프롤로그를 비롯한 요한복음 전체의 교훈 중 하나는 사랑과 영광은 철저히 불가분의 관계라는 것입니다.[4] 그러나 프롤로그에서 영광과 빛은 강조되지만 사랑은 분명하게 언급되지 않는

다는 점이 눈에 띕니다. 실제로, 요한복음의 서두부터 12장까지 (앞으로 살펴보겠지만) 영광은 전체 내용을 아우르며 뼈대가 되는 실재입니다. 중요한 대목에서 사랑도 등장하기는 하지만(3:16, 29, 35; 5:20; 10:17; 11:3, 5, 11, 36을 읽어 보십시오), 영광이 짝을 이루는 용어는 사랑보다는 오히려 '생명', '빛'입니다. 이런 특징은 고별 강화에서 역전되는데, (앞으로 살펴볼 것처럼) 거기서도 전체 내용을 아우르는 실재는 영광이지만, 이제 영광은 사랑과 불가분의 관계를 형성합니다. 그런 뒤 마지막 장에서 사랑과 영광이 다시 함께 등장합니다. 베드로와 예수님의 사랑이 거듭 확인되고, 예수님은 "베드로가 어떠한 죽음으로 하나님께 영광을 돌릴 것을" 암시하십니다(21:19). 이렇게 요한복음을 전체적으로 살펴보면, 프롤로그에서 시작되어 전체 내용을 계속해서 아우르며 뼈대를 이루는 실재는 영광이라고 할 수 있습니다. 왜 그렇습니까?

"왜 영광입니까?"라는 질문에 대한 확실하고 분명하며 가장 중요한 답은 이것입니다. "하나님 때문입니다!"

요한복음은 하나님을 중심으로 하는 복음서입니다. 그 첫 번째 실마리가 바로 다음 말씀으로 시작하는 프롤로그에 있습니다. "태초에 말씀이 계시니라. 이 말씀이 하나님과 함께 계셨으니 이 말씀은 곧 하나님이시니라"(1:1). 이후에 이어지는 요한복음 나머지 부분에서 예수님— 인간으로 자기를 드러내시고 자기를 주신 하나님—은 "스스로 있는 자"이신 하나님과 하나이시며, 하나님에게서 나오시고, 하나님과 함께 계시며, 하나님이 보내셨으며, 하나님의 독생자요, 하나님의 어린양이십니다. 예수님은 반복해서 하나님 아버지를 언급하시며, 예수님의 정체성은 그분 아버지의 정체성과 하나로 연결되어 있습니다. “나와 아버지는 하나이니라”(10:30). 따라서 예수님을 중심으로 하는 삶은 곧 하나님 중심의 삶이기도 합니다.

영광이라는 말은 사람과의 관계에서도 사용될 수 있지만, 무엇보다도 하나님과 관련됩니다.

요한복음에는 시편의 세계가 깊이 배어 있습니다. 영광을 돌리고 찬양하고 공경하고 복을 빌고 확장하고 감사하고 높이는 것을 통해, 시편은 하나님과 그분의 영광 혹은 그와 밀접하게 연관된 성품과 행위—하나님의 위엄, 광채, 빛나는 얼굴, 사랑, 지혜, 긍휼, 정의, 영광스러운 창조 세계—에 궁극적인 초점을 맞춥니다.

성전은 이스라엘 그 어디보다 하나님의 영광이 가장 잘 드러나는 장소입니다. 요한복음은 사복음서 중에서 성전과 성전 절기를 가장 많이 다룹니다. 요한복음 앞부분에서 저자는 성전과 예수님의 몸을 동일시하는데(2:21), 프롤로그에서는 이미 그분에 대해 이렇게 말한 바 있습니다. “우리가 그의 영광을 보니”(1:14).

장을 거듭하면서, 영광이라는 주제 외에도 하나님 중심성과 하나님의 주도권을 드러내는 말씀이 반복해서 등장합니다. "하나님이 세상을 이처럼 사랑하사"(3:16). "아버지께서는 자기에게 이렇게 예배하는 자들을 찾으시느니라"(4:23). "내 아버지께서 이제까지 일하시니…아버지께서 죽은 자들을 일으켜…아버지께서 자기 속에 생명이 있음같이"(5:17, 21, 26). "인자는 아버지 하나님께서 인 치신 자니라.…내가 하늘에서 내려온 것은 내 뜻을 행하려 함이 아니요 나를 보내신 이의 뜻을 행하려 함이니라.…나를 보내신 아버지께서 이끌지 아니하시면 아무도 내게 올 수 없으니"(6:27, 38, 44). "나는 아노니 이는 내가 그에게서 났고 그가 나를 보내셨음이라"(7:29). "나를 보내신 아버지도 나를 위하여 증언하시느니라.…오직 아버지께서 가르치신 대로 이런 것을 말하는 줄도 알리라"(8:18, 28). "이 사람이 하나님께로부터 오지 아니하였으면 아무 일도 할 수 없으리이다"(9:33). "이로 말미암아 아버지께서 나를 사랑하시느니라.…내가 내 아버지의 이름으로 행하는 일들이 나를 증거하는 것이거늘…그들을 주신 내 아버지는 만물보다 크시매 아무도 아버지 손에서 빼앗을 수 없느니라. 나와 아버지는 하나이니라.…아버지께서 내 안에 계시고 내가 아버지 안에 있음을 깨달아 알리라"(10:17, 25, 29-30, 38). "이 병은…하나님의 영광을 위함이요.…내 말이 네가 믿으면 하나님의 영광을 보리라 하지 아니하였느냐?"(11:4, 40)

이 말씀들은 하나하나 깊이 묵상해 볼 가치가 있으며, 이후의 장들을 읽어 나가며 주목할 말씀들도 여전히 많이 남아 있습니다. 하나님과 그분의 영광에 특히 집중하는 요한복음 12장과, 후에 그 주제를 더욱 온전히 드러내 주는 예수님의 기도가 나오는 17장에 대비하기 위해 저는 11장에서 잠시 멈추었습니다. 요한복음 전체를 관통하며 쌓여가는 이 수많은 말씀은 하나님을 확증하는 데 있어 압도적인 위력을 발휘합니다.

요한복음에서 잘 알려진 본문들은 예수님을 중심으로 한 이야기가 많기 때문에(3:16은 약간 예외입니다) 예수님과 요한복음이 철저히 하나님 중심적이라는 사실을 상기시켜 주는 것은 훨씬 더 중요합니다. 이 하나님이야말로 예수님과 요한, 그리고 나머지 신약성경과 구약성경에서, 모든 것을 아우르고 그 중심에 위치하며 총제적이기까지 한 실재이기 때문입니다.

지고의 진리는 살아 계시고 영광스러우며 거룩하고 지혜로우시며 자비와 사랑이 많으시고 유일하신 하나님이요, 이 하나님과 관계를 맺는 모든 실재입니다. 지고의 메시지, 계명, 초대이자 정체성, 욕망, 삶 전체를 빚어내는 말씀이 신명기의 호소에 잘 나와 있습니다. "이스라엘아, 들으라. 우리 하나님 여호와는 오직 유일한 여호와이시니 너는 마음을 다하고 뜻을 다하고 힘을 다하여 네 하나님 여호와를 사랑하라"(신 6:4-5). 정체성과 욕망, 가정생활에 대한 모든 생각은 이 말씀에 우선순위를 두어야 합니다. 실제로 신명기는 곧장 이어서 우리 삶의 매일이, 곧 내면과 외면의 삶 그리고 모든 관계가 이 진리, 이 실재, 이 사랑에 푹 잠겨야 한다고 말합니다. "오늘 내가 네게 명하는 이 말씀을 너는 마음에 새기고 네 자녀에게 부지런히 가르치며 집에 앉았을 때에든지 길을 갈 때에든지 누워 있을 때에든지 일어날 때에든지 이 말씀을 강론할 것이며"(신 6:6-7). 예수님도 마태복음에서 이렇게 말씀하십니다.

> 네 마음을 다하고 목숨을 다하고 뜻을 다하여 주 너의 하나님을 사랑하라 하셨으니 이것이 크고 첫째 되는 계명이요 둘째도 그와 같으니 네 이웃을 네 자신같이 사랑하라 하셨으니 이 두 계명이 온 율법과 선지자의 강령이니라. (마 22:37-40)[5]

하나님과 이웃을 사랑하라는 이 이중의 명령보다 더 중요한 우선순위는 없을 것입니다. 예를 들어, 주기도로 알려진 기도—"나라가 임하시오며 뜻(욕망)이 하늘에서 이루어진 것같이 땅에서도 이루어지이다"(마 6:10)—를 예수님이 제자들에게 가르치실 때, 우리는 하나님 사랑과 이웃 사랑이 곧 하나님의 욕망이라고 생각해야 합니다. 이것이 모든 성경 해석에서 우리가 따를 지침입니다.[6]

요한복음은 이 모두와 긴밀히 연결될 뿐 아니라, 한 걸음 더 멀리, 깊이 들어갑니다. 우리는 사순절마다 요한복음 17장에 나오는 예수님의 기도에 비추어, 주기도를 드렸습니다. 거기서 예수님의 욕망은 온 세상을 위해, 영광과 진리와 사랑 가운데 하나님 그리고 서로와 완전히 하나가 되는 것입니다. 이는 우리가 이중 사랑의 명령과 하나님 나라의 성취를 상상하는 한 가지 방식입니다. 그리고 놀랍게도 여기에는 예수님과 그분의 아버지가 함께 나누시는 바로 그 영광을 우리가 얻는 과정이 포함됩니다. "내게 주신 영광을 내가 그들에게 주었사오니 이는 우리가 하나가 된 것같이 그들도 하나가 되게 하려 함이니이다"(요 17:22). 이제 우리는 그 영광이 요한복음에서 어떤 의미인지에 대해 더 깊이 들어가 볼 것입니다.

요한복음에 나타난 영광:
모든 사람을 위한 풍성한 삶의 표적들

"우리가 그의 영광을 보니"(1:14)라는 프롤로그의 핵심 주제와 "아버지 품속에 있는 독생하신 하나님"(1:18)이라는 그 영광의 근원이 제시된 후에, 요한복음 1장 나머지 부분에 등장하는 삶을 빚어 가는 질문들은 예수님을 신뢰함으로써 그 영광과 사랑을 공유하는 공동체를 세우도록 도와줍니다. 저는 사순절 기간에 이 질문들을 온전한 요한복음으로 들어서는 길로 삼았습니다. 이 질문들은 무척이나 중요하고 심오하며 끊임없이 새로운 깨달음을 생성해 내기에 1년 365일 내내 던져 볼 가치가 있습니다.

- "네가 누구냐?" 하나님은 누구십니까? 예수님은 누구십니까? 우리는 누구입니까? 나는 누구입니까?
- "무엇을 구하느냐?" 나(와 우리)는 무엇을, 누구를 원합니까?
- "어디 계시오니이까?" 나(와 우리)는 어디서 집처럼 편안함을 느낍니까? 누구와 함께 있을 때 편안합니까? 어떤 헌신으로 그 자리에 머물고 있습니까?

요한복음 1장에서 이 배움의 공동체가 조직된 직후에, 모든 제자가 예수님의 어머니와 함께 혼인 잔치에 초대를 받습니다(2:1-12). 거기서 벌어진 일은 이렇게 요약될 수 있습니다. "예수께서 이 첫 표적을 갈릴리 가나에서 행하여 그의 영광을 나타내시매 제자[배우는 자]들이 그를 믿으니라"(2:11).

이는 요한복음이 이 이야기를 사복음서 중에 유일하게 전하고, 심지어 예수님이 공생애 기간에 행하신 '표적' 중에 맨 처음으로 소개하는 이유를 암시합니다. 축하, 사랑, 기쁨, 새로운 가정생활을 상징하는 이곳 혼인 잔치에서 예수님의 영광이 드러납니다. 포도주가 동이 나면서 잔치에 위기가 찾아옵니다. 예수님의 어머니가 부탁하자, 그분은 (너무도 조용해서 어머니와 제자들, 물을 떠 온 하인들 외에는 무슨 일이 일어났는지도 모를 정도입니다) 모자란 포도주를 채워 문제를 해결하시는 정도가 아니라, 물을 최고급 포도주로 바꾸어 흘러넘치도록 풍성하게 공급하십니다. "두세 통 드는 돌항아리 여섯이 놓였는지라.…그대는 지금까지 좋은 포도주를 두었도다"(2:6-10). 예수님의 영광은 조용히 드러나서 소수의 사람만이 그분과 연결되지만, 많은 사람이 그 혜택을 누립니다.

"이 첫 표적"이라는 문구는 더 큰 영광을 드러내는 다른 표적들을 발견해 보도록 우리를 격려합니다. 우리는 예수님의 공생애에서 잇따라 나타나는 표적들을 찾아볼 수 있습니다. 두 번째 표적이 4장에 나옵니다. 왕의 신하가 자기 아들을 고쳐 달라고 예수님께 간청합니다. 예수님은 아이에게 가 보지도 않으시고는 조용히 말씀하십니다. "가라. 네 아들이 살아 있다"(4:50). 아이의 병은 나았고, 그 신하는 "자기와 그 온 집안이 다 믿[었습니다, 혹은 신뢰했습니다]"(4:53). 예수님은 계속해서 표적을 행하십니다. 병을 고치시고, 사람들을 먹이시며 공생애 동안 베푸신 표적의 절정으로 죽은 친구 나사로를 살리십니다. 그러고는 이에 대해 이렇게 말씀하십니다. "내 말이 네가 믿으면 하나님의 영광을 보리라 하지 아니하였느냐?"(11:40)

요한복음 2-11장에 나오는 이 표적들을 통해 무슨 일이 벌어졌습니까? 이 사건들은 모든 사람을 위한 풍성한 삶의 표적들을 통해 예수님과 하나님의 영광을 드러냈습니다. 예수님은 사랑과 섬김으로 인간의 필요에 반응하십니다. 표적 때문에 예수님을 믿고, 신뢰하고, 그분께 헌신하는 사람들이 생기기도 하지만, 표적을 행하시는 가장 큰 이유는 무엇보다도 그것이 필요하기 때문입니다. 또한 표적은 예수님을 믿는 사람들에게만 유익을 끼치는 것이 아니라, 하나님 영광의 특징인 흘러넘치는 풍성함을 잘 보여 주기 때문입니다. 표적은 단지 문제를 해결하거나 필요를 채워 주는 것이 아닙니다. 물론 그런 측면이 있지만 표적의 본질은 새롭고 영광스러운 생명, 우리의 자격이나 기대나 상상의 범위를 뛰어넘는 넘치도록 충만한 생명입니다. 5천 명이 배불리 먹었지만 그게 다가 아닙니다. "그들이 배부른 후에 예수께서 제자들에게 이르시되 남은 조각을 거두고 버리는 것이 없게 하라 하시므로 이에 거두니 보리떡 다섯 개로 먹고 남은 조각이 열두 바구니에 찼더라"(6:12-13). 날 때부터 보지 못한 사람은 시력만 회복한 것이 아니라, 자신이 온전히 신뢰할 수 있는 새로운 사람을 만나게 됩니다(9:38). 첫 번째 표적에서 혼인 잔치에 참석한 모든 손님은 위기 해결에 필요한 정도를 넘어서, 훨씬 더 풍성하고 질 좋은 포도주를 즐깁니다. 리처드 윌버(Richard Wilbur)의 시 "결혼 축사"(A Wedding Toast)는 이 사실을 아름답게 표현합니다.

땅에서는 이해할 수 없는 일이지
사랑이 축복하기로 택한 것은 무엇이든
달콤한 과잉으로 가득 차올라
고갈되지 않고 넘쳐흐를 수 있음을 보여 주려 함이 아니라면[7]

나중에 우리는 부활하신 예수님이 제자들에게 성령을 불어넣으시면서 그들에게 주신 핵심 소명에 대해 다룰 것입니다. "아버지께서 나를 보내신 것같이 나도 너희를 보내노라"(20:21; 17:18에서 예수님이 드린 기도도 보십시오). 21세기를 살아가는 예수님의 제자들은 기독교 공동체 안팎의 모든 이를 위해, 풍성한 삶의 표적으로서 어떤 일을 하도록 보냄을 받았습니까? 대다수는 알아차리지 못하는, 어떤 조용한 표적들이 있습니까? 조금 더 크게 소리를 내는 공적 표적들은 무엇이 있습니까?

하나님의 영광과 사랑을 드러내는 가장 큰 표적, 예수님의 십자가 준비하기

나사로를 살리신 사건은 요한복음 12장으로 이어집니다. 거기서 독자들은 드라마의 절정인 그'때' 곧 마지막 만찬, 예수님의 체포와 재판, 십자가 처형과 부활을 맞이할 준비를 하게 됩니다. 가나 혼인 잔치에서 예수님은 어머니에게 “내 때가 아직 이르지 아니하였나이다”라고 말씀하셨습니다(2:4). 그러나 이제, 12장에서 그때가 이르렀습니다.

우선 예수님이 행하신 것이 아닌, 그분께 행해진 유일한 표적이 나옵니다. 마리아가 예수님의 발에 값비싼 향유를 붓고 머리카락으로 닦습니다. 예수님은 이 일이 그분의 장례를 가리키는 것이라고 말씀하십니다. 그러고 나서 예수님은 어린 나귀를 타고 예루살렘에 입성하시는데 “명절에 온 큰 무리”가 그분을 왕이라 부르며 환호합니다(12:12-13). 그다음에 (이스라엘을 넘어서서 온 세상을 대표하는) 그리스인 몇이 와서 예수님 뵙기를 청하자, 아주 중대한 선언을 하십니다. “인자가 영광을 얻을 때가 왔도다”(12:23).

예수님의 십자가 처형이라는 중요한 사건에 앞서, 독자인 우리를 대비시키는 세 가지 방식이 제시됩니다. 12장 20-36절 전체를 읽어 보기를 권하지만, 두 번째 준비를 다루는 12장 27-28절을 집중해서 읽어 보십시오. 이 본문은 하나님의 영광에 집중합니다.

첫 번째 준비: 한 알의 밀처럼

첫 번째 준비는 예수님을 신뢰하고, 예수님을 따르고, 예수님과 함께하며, 예수님을 섬기고 자기 생명보다 더 예수님을 사랑하라고 우리에게 도전합니다.

> 내가 진실로 진실로 너희에게 이르노니 한 알의 밀이 땅에 떨어져 죽지 아니하면 한 알 그대로 있고 죽으면 많은 열매를 맺느니라. 자기의 생명을 사랑하는 자는 잃어버릴 것이요 이 세상에서 자기의 생명을 미워하는 자는 영생하도록 보전하리라. 사람이 나를 섬기려면 나를 따르라. 나 있는 곳에 나를 섬기는 자도 거기 있으리니 사람이 나를 섬기면 내 아버지께서 그를 귀히 여기시리라. (요 12:24-26)

이 심오하고 급진적인 신비는 창조 세계가 작동하는 이치와 조화를 이룹니다. 예수님은 이 진리를 실현하고 체현하시고, 풍성한 열매를 맺으신 장본인이십니다. 그분은 사랑을 위해, 곧 자기와 온전히 동일하신 사랑의 하나님 영광을 위해 기꺼이 자기 생명을 내려놓으십니다. 주님은 이생에서 우리 생명보다 더 중요한 무언가, 더 중요한 사람이 있음을 보여 주십니다. 좀 더 예리하게, 그분은 자신이 구현하는 생명과 빛과 진리와 사랑에 대해 이 세상이 얼마나 저항하고, 거부하고, 대적하고, 심지어 미워하는지를 폭로하십니다. 요한이 요한복음 서두부터 "어둠"이라고 부른 것이 존재합니다(1:5). 우리는 생명, 빛, 진리, 정의, 기쁨, 사랑을 위해 그런 어둠(그리고 세상과 우리 각 사람, 교회를 포함한 공동체 가운데에 있는 어둠의 존재)과 그 어둠의 결과 곧 고난, 고통, 죄, 거짓말, 불의, 파괴, 죽음 모두를 미워하고 저항하고 거부하고 반대해야 합니다. 따라서 이 세상에서 우리가 아는 생명이 다가 아니며, 궁극적인 것도, 생명에 대한 최종 결론도 아닙니다. 우리도 예수님처럼 '영생'이라 불리는, 깊고 영속적이며 하나님을 중심으로 하는 영광과 사랑과 기쁨의 생명을 위해 우리 생명을 내줄 수도 있습니다. 영생은 이생과 영원 모두에 존재하는 실재입니다. 왜냐하면 이 영생은 예수님 안에 체현되기 때문입니다. 그분은 하나님이 현존하시듯 "스스로 있는 자"로 현존하시며 자기 영을 자유로이 내쉬십니다. 성금요일을 다루는 8장에서 살펴볼 것처럼 요한이 예수님의 죽음을 영이 떠나가는 것으로 묘사한 장면은 매우 중요합니다(19:30).

예수님의 죽음에 대한 이 첫 번째 준비는 그분을 만나는 모든 이에게 강력하고 피할 수 없는 '필수 요구'를 대면시킵니다. '진실로' 예수님을 만나려면 당신의 온 자아와 생명과 미래를 그분과 '아버지'께 의탁해야 합니다. "사람이 나를 섬기려면 나를 따르라. 나 있는 곳에 나를 섬기는 자도 거기 있으리니 사람이 나를 섬기면 내 아버지께서 그를 귀히 여기시리라"(12:26). 이 말씀은 마치 정체성, 욕망, 집이라는 세 가지 핵심 질문에 대한 답변을 요약한 것 같습니다. 그리고 하나님이 우리를 귀히 여기신다는 약속이 영광이라는 이 장의 주제로 들어서게 합니다.

세 번째 준비: 궁극적 끌림

독자들이 예수님 죽음의 의미를 이해하도록 준비시키는 세 번째 방법은, 모든 것을 아우르는 약속 때문에 어안이 벙벙할 정도로 경이롭습니다.

> 이제 이 세상에 대한 심판이 이르렀으니 이 세상의 임금이 쫓겨나리라. 내가 땅에서 들리면 모든 사람[일부 고대 사본에 따르면 '모든 것' 곧 모든 피조물을 의미합니다]을 내게로 이끌겠노라 하시니 이렇게 말씀하심은 자기가 어떠한 죽음으로 죽을 것을 보이심이러라. (요 12:31-33)

예수님은 십자가에 달려 자기 생명을 내주심으로써 우리가 사는 세상에 대한 진실을 입증하십니다. 곧 세상의 어둠은 승리하지 못하며, 궁극적 권력은 주님과 그분의 빛, 생명, 사랑에 속해 있어서 다른 무엇이나 사람도 세상을 지배하지 못한다는 것을 보여 주신 것입니다. 하지만 "만물이 그로 말미암아 지은 바" 되고 "그 안에 생명이 있었으니 이 생명은 사람들의 빛"이신 예수님은 또한 모든 존재를 끌어당기는 중심이십니다(1:3-4). 그분을 통해 우리 모두는 자기의 집, 자기의 깊은 의미, 깊은 욕망의 충족을 발견할 수 있고, 또한 우리에게 가장 큰 생명을 선사하는 하나님과의 관계, 다른 사람과의 관계, 창조 세계와의 관계를 발견할 수 있습니다.

두 번째이자 가장 중요한 준비: 궁극적 영광과 사랑

하지만 예수님의 십자가 처형에서 가장 극적이고 놀라운 절정에 대한 이 준비의 중심에는 요한이 독자들을 하나님의 영광이라는 핵심으로 이끄는 두 번째 방법이 있습니다.

> 지금 내 마음이 괴로우니 무슨 말을 하리요? 아버지여 나를 구원하여 이때를 면하게 하여 주옵소서. 그러나 내가 이를 위하여 이때에 왔나이다. 아버지여, 아버지의 이름을 영광스럽게 하옵소서 하시니 이에 하늘에서 소리가 나서 이르되 내가 이미 영광스럽게 하였고 또 다시 영광스럽게 하리라 하시니. (요 12:27-28)

이 장면은 요한복음에서 '하늘의 소리' 곧 하나님 아버지의 목소리가 들린 유일한 경우로, 그 독특한 중요성을 강조합니다. 다른 복음서들에서 이 목소리는 예수님의 세례와 변모라는 중요한 두 사건에서 그분을 확인해 줍니다. 요한은 예수님의 세례는 기록하지만 마태복음, 마가복음, 누가복음에서 예수님의 영광이 드러나는 주요 사건으로 기록한 변화산 사건에 대해서는 언급하지 않습니다. 오히려 요한은 예수님이 베푸신 모든 표적과 요한복음 전체의 틀을 형성하는 프롤로그에서, 그러나 이 본문처럼 무엇보다도 십자가 처형에서 예수님의 영광을 봅니다. 27-28절에는 예수님의 변모 사건뿐 아니라, 겟세마네 동산에서 기도할 때 "내 마음이 괴로우니"라고 하신 그분의 고뇌가 반향되어 나타납니다. 요한은 겟세마네 동산의 기도는 기록하지 않고, 요한복음 17장에 나오는 마지막 만찬 자리의 기도에 집중합니다(우리가 곧 살펴볼 이 기도는 시작부터 영광으로 가득합니다).

마치 요한이 이 짧은 두 절에, 다른 복음서가 세례와 변모 사건과 겟세마네 동산의 기도를 통해 말하고자 하는 내용의 '정수'를 농축해 놓은 것 같습니다. 이 각 사건의 중심에는 예수님과 아버지가 나누는 사랑의 관계가 자리 잡고 있습니다(이 본문들을 함께 읽고 묵상해 보는 것은 충분히 시간을 들여 볼 만합니다). 여기서 그 사랑은 "아버지여, 아버지의 이름을 영광스럽게 하옵소서"라는 예수님의 욕망에 집약되어 있습니다. 본질은 사랑과 영광이라는 하나님의 정체성 그 자체입니다. 그리고 예수님의 죽음은 사랑과 영광 가운데 나타난 하나님의 정체성 핵심을 관통합니다. 무엇보다도, 우리는 이곳에서 하나님을 만납니다.

동시에, 독자들에게 이 만남의 약속이 주어집니다. "내가 땅에서 들리면 모든 사람을 내게로 이끌겠노라"(12:32). 하나님을 만나는 '장소'(where)가 곧 이 '존재'(who)입니다. "내가…내게로"에서 보듯 말입니다.

영광과 사랑의 정점

예수님의 십자가와 부활에 대한 준비는 고별 강화를 통해 계속됩니다. 이 내용은 고난주간과 이후를 다루는 이 책 후반부에서 더 자세히 살펴볼 것입니다. 고별 강화는 대대적인 영광을 확언하는 말들로 시작되고(13:31-32) 마무리되는데(17:1-5, 22), 이 과정에서 예수님과 그분의 아버지가 나누시는 신적 생명과 강렬하고 광대한 사랑이 우리 독자들에게도 드러나고 공유됩니다.

지금은 (적어도 상상으로나마) 우리가 사순절을 마무리하고 고난주간을 앞두고 있다고 생각하면서, 요한복음 17장에 나오는 예수님의 기도로 다시 들어가 봅시다. 여러분이 소그룹에서 함께 사순절을 위한 제안인 요한복음 17장에 비추어 주기도를 드리는 실천을 해 왔다면, 지금 그 경험을 함께 나누어 보아도 좋겠습니다. 그런 다음 고난주간에 맞이할 드라마를 준비하면서 요한복음 17장 20-26절을 다시 읽고 묵상해 보기를 권합니다. 이 드라마에는 예수님의 수난과 죽음과 부활의 드라마는 물론이고, 우리 삶과 공동체에 계속되는 영광과 사랑의 드라마가 포함됩니다. 이 본문은 우리, 모든 인류, 모든 창조 세계를 향한 예수님의 궁극적 욕망으로 우리를 초대합니다. 예수님의 욕망과 약속은 다름 아니라 하나님이 사랑하시는 이 세상을 위해 그분과, 그분의 아버지와, 서로와 영광과 사랑 속에서 하나가 되는 것입니다.

내가 비옵는 것은 이 사람들만 위함이 아니요 또 그들의 말로 말미암아 나를 믿는 사람들도 위함이니 아버지여, 아버지께서 내 안에, 내가 아버지 안에 있는 것같이 그들도 다 하나가 되어 우리 안에 있게 하사 세상으로 아버지께서 나를 보내신 것을 믿게 하옵소서. 내게 주신 영광을 내가 그들에게 주었사오니 이는 우리가 하나가 된 것같이 그들도 하나가 되게 하려 함이니이다. 곧 내가 그들 안에 있고 아버지께서 내 안에 계시어 그들로 온전함을 이루어 하나가 되게 하려 함은 아버지께서 나를 보내신 것과 또 나를 사랑하심같이 그들도 사랑하신 것을 세상으로 알게 하려 함이로소이다. 아버지여 내게 주신 자도 나 있는 곳에 나와 함께 있어 아버지께서 창세전부터 나를 사랑하시므로 내게 주신 나의 영광을 그들로 보게 하시기를 원하옵나이다.

의로우신 아버지여, 세상이 아버지를 알지 못하여도 나는 아버지를 알았사옵고 그들도 아버지께서 나를 보내신 줄 알았사옵나이다. 내가 아버지의 이름을 그들에게 알게 하였고 또 알게 하리니 이는 나를 사랑하신 사랑이 그들 안에 있고 나도 그들 안에 있게 하려 함이니이다.
(요 17:20-26)

이렇게 해서 사순절 소그룹을 염두에 두고 쓴 이 책의 내용은 마무리됩니다. 1-5장은 그 자체만으로 완료된 내용으로 볼 수 있습니다. 그러나 한 걸음 더 나아가 고난주간과 부활절, 승천주일, 성령강림절, 삼위일체주일까지 요한복음을 읽으면서 더 연구하고 싶은 사람들을 위해 이후의 장들도 썼습니다.

묵상과 토론을 위한 질문

아미엘 오스마스턴 수석 사제의 제안

⁂

우리는 하나님의 영광을 어떻게 상상할 수 있습니까? 창조된 것이 아니며 영원하고 놀라운 하나님의 생명, 그것이 지닌 무한하게 강렬하고 광대한 영광과 사랑에 어떻게 반응할 수 있습니까? 성찬례의 영광스러운 찬양(Gloria)이나 시편의 시들, 명곡, 창조 세계의 영광, 변화산 사건을 그린 성화 속 예수님의 얼굴, 아름다운 시를 비롯하여 당신의 경이와 감탄을 불러일으키는 대상이나 인물을 생각해 보시기 바랍니다. 무엇이 당신의 마음에 깊은 울림을 줍니까? 당신이 하나님의 영광을 엿보게 한 것은 무엇입니까?

⁂

"내게 주신 영광을 내가 그들에게 주었사오니 이는 우리가 하나가 된 것같이 그들도 하나가 되게 하려 함이니이다"(요 17:22). 당신은 예수님이 그분을 따르는 이들의 공동체에 전해 주신 영광을 어떤 식으로 목격했습니까? 특정 사례나 경험이 있습니까? 그 영광은 우리의 하나 됨과 어떤 연관이 있습니까?

⁂

예수님은 '표적'을 행하시고 제자들에게 "아버지께서 나를 보내신 것같이 나도 너희를 보내노라"고 말씀하셨습니다(20:21). 저자는 이렇게 질문합니다. "21세기를 살아가는 예수님의 제자들은 기독교 공동체 안팎의 모든 이를 위해, 풍성한 삶의 표적으로서 어떤 일을 하도록 보냄을 받았습니까?" 어떤 모범나 제안이 떠오릅니까?

*
*
5장을 마무리하면서 저자는 요한복음 17장과 주기도가 '공명하는 지점'을 몇 가지 끌어냅니다. 당신은 이 공명하는 지점이나 연결점 중에 무엇이 주기도를 더 깊이 있게 드리는 데 도움이 된다고 생각합니까?

2부

때가 이르다

예수님은 첫 번째 표적을 베푸시기 전에 어머니께 "내 때가 아직 이르지 아니하였나이다"라고 말씀하십니다(요 2:4). 요한복음 12장까지의 내용, 곧 사순절 전체는 그'때'를 준비하는 것으로 이해할 수 있습니다.

요한복음 12장에서 어린 나귀를 타고 인상적인 모습으로 예루살렘에 들어오시고 ('종려주일'에) 큰 무리의 환영을 받으신 후에, 예수님은 중대한 선언을 하십니다. "인자가 영광을 얻을 때가 왔도다"(12:23). 그분은 다가올 십자가 죽음의 깊이를 세 가지 방식으로 우리에게 들려주시는데, 앞 장에서 그 내용을 살펴보았습니다.

이제부터 더욱 심도 있는 준비 과정이 이어질 것입니다. 요한복음 13-17장에서 예수님은 제자들과 마지막 식사를 나누십니다. 그분은 제자들이 이제 곧 그들에게 닥칠 슬픔에 대비하게 하시고 가장 긴 가르침을 주시며 독특한 마지막 기도를 드리십니다. 앞 장들에서 이 가르침과 기도를 일부 살펴보았습니다(특히 요한복음 15장의 포도나무 비유를 다룬 4장, 영광과 사랑에 관한 본문 요한복음 17장 20-26절을 다룬 5장을 보십시오). 또 요한복음 17장에 비추어 주기도를 드리도록 권한 바 있습니다. 그리스도인의 삶에서 계속되는 드라마를 다루는 이 책의 3부에서는 요한복음

13-17장을 더 자세히 살펴볼 텐데, 이 다섯 장은 예수님의 십자가 죽음과 부활 너머에 중점을 두고 있습니다.

하지만 이 다섯 장 중 요한복음 13장에서는 마지막 만찬을 무대로 하는 독자적 드라마가 펼쳐지는데, 이 드라마는 앞으로 등장할 예수님의 체포, 재판, 십자가, 부활의 '때'와 밀접하게 연결됩니다.

이 책의 2부, 가장 먼저 6장에서는 요한복음 13장의 사건들, 특히 제자들의 발을 씻기신 예수님에게 초점을 맞춥니다. 이 사건은 이어지는 사랑하라는 '새 계명'과 함께, 그리스도인의 삶에 가장 기본적인 명령을 전해 줍니다. 우리는 신비에 싸인 요한복음에서 생략된 부분에 대해서도 질문할 것입니다. 나머지 세 복음서와 고린도전서 11장에서 바울이 묘사하는 내용, 곧 예수님이 마지막 만찬에서 지금 우리가 주님의 만찬, 성만찬, 성체성사, 미사라고 부르는 것을 제정하신 장면을 언급하지 않는 이유 말입니다. 또한 예수님과 사랑받는 제자, 가룟 유다, 베드로 사이의 인상적인 대화를 통해 배신, 부인과 동시에 나타나는 상호간의 사랑이라는 복음의 핵심적인 실재를 보게 될 것입니다.

다음으로 7장에서는 예수님의 체포와 재판, 채찍질, 십자가 처형, 매장이 이어집니다. 이때 그리스도인의 신앙과 삶의 핵심을 관통하는 질문, 곧 '예수님의 죽음 사건에서 무슨 일이 벌어지는가?'라는 질문에 답변을 제시할 것입니다.

이 질문은 예수님의 부활을 언급하지 않고는 제대로 답할 수 없는데, 8장의 주제가 바로 부활입니다. 요한복음 20장과 21장에 나오는 부활하신 예수님과 제자들의 만남을 통해 우리 독자들도 요한복음에서 하나님을 만나는 실재의 깊이와 너비, 높이와 계속되는 놀라움 속으로 초대받습니다. 요한복음에서 하나님을 만나는 것에는 이런 일들이 포함됩니다. 그것은 십자가에서 죽으시고 부활하신 예수님을 만나는 것입니다. 예수님을 "랍오니" 곧 선생님으로 만나는 것입니다(20:16). 예수님과 우리 아버지이신 하나님을 만나는 것입니다. 평화와 기쁨을 경험하는 것입니다. 예수님이 보냄받으셨듯이 보냄받는 것입니다. 성령을 영접하는 것입니다. 용서받고 용서하는 것입니다. 예수님을 "나의 주님이시요 나의 하나님"으로 아는 것입니다(20:28). 사랑받는 제자의 증언을 신뢰하는 것입니다. "네가 나를 사랑하느냐?"라는 예수님의 질문을 받는 것입니다(21:15, 16, 17). 예수님을 따르는 대가에 직면하는 것입니다. 예수님을 우리 미래의 단 하나 확실한 실재로 보는 것입니다. "만일 낱낱이 기록된다면 이 세상이라도 이 기록된 책을 두기에 부족할 줄 아노라"고 하신 것처럼 흘러넘치는 풍성한 의미와 진리에 더욱 열려 있는 것입니다(21:25).

6. 목요일

철저히, 친밀하게, 취약하게 서로 사랑하다

"세상에 있는 자기 사람들을 사랑하시되 끝까지 사랑하시니라"(요 13:1). 예수님이 돌아가시기 전날 밤, 그분 생애에서 가장 극적인 밤을 한마디로 요약한 말씀입니다. 주님의 삶과 죽음, 부활은 모두 사랑에 관한 것입니다. 요한복음에서 '사랑'이라는 단어가 가장 먼저 나오는 절에서 예수님은 이렇게 말씀하십니다. "하나님이 세상을 이처럼 사랑하사 독생자를 주셨으니 이는 그를 믿는[신뢰하는] 자마다 멸망하지 않고 영생을 얻게 하려 하심이라"(3:16). 영생은 곧 이생과 영원 모두에서 깊고 영속적이며 하나님이 주신 사랑으로 가득한 삶입니다. 사랑은 그러한 삶이 무엇인지를 요약해 줍니다.

예수님이 '끝' 곧 그분의 죽음을 향해 가시는 요한복음 13장에서, 제자들의 발을 씻어 주시는 아주 중요한 표적을 행하십니다. 다음날에 있을 그분의 십자가 처형은 세상을 향한 유일무이하고도 독특한 사랑의 표현이 될 것입니다(이 책의 다음 장을 보시기 바랍니다). 제자들의 발을 씻기신 이 사건은 평범한 일상에서 주님의 사랑을 닮고자 하는 이들에게 가장 본질적인 사실을 가리키는데, 그것은 바로 서로를 향한 사랑의 섬김입니다. 요한복음 13장에서 우리가 집중적으로 살펴볼 내용은 발을 씻기신 사건의 의미지만, 이를 살펴본 뒤 나머지 부분에서는 꽤 큰 분량의 생략과, 사랑이 어떻게 증명되고 사랑이 어떤 방식으로 실패할 수 있는지에 대해서도 이야기할 것입니다.

이 장의 내용에 대비하는 최선의 방법은 요한복음 13장 전체를 천천히 읽은 후, 13장 12-20절을 다시 한번 읽는 것입니다.

급진적인 행동

예수님의 사랑이 그'때'의 핵심 주제라는 사실이 선포된 직후, 요한은 이 결정적인 시간에 벌어지는 일에 대해 다음 세 가지를 분명히 밝힙니다.

1. 이 사랑에 반대하는 강력하고 치명적인 적대 세력이 존재합니다. "마귀가 벌써 시몬의 아들 가룟 유다의 마음에 예수를 팔려는 생각을 넣었더라"(13:2).
2. 이 사건들에서 가장 중요한 실재는 바로 예수님의 정체성입니

다. "예수는 아버지께서 모든 것을 자기 손에 맡기신 것과 또 자기가 하나님께로부터 오셨다가 하나님께로 돌아가실 것을 아시고"(13:3). 요한복음 14-17장은 신뢰와 영광과 사랑 가운데 이루어진 예수님과 하나님 아버지의 온전한 연합을 더 자세히 보여 주는데, 그 연합은 예수님의 기도에서 절정에 달합니다. "아버지여, 창세전에 내가 아버지와 함께 가졌던 영화로써 지금도 아버지와 함께 나를 영화롭게 하옵소서.…아버지께서 창세전부터 나를 사랑하시므로 내게 주신 나의 영광을 그들로 보게 하시기를 원하옵나이다"(17:5-24). 지금 벌어지고 있는 일은 우주가 창조될 때의 하나님이 지니신 영광과 사랑에 뿌리내리고 있습니다.

3. 이'때' 벌어지고 있는 일을 통해 영광과 사랑은 근본적으로 새로운 형태와 내용으로 주어집니다. "저녁 잡수시던 자리에서 일어나 겉옷을 벗고 수건을 가져다가 허리에 두르시고 이에 대야에 물을 떠서 제자들의 발을 씻으시고 그 두르신 수건으로 닦기를 시작하여"(13:4-5). 하나님이 모든 것을 맡기신 주님의 손이 가장 먼저 하신 일은 종들이 하는 일, 곧 발을 씻기신 일입니다.

이것이 하나님이 원하시는 일입니다. 베드로에게는 이것이 걸림이 되었습니다. 그러자 예수님은 그 의미를 가르쳐 주십니다.

의미

13장 12-25절에 나오는 이 가르침의 중요성은 이루 말로 다 할 수 없을 정도입니다.

이 일은 모든 때 중에서도 가장 중요한 이'때'에 벌어지고 있습니다. 이는 예수님의 삶과 죽음과 부활의 심장부에 자리한 사랑을 보여 주는데, 이 사랑이야말로 예수님 정체성의 핵심이라고 할 수 있습니다. "너희가 나를 선생이라 또는 주라 하니 너희 말이 옳도다. 내가 그러하다"(13:13).

예수님은 그분의 모든 권위를 동원해 이것을 강력한 명령으로 만드십니다. "내가 주와 또는 선생이 되어 너희 발을 씻었으니 너희도 서로 발을 씻어 주는 것이 옳으니라"(13:14). 이 일의 상호성 곧 서로의 발을 씻어 주는 것, 그것이 건강한 공동체의 핵심이라는 사실을 시사합니다. "내가 너희에게 행한 것같이 너희도 행하게 하려 하여 본을 보였노라"(13:15).

"내가…행한 것같이"라는 말은 이 식사 나중에 등장하는 '새 계명'으로 곧장 이어집니다. "내가 너희를 사랑한 것같이 너희도 서로 사랑하라"(13:34). '내가…행한 것같이'는 사랑의 섬김을 그리스도인의 삶 중심에 놓을 뿐 아니라, 우리가 사랑으로 섬길 때 지속적으로 창의성을 발휘하도록 격려합니다. 본보기를 따른다고 해서 어떤 상황에서든 똑같은 행동을 한다는 의미는 아닙니다. 신중함과 분별, 현재 우리의 상황에서 모든 요소를 고려하는 상상력이 필요합니다. 우리는 날마다 이렇게 질문합니다. “오늘날 어떻게 예수님의 본을 따를 수 있을까?” ‘같이’라는 표현은 예수님처럼 전심으로 사랑하고 섬길 것을 권면합니다. 그분의 본을 따라 우리 삶의 자리에서 끊임없이 변주하고, 그분처럼 위험을 감수하며 새로운 시도를 해 나가는 것 말입니다. 이는 크고 중요한 사람이 누구인지, 위대함이 무엇인지에 관한 뜻밖의 새로운 개념을 불러옵니다. “내가 진실로 진실로 너희에게 이르노니 종이 주인보다 크지 못하고 보냄을 받은 자가 보낸 자보다 크지 못하나니”(13:16).

예수님이 보여 주신 섬김과 사랑의 본보기가 우리 사회나 정치, 소셜미디어에서 위대함의 척도가 된다면 어떻겠습니까? 교회에서, 가정과 집에서 그렇게 된다면? 여기에 저항하고 문제가 될 것은 무엇이겠습니까? 이 명령을 따르는 사람들에게 약속된 복(복이라는 단어는 요한복음에 단 두 번 나오는데, 다음의 말씀이 그중 하나입니다)도 있습니다.[1] “너희가 이것을 알고 행하면 복이 있으리라”(13:17).

또한 서로 사랑하고 섬기는 이 정신을 사람들이 어떻게 거부하고 훼손하고 배신하는지 그리고 그러한 삶을 살아 내는 데 따르는 잠재적인 대가에 대해 이 본문은 매우 현실적으로 묘사합니다. 그리고 바로 이 점을 보여 주기 위해 성경의 권위를 빌려

다음과 같이 증언합니다. "그러나 내 떡을 먹는 자가 내게 발꿈치를 들었다 한 성경을 응하게 하려는 것이니라"(13:18). 그리고 이 모든 것의 대미를 장식하듯 예수님에 대한 가장 중요한 진실—'내가…이다'라는 신적 정체성—과 우리 편에서 행해야 하는 가장 중요하고 기본적인 일, 곧 그분이 누구신지를 신뢰하는 것 또한 언급됩니다. "지금부터 일이 일어나기 전에 미리 너희에게 일러둠은 일이 일어날 때에 내가 그인 줄 너희가 믿게[신뢰하고 온전히 삶을 내맡기게] 하려 함이로라"(13:19).

그런데 놀랍게도 이것이 끝이 아닙니다. 어쩌면 이 중에서 가장 놀라운 선언은 마지막 말씀일지 모릅니다. 여기서 예수님은 진정으로 위대한(큰) 자가 누구인지를 강조하려고 앞에서 이미 사용하신 적 있는 "진실로 진실로"를 반복하셔서 그 중요성을 각인시키십니다. "내가 진실로 진실로 너희에게 이르노니 내가 보낸 자를 영접하는 자는 나를 영접하는 것이요. 나를 영접하는 자는 나를 보내신 이를 영접하는 것이니라"(13:20). 이 말씀은 다름 아니라 하나님과의 만남에 관한 것입니다!

도대체 무슨 일이 일어난 것입니까? 자기 생에서 가장 중요한 '때'를 맞이한 선생이자 주이신 예수님이 제자들(잠시 뒤 15장 15절에서 그분은 그들을 '친구'로 부르십니다)의 발을 씻어 주시는 자비롭고 감동적인 사랑의 행위를 하셨습니다. 주님은 그것이 그분이 누구시며 그분의 사랑이 어떠한지를 드러내는 행동이라고 가르치십니다. 이 사랑의 섬김은 건강한 공동체 생활을 위한 명령입니다. 이 행위는 본이 되어 우리 각자의 삶에서 끊임없이 변주됩니다. 섬김에는 진정한 위대함과 하나님의 축복이라는 비밀이 담겨 있습니다. 사랑의 섬김을 위협하거나 거부하거나 배신하는 어떤 것에도 그것은 위축되거나 물러서지 않습니다. 하지만 무엇보다도 "진실로 진실로" 그것은 하나님과의 만남에서 핵심입니다. 그리고 하나님과의 만남은 우리가 서로와 관계 맺는 방식과 분리될 수 없습니다.

얼마 전에, 이 마지막 절에 대한 매혹적이고 감동적인 토론을 목격했습니다. 전 세계 다양한 교회에서 온 청년 열두어 명이 함께한 자리였습니다. 이들은 1년 동안 그리스도인 공동체로 함께 살면서 기도와 예배, 배움과 학습, 다양한 형태의 봉사에 집중했습니다.[2] 이제 그 1년을 마무리하면서 이들은 자신에게 일어난 변화를 뒤돌아보고 앞으로 어떻게 서로의 관계를 계속 이어 갈지를 모색하는 중이었습니다. 그 과정에서 이 말씀이 그들의 눈길을 사로잡았습니다. 이들이 공동의 경험을 되새기고 미래를 계획하는 동안, 이 말씀의 풍성하고도 압도적인 의미가 절감되었습니다.

"내가 보낸 자를 영접하는 자는 나를 영접하는 것이요." 예수님이 우리를 어떤 사람들에게 보내시고 어떤 사람들을 환대하라고 요구하시는지 어떻게 알 수 있습니까? 만나는 사람 중에 우리가 누구를 배제할 수 있겠습니까? 우리 삶에 들어온 누군가를 제외하는 것은 위험합니다. 그렇지만 각자의 삶에는 하나님이 특별히 우리에게 '주신' 사람들이 있습니다. 가족, 친구, 이웃, 동료 그리고 무엇보다도 우리의 사랑과 섬김이 필요한 사람들입니다. 이 청년 모임은 1년간 이 공동체에 함께하면서 서로를 받아들이도록 초대받았다는 사실을 확실히 인식하고 있었습니다. 이런 인식은 매우 중대한 통찰을 낳았습니다. 그들은 서로를 영접하면서 사실은 예수님을 영접하고 있었습니다.

그해에 이들은 이런저런 우여곡절을 겪으면서, 발을 씻어 주는 행위가 지닌 기본 진리가 선명해지는 경험을 했습니다. 그들은 서로 부딪히고, 요리와 청소를 비롯하여 공동생활의 면면을 함께하면서, 하나님과 서로를 향한 사랑에서 비롯된 상호 섬김이야말로 그들이 추구해야 할 적절한 목표라는 사실을 깨달았습니다. 그뿐 아니라 상호 섬김은 사랑의 섬김을 통해 다른 이들을 영접하는 그분의 본을 따름으로써, 예수님이 누구신지를 경험하고 그분을 영접하는 방법입니다. 이는 다시 더욱 중대한 통찰로 이어졌습니다. 그들은 예수님을 영접하면서 아버지 하나님을 영접하고 있었습니다. "나를 영접하는 자는 나를 보내신 이를 영접하는 것이니라."

우리는 이 진리를 어떻게 받아들이기 시작할 수 있습니까? 요한복음을 처음부터 다시 읽어 보는 것이 필요합니다. 프롤로그에서 '영접하다'라는 단어가 맨 처음 등장하는 곳은 예수님을 믿어서 그분을 영접한다고 언급하는 부분입니다. "영접하는 자 곧 그 이름을 믿는[신뢰하는] 자들에게는 하나님의 자녀가 되는 권세를 주셨으니…오직 하나님께로부터 난 자들이니라"(1:12-13). 그러고 나서 우리는 프롤로그의 마지막 부분에서 예수님은 사랑 가운데 아버지와 하나이시며 "아버지 품속에" 계신 것을 발견합니다(1:18). 예수님을 영접하는 것은 예수님과 하나님 아버지를 모두 영접하는 것입니다. 두 분은 온전히 하나이시기 때문입니다.

서로를, 예수님을, 아버지 하나님을 영접하는 이 실재를 온전히 받아들이는 것은 요한복음 13장에 나오는 발을 씻어 주신 사건 이상을 의미합니다. (이 책 3부에서 주로 살펴보겠지만) 이는 고별 강화의 나머지 내용 곧 사랑과 우정, 성령을 영접하는 것, 계속해서 진리 가까이로 인도받는 것, 예수님이 보내심을 받았듯이 보냄받는 것, 기도 특히 요한복음 17장에 나오는 예수님의 기도를 모두 받아들인다는 뜻입니다.

겸손하게 제자들의 발을 씻어 주신 사건에서 드러나는 예수님의 사랑으로 고별 강화가 시작됩니다. 주님의 가르침은 우리가 함께 서로를 사랑으로 섬기는 그분의 본을 따를 때 벌어지는 일에 대한 놀라운 계시에서 절정에 이릅니다. 이 계시란 곧 우리가 서로를, 예수님과 하나님 아버지를 삶에 영접하게 된다는 사실입니다. 요한복음 17장에서 고별 강화는 이 사랑의 방식이 지닌 더 온전한 실재에 관한 놀라운 계시로 마칩니다. 그것은 예수님이 하나님 아버지와 나누시는 영광과 사랑을 우리에게도 공유하신다는 것입니다. 17장의 이 기도에서 우리는 예수님의 욕망을 따라 궁극적인 수용과 상호 관계의 역학으로 이끌립니다. 그분의 욕망은 하나님이 사랑하시는 세상을 위해 우리가 예수님과 하나님 아버지 그리고 서로 간에 믿음과 사랑 가운데서 온전히 하나 되는 것입니다. 주님의 궁극적인 욕망과 약속은 바로 이것입니다. "내가 아버지의 이름을 그들에게 알게 하였고 또 알게 하리니 이는 나를 사랑하신 사랑이 그들 안에 있고 나도 그들 안에 있게 하려 함이니이다"(17:26). 우리 안에서 하나님을 아는 지식과 사랑이 싹트고 예수님의 내주하시는 그 사건이야말로 남은 이'때'에 예수님께 벌어질, 또 예수님을 통해 벌어지는 모든 일의 핵심입니다.

막간: 요한복음에서 마지막 만찬을 기록하면서 성찬은 언급하지 않는 이유

마태복음, 마가복음, 누가복음, 바울의 고린도전서는 모두 예수님이 십자가에 돌아가시기 전날 밤에 제자들과 나누신 마지막 만찬을 기록합니다. 거기에는 (세부 내용은 조금씩 다르지만) 성만찬(성찬, 성체성사, 미사라고도 합니다) 제정이라고 불리는 사건도 기술됩니다. 세상의 많은 그리스도인에게 성찬은 공동 예배에서 중심이 되는 행위입니다. 요한복음에서 성찬을 다루지 않는 이유를 두고 학자들 사이에 논란이 분분했으며, 그에 대하여 제시된 답변도 다양했습니다. 이후에 나올 내용은 이에 대한 간략한 제 의견입니다.[3]

저는 요한복음이 다른 복음서들에 대한 지식을 기반으로 쓰였다고 보는 학자들에게 동의합니다(요한은 자신이 예수님에 대한 다른 증언을 많이 알고 있다고 두 차례나 말합니다. 20:30; 21:25을 보십시오). 또한 그는 예수님이 마지막 식사 자리에서 성만찬을 제정하셨다는 사실을 잘 인지하고 있었습니다. 저는 더 나아가, 독자들 또한 다른 복음서의 기록을 이미 알고 있었을 것이라고 요한이 예상했다고 생각합니다. 그래서 그는 모든 사건을 다시 언급할 필요가 없었습니다. 앞서 논의했듯이, 요한은 사람들이 예수님에 대한 믿음에 이르고 그 관계가 성숙하며 "그 이름을 힘입어 생명을" 얻는 데 꼭 필요한 내용만 전달하기 원했습니다(20:31). 그의 전략은 훨씬 더 적은 이야기를 전하면서도 그 이야기들의 의도와 암시 속으로 더 깊이 들어가는 것입니다. 이는 요한이 다른 복음서에서 언급한 많은 사건 곧 예수님의 탄생 이야기, 광야 시험, 변화산 사건, 겟세마네 기도, 승천 등을 생략하지만 그 의미는 전하고 있다는 뜻입니다. 요한복음 6장의 성만찬도 마찬가지

여서 그는 감사[그리스어 '유카리스테인'(*eucharistein*)], 떡, 나눔, 먹고 마심, 피, 너희를 위함, 배신, 죽음, 영생 같은 성찬의 표현을 사용하여 다른 복음서나 바울서신보다 그 의미를 더 깊이 파고 듭니다.

요한의 이런 접근법은 어떤 효과가 있습니까? 두 가지가 두드러집니다.

첫째, 예수님이 발을 씻기신 사건에 초점을 맞춤으로써, 요한은 성찬을 기념하는 이들이 성찬과 발을 씻기신 사건이 어떤 관계가 있는지를 진지하게 돌아보도록 격려합니다. 예배와 전례는 실제적인 사랑의 섬김과 어떻게 연결됩니까? 성찬을 중심으로 형성된 공동체에서 권력과 권위가 발을 씻기는 겸손한 섬김으로 나타나게 하려면 어떻게 해야 합니까? 요한은 바른 삶과 정의, 긍휼을 상실한 예배와 기타 종교의식을 맹렬히 공격한 이스라엘의 수많은 선지자와 궤를 같이하고 있습니다 현명하게도 여러 교회에서 고난주간 목요일에 성찬을 기념하면서 세족식도 병행합니다.

둘째, 그리고 무엇보다도 요한은 성찬과 발을 씻기신 행위를 통해 그가 가장 중요하게 여기는 것, 곧 예수님이 누구신지와 그분을 믿고 따르며 서로 내주하는 관계를 강조합니다. 요한복음 6장에서 예수님은 이렇게 말씀하십니다. "하나님께서 보내신 이를 믿는 것이 하나님의 일이니라"(6:29). "나는 생명의 떡이니"(6:35). "내 살을 먹고 내 피를 마시는 자는 내 안에 거하고 나도 그의 안에 거하나니"(6:56). 그다음에 주님은 발을 씻기신 행위부터 시작하여 예수님의 기도에서 절정에 달한 이 핵심 진리를 하나씩 심화하고 강화하십니다.

사랑받는 제자, 유다, 베드로:
주고받는 사랑, 배신당하고 부인된 사랑[4]

저녁 식사 중에 친구들에게 실재의 핵심이 사랑임을 가르치고 표적을 보여 주는 것은 그나마 수월한 일일지 모릅니다. 하지만 오늘날 뉴스를 보면서 사랑이 우리가 사는 세상의 핵심 진리라고 믿기는 어렵습니다. 우정을 비롯한 다른 모든 좋은 관계는 얼마든지 틀어질 수 있습니다. 고난, 죄, 증오, 악, 죽음이 뉴스의 헤드라인을 장식합니다. 그러나 이런 현실 가운데서야 비로소 사랑이 진실한지 아닌지가 드러납니다.

예수님은 제자들의 발을 씻어 주시고 섬김에 대해 가르치신 직후에, 폭탄선언을 하십니다. "예수께서 이 말씀을 하시고 심령이 괴로워 증언하여 이르시되 내가 진실로 진실로 너희에게 이르노니 너희 중 하나가 나를 팔리라 하시니"(13:21). 제자들은 혼란스럽고 괴롭습니다. 그러면서 "예수의 제자 중 하나 곧 그가 사랑하시는 자"(13:23), 그러니까 사랑받는 제자의 이야기가 시작됩니다. 성경은 그를 "예수의 품에 의지하여" 기댄 자로 두 번 묘사하는데(13:23, 25), 아버지 품속에 계신 예수님을 언급하는 1장 18절을 떠올리게 합니다. 이는 사랑을 주고받는, 철저히 상호적인 사랑의 그림입니다. 베드로는 사랑받는 제자더러 그분을 팔 자가 누구인지 물어보라고 하고, 예수님은 떡 한 조각을 적신 뒤 가룟 유다에게 건네시면서 그가 배신자임을 암시하십니다. "조각을 받은 후 곧 사탄이 그 속에 들어간지라. 이에 예수께서 유다에게 이르시되 네가 하는 일을 속히 하라 하시니… 유다가 그 조각을 받고 곧 나가니 밤이러라"(13:27-30).

상호 간의 사랑과 그것의 배신이 뒤섞인 드라마입니다. 이 장 끝에 이르면 또 다른 차원이 추가되는데, 압박을 받으면서 나타나는 사랑의 부인과 실패입니다. 예수님은 발을 씻기신 행위에 대한 가르침에 이어 그분이 사랑하신 것처럼 서로 사랑하라는 새 계명을 주십니다. 베드로는 예수님을 위해 자기 목숨까지도 바치겠다고 약속하며 열렬한 반응을 보였지만, 그분은 이렇게 대답하십니다. "네가 나를 위하여 네 목숨을 버리겠느냐? 내가 진실로 진실로 네게 이르노니 닭 울기 전에 네가 세 번 나를 부인하리라"(13:38).

도대체 무슨 일이 벌어지고 있습니까? 사랑받는 제자와 유다, 베드로는 주님의 '때'라는 무대에서 예수님과 가까운 제자들

사이에 은밀하게 벌어지고 있는, 인물 사이의 내밀한 관계를 그린 드라마의 주연 배우들입니다. 여기서 믿음과 사랑을 배신하고 부인하면서 죄와 악이 드러납니다. 이 제자들은 이'때'의 다음 국면, 곧 다음날 있을 체포, 재판, 십자가 처형이라는 드라마에서도 계속해서 중요 역할을 맡을 것입니다. 정치, 군사, 종교 같은 제도적 세력이 부패하면서 거짓, 적대감, 불의, 폭력, 죽음 같은 결과를 낳는 이 국면에서 죄와 악이 드러납니다. 그러나 앞으로 살펴볼 것처럼 예수님과 그분의 어머니, 사랑받는 제자를 중심으로 하는 사랑을 우리는 십자가 처형 가운데서도 발견할 수 있습니다.

여기서 벌어지고 있는 일을 묘사하는 한 가지 방법은 그것을 예수님과 인격적 혹은 (사탄으로 대표되는) 초인격적 세력 사이의 근본적이고 다층적인 대결로 보는 것입니다. 한쪽에는 믿음, 생명, 치유, 빛, 의, 정의로운 심판, 진리, 기쁨, 평화, 섬김으로 나타나는 권력, 우정 그리고 무엇보다도 사랑과 이미 동일시되신 예수님이 계시고 다른 한쪽에는 두려움, 죽음, 고문과 고통, 어둠, 죄와 악, 불의, 거짓, 비참, 폭력, 가혹한 제압으로 나타나는 권력, 증오 그리고 무엇보다도 사랑의 배신이나 거절, 부인과 동일시되는 세력이 있습니다.

이'때'에 이르러 절정에 도달한 이 장면에는 요한복음 전체 드라마를 관통하는 삼중의 다층적인 현실 묘사가 존재합니다.

첫째, 개인의 죄와 그 죄가 불러올 수 있는 악에 대한 현실적 묘사입니다. 유다가 유대와 로마 당국을 도왔듯이, 더 체계적이고 제도화된 세력에 그 힘이 가세할 때 특히 그런 묘사가 드러납니다. 요한복음(과 또한 다른 복음서) 전체에서, 유다가 예수님을 배신한 책임을 면제해 주거나 그를 변명하려는 시도는 전무합니다. "사탄이 그 속에 들어간지라"(13:27) 혹은 "마귀가 벌써 시몬의 아들 가룟 유다의 마음에 예수를 팔려는 생각을 넣었더라"(13:2) 같은 말씀을 일종의 결정론으로 해석하여 유다도 어쩔 수 없었다는 듯이 그의 행동에 대한 책임을 덜어 주기도 하지만, 본문에는 그런 암시가 없습니다. 개인의 자유와 책임에 대한 현실적 묘사가 엄연히 존재하며, 이는 예수님에 대한 개인적 반응의 중요성을 거듭 강조하는 요한복음에서 꼭 필요합니다.

둘째, 개인을 넘어서 (좋든 나쁘든) 그들의 사고와 행동을 빚어 가도록 돕는 더 체계적인 세력에 대한 현실 묘사가 있습니다. 가족, 재능이나 장애(ability or disability), 문화, 인종, 국적, 단체와 조직, 성별, 교육, 재산, 종교, 우리가 통제할 수 없는 경험이나 사건 등 우리에게 거의 선택권이 없는 것들로 우리는 형성됩니다. 이러한 것들이 악한 방향으로 작용할 때, 특히 그것을 '악'이라고 부를 수 있을 때 '사탄'이나 '마귀'(8:44은 살인한 자와 거짓말쟁이라고 말합니다) 혹은 "이 세상의 임금"(12:31; 14:30; 16:11)으로 인격화될 수 있습니다. 그러나 요한복음은 이 인물에 대하여 따로 관심을 갖지는 않습니다. 그는 악을 의인화한 대상으로, 개인의 책임을 넘어서는 악의 실재를 분명히 인식하도록 돕습니다. 요한에게는 그를 압도하는 단 하나의 관심사가 있을 뿐입니다. 그것은 바로 인격화된 악, 그가 패했고 그에게는 최종 결정권이 없다는 사실입니다(12:31; 14:30; 16:11, 33).

이렇게 해서 세 번째, 곧 예수님에 대한 현실적 묘사로 이어집니다. 예수님은 유다의 배신과 베드로의 부인뿐 아니라, 당대에 가장 강력한 군대, 정치, 종교 세력이 동맹한 영향을 온몸으로 겪어 내십니다. 그 결과, 그분은 십자가에 달려 돌아가셨습니다. 성금요일을 다루는 다음 장에서 이 의미를 좀 더 자세히 살펴볼 것입니다. 하지만 발을 씻기신 사건을 포함하여 지금까지 요한복음의 내용에 집중해 온 사람들에게는, 성금요일의 의미가 예수님의 정체성과 그분이 체현하신 사랑과 관련된다는 사실은 당연할 것입니다. "무슨 일이 벌어지고 있습니까?"라는 질문에 대한 답변의 핵심은 "벌어지고 있는 이 사건의 한복판에는 누가 있습니까?"라는 질문에 답하는 것입니다.

뉴스를 보면서 우리의 세상이 사랑을 위해, 사랑 가운데 창조되었다고는 믿기는 힘들 것입니다. 하지만 요한이 묘사하고 있는 이'때' 역시 지금 우리에게 전해지고 있는 뉴스입니다. 온갖 나쁜 소식에 철저하게 현실적이면서도 그 나쁜 소식에게 최종 결정권을 빼기지 않는다는 좋은 소식 말입니다.

묵상과 토론을 위한 질문

아미엘 오스마스턴 수석 사제의 제안

⁂

누군가 (예수님이 발을 씻겨 주신 것과 같이) 구체적으로 겸손한 행동으로 당신에게 사랑과 배려, 존중심을 보여 주었던 때를 기억해 낼 수 있습니까? 그 일은 당신에게 어떤 영향을 미쳤습니까?

⁂

예수님은 "내가 보낸 자를 영접하는 자는 나를 영접하는 것이요"라고 말씀하셨습니다(요 13:20). 저자는 "예수님이 우리를 어떤 사람들에게 보내시고 어떤 사람들을 환대하라고 요구하시는지 어떻게 알 수 있습니까?…그렇지만 각자의 삶에는 하나님이 특별히 우리에게 '주신' 사람들이 있습니다. 가족, 친구, 이웃, 동료 그리고 무엇보다도 우리의 사랑과 섬김이 필요한 사람들입니다"라고 말합니다. 하나님이 특별히 당신에게 '주셨다'고 생각하는 사람들의 이름을 적어 보시기 바랍니다. 각 사람을 생각하며 하나님께 감사하고, 어떻게 이들을 '영접하고' 축복할 수 있을지 보여 달라고 기도하십시오.

⁂

당신이 예수님과 그분의 사랑을 온전히 '받아들이지' 못하도록 방해한다고 느껴지는 것이 있습니까? 그렇게 느낀다면 그 방해물을 찾아 적어 본 후에, 예수님의 이름과 성령님의 능력으로 그것이 제거되도록 하나님께 간구하십시오.

⁑

당신은 저자의 다음 말에 동의합니까? “뉴스를 보면서 우리의 세상이 사랑을 위해, 사랑 가운데 창조되었다고는 믿기는 힘들 것입니다. 하지만 요한이 묘사하고 있는 이‘때’ 역시 지금 우리에게 전해지고 있는 뉴스입니다. 온갖 나쁜 소식에 철저하게 현실적이면서도 그 나쁜 소식에게 최종 결정권을 뺏기지 않는다는 좋은 소식 말입니다” 어떻게 하면 우리는 사랑의 능력을 확언하는 방식으로 뉴스와 사건들을 듣고 거기에 반응할 수 있겠습니까?

7. 금요일 예수님이 죽으시다

성금요일(Good Friday)에 예수님은 십자가에 달리십니다. 끔찍한 고문과 처형 방법인 '십자가'와 '좋은'(Good)이라는 표현은 그다지 어울리지 않는 것 같습니다. 어떻게 십자가가 좋은 소식일 수 있습니까? 그 십자가에서 무슨 일이 벌어진 것입니까?

이런 질문들은 여러 방향으로 흩어지기 마련이어서, 사람들은 수 세기 동안 다양한 방식으로 답변을 내놓았습니다. 이 질문들은 고난, 굴욕, 죄, 악, 적의, 폭력, 죽음 등에 대해 난해한 질문들을 쏟아 냅니다. 이 모두는 예수님께 벌어진 일이며 오늘날 전 세계에서 아직도 벌어지고 있는 일입니다. 이것은 분명 나쁜 소식입니다. 하지만 신약성경은 그 십자가에서 또한 어떤 좋은 일이 벌어지고 있었다는 점을 매우 분명히 합니다. 어떻게 그럴 수 있습니까? 그것은 거기에 달리신 분 덕분이었습니다. 따라서 결정적인 질문은 이것입니다. "이 사건의 심장부에는 누가 있었는가?" "왜 이것이 좋은 소식인가?"

이 장에서는 꽤 긴 서론(요한의 접근 방식을 반영합니다)과 세 장면에 대한 묵상, 짧은 결론을 통해 이런 질문들을 다룹니다.

그리스도인들이 성금요일을 기념하는 방법은 매우 다양합니다. 요한복음에서 배움을 얻고자 하는 모든 이에게 이 책이 무언가를 줄 수 있기를 바랍니다. 사순절 소그룹은 성금요일 무렵이면 대개 마지막 모임을 끝냈을 것입니다. 성금요일은 대화와 토론의 시간이기보다는 십자가에 못 박히신 예수 그리스도를 바라보는 경청과 묵상, 기도와 침묵의 시간입니다. 다소 긴 이 장의 내용은 이런 접근 방식에 양분을 제공하기 위해 쓰였는데, 저는 십자가의 의미를 더 깊이 이해하고자 하는 일반 독자들과 다른 사람들을 인도하기 위해 애쓸 책임이 있는 사람들을 독자로 염두에 두었습니다.

이 장을 준비하기 위해서 요한복음 18장과 19장을 천천히 반복해서 읽기를 권합니다.

서론: 예수님은 누구시며,
그분을 통해 무슨 일이 벌어지는가

요한복음 17장까지는 예수님이 누구시며, 그분을 통해 무슨 일이 벌어지는지에 특히 관심이 있었습니다.

- 프롤로그는 이 책 1장에서 다루었듯이, 주요 내용을 요약해서 제공합니다.
- 예수님은 누구십니까? 예수님은 하나님의 말씀이시며, 하나님이 온전히 자기를 드러내는 표현이자, 자기를 희생하는 내어 줌이십니다. 하나님의 아들이신 그분은 사랑 가운데 하나님 아버지와 하나이십니다. “아버지 품속에 있는 독생하신 하나님이 나타내셨느니라”(1:18). 이와 동시에 철저히 인간이신 그분은 우리와 하나이십니다. “말씀이 육신이 되어[그리스어 ‘에게네토’(*egeneto*)] 우리 가운데 거하시매 우리가 그의 영광을 보니”(1:14). 하나님은 인간으로서 자기가 누구신지를 자유로이 표현하실 수 있는데, 좋은 소식은 예수 그리스도 안에서 그 일이 실제로 이루어졌다는 사실입니다.
- 예수님을 통해 무슨 일이 벌어집니까? 그분을 통해 모든 피조물이 생겨납니다.[1] 모든 피조물에는 “빛”, “각 사람에게 비추는 빛”(1:4, 9), “하나님의 자녀가 되는 권세”(1:12), “은혜와 진리”(1:14, 17), 하나님을 아는 지식(1:18)이 포함됩니다.

요한복음 1장 나머지와 이후의 내용은 계속해서 예수님이 누구신지를 밝히고, 그분을 통해 무슨 일이 벌어지고 있는지를 증언합니다. 성금요일과 관련해서 제가 특별히 관심을 두는 장면은, 예수님의 정체성이 그분의 십자가 처형을 통해 벌어질 일과 연결되는 순간들입니다.

그런 순간 중 첫 번째가 세례자 요한과 예수님의 인상적인 첫 만남입니다. "이튿날 요한이 예수께서 자기에게 나아오심을 보고 이르되 보라 세상 죄를 지고 가는 하나님의 어린양이로다"(1:29). 나중에 예수님은 유월절 어린양이 도살당하는 시간에 돌아가시는데, 이는 이스라엘 역사의 근간을 형성하는 구원 사건, 곧 출애굽을 떠올리게 합니다(출 12장을 보십시오). 또한 "하나님의 어린양"이라는 표현은 이삭을 드리려 한 제사(창 22:8을 보십시오)와 이사야서의 고난받는 종(사 52:13-53:12, 특히 53:7을 보십시오) 같은 다른 많은 본문도 연상시킵니다.[2)]

그다음 2장에서도 이런 순간이 나타나는데, 이번에는 예수님의 죽음과 부활을 결합합니다. 예수님은 "너희가 이 성전을 헐라. 내가 사흘 동안에 일으키리라"고 선언하시고(2:19), 요한은 이 말씀을 다음과 같이 설명합니다. "예수는 성전 된 자기 육체를 가리켜 말씀하신 것이라. 죽은 자 가운데서 살아나신 후에야 제자들이 이 말씀하신 것을 기억하고 성경과 예수께서 하신 말씀을 믿었더라"(2:21-22).

이후 요한복음 3장에 나오는 니고데모와 예수님의 심오한 대화에서는 예수님의 십자가가 '들린다'고 묘사한 이미지가 나오고, 이내 요한복음 전체의 핵심 요약으로 이어집니다. 거기서 예수님은 '인자'시고 '독생자'시며, 예수님 특히 그분의 죽음을 통해 일어난 모든 일의 근원에는 하나님의 사랑이 자리하고 있습니다.

> 모세가 광야에서 뱀을 든 것같이 인자도 들려야 하리니 이는 그를 믿는 자마다 영생을 얻게 하려 하심이니라. 하나님이 세상을 이처럼 사랑하사 독생자를 주셨으니 이는 그를 믿는 자마다 멸망하지 않고 영생을 얻게 하려 하심이라. (요 3:14-16)[3]

그런 뒤 예수님은 5천 명을 먹이신 사건 후에 사람들에게 "나는 생명의 떡이니"라고 가르치십니다(6:35). 하지만 동시에 주님은 그분의 생명을 우리에게 주시는 것을 통해서만 생명의 떡이 되실 수 있음을 분명히 말씀하십니다. "나는 하늘에서 내려온 살아 있는 떡이니 사람이 이 떡을 먹으면 영생하리라. 내가 줄 떡은 곧 세상의 생명을 위한 내 살이니라"(6:51).

또한 예수님이 스스로 "자기 양의 이름을 각각 [부르며]" 양에게 풍성한 생명을 주시는 "선한 목자"라고 말씀하실 때도(10:3), 그분의 정체성을 정의하고 생명을 주시는 이 사명의 중심부에는 그분의 죽음이 자리합니다. 본문은 반복해서 이 점을 강조합니다. "나는 선한 목자라. 선한 목자는 양들을 위하여 목숨을 버리거니와…나는 양을 위하여 목숨을 버리노라.…내가 내 목숨을 버리는 것은 그것을 내가 다시 얻기 위함이니 이로 말미암아 아버지께서 나를 사랑하시느니라"(10:11, 15, 17).

그다음에 "인자가 영광을 얻을 때가 왔도다"라는 예수님의 선언이 나옵니다(12:23). 이 선언과 함께 앞서 이 책 5장에서 살펴본 임박한 죽음의 깊은 의미를 전하는 그분의 삼중 메시지도 등장합니다. 유한한 인자(Son of Man)인 동시에 하나님의 영원한 영광을 공유하는 성부 하나님의 아들(Son of his Father)이라는 그분의 정체성은, 여기서도 그분의 죽음과 불가분의 관계입니다. 그리고 이 한 번의 죽음은 깊고도 넓게 사람들의 마음을 매혹하여 끌어당길 잠재력이 있습니다. "내가 땅에서 들리면 모든 사람을 내게로 이끌겠노라 하시니 이렇게 말씀하심은 자기가 어떠한 죽음으로 죽을 것을 보이심이러라"(12:32-33).

십자가 처형 전날 밤 마지막 식사 자리에서 나누신 고별 강화를 통해 예수님의 죽음에 대해 면밀하게 준비시키는 요한복음 13-17장에 도달하기도 전에, 요한은 예수님의 정체성이 그분의 십자가 처형 가운데 벌어진 모든 일을 이해하는 데 반드시 철저한 중심이 되어야 함을 아주 분명히 밝혔습니다. 예수님의 죽음은 하나의 특이점, 다시는 반복되지 않을 유일무이한 사건으로, 무한한 마음을 끄는 매력과 영향력을 지닌 단번에 일어난 사건입니다. 그리고 이 실재의 심장부에는 하나님과 사랑 가운데 하나이시며, 우리 인간과도 사랑 가운데 하나이신 그분의 독특한 정체성이 있습니다.

이 친밀한 식사 도중에 일어난 일은, 무엇보다도 예수님의 죽음이 사랑의 행위라는 점을 강조합니다. "세상에 있는 자기 사람들을 사랑하시되 끝까지 사랑하시니라"(13:1)라는 첫 문장에 이어서, 제자들의 발을 씻기신 사건과 사랑을 배신한 유다의 드라마가 등장합니다.[4] 이 사건들은 예수님이 사랑하신 것같이 사랑하라는 새 계명(13:34)과 그 사랑의 심장부로 이어집니다. "사람이 친구를 위하여 자기 목숨을 버리면 이보다 더 큰 사랑이 없나니"(15:13).

고별 강화는 예수님이 사랑이실 뿐 아니라 진리이심을 확인해 줍니다. 요한복음 처음 열두 장은 때때로 빛의 이미지를 통해 이미 이 주제를 전한 바 있습니다. 프롤로그는 이렇게 말합니다. "그 안에 생명이 있었으니 이 생명은 사람들의 빛이라"(1:4). 바로 이어서 빛에 반대하는 모든 것을 이끄는, 빛에 맞서는 세력이 등장합니다. "빛이 어둠에 비치되 어둠이 깨닫지 못하더라"(1:5). 예수님이 곧 맞닥뜨리실 고난, 죄, 적의, 악, 죽음의 전조가 이 말씀에 드리웁니다. 요한복음은 이어지는 본문에서 예수님을 거듭 빛으로 표현하는데, "나는 세상의 빛이니"(8:12)라는 그분의 선언과 십자가에 돌아가실 것을 가르치시는 요한복음 12장 27-36절에 특히 잘 나타납니다. 그다음 제자들에게 자기의 죽음을 준비시키시는 마지막 식사 자리에서, 예수님은 자기와 진리의 관계에 대하여 대대적으로 강조하십니다.

이는 "내가 곧 길이요 진리요 생명이니"라는 14장 6절 말씀에서 가장 단도직입적으로 드러납니다. 예수님은 "너희가 나를 선생이라 또는 주라 하니 너희 말이 옳도다. 내가 그러하다"라고도 말씀하십니다(13:13). 그분은 제자들을 친구라 부르시고, 자기가 아는 진리를 나누어 주십니다. "내가 내 아버지께 들은 것을 다 너희에게 알게 하였음이라"(15:15). 또한 제자들에게 성령을 선물로 주겠다고 약속하십니다. "진리의 성령이 오시면 그가 너희를 모든 진리 가운데로 인도하시리니…그가 내 영광을 나타내리니"(16:13-14).

그런 뒤 요한복음 17장에 나오는 예수님의 기도에서, 예수님이 죽음을 향해 가실 때 그분의 사랑과 진리의 깊이와 강렬함이 그분의 정체성과 하나로 합쳐집니다. 이것이 요한복음에 나오는 하나님과의 만남에서 가장 내밀한 중심입니다. 우리는 이미 이 책 앞부분에서 그 놀라운 의미를 펼쳐서 예수님의 기도에 비추어 주기도를 드림으로써 그 속으로 들어가기 시작했습니다. 이 기도에서 우리가 찾을 수 있는 것은 무궁무진합니다. 성금요일 사건과 관련하여 이 기도는 어둠에 맞섭니다. 유다의 배신, '세상'의 혐오와 '악한 자'의 적대감 같은 것들 말입니다. 어둠을 맞닥뜨리신 채 예수님은 진리와 사랑에 집중하십니다.

진리는 하나님이 누구시고, 예수님이 누구시며, 두 분이 어떻게 관계를 맺으시는지에 관한 지식에 근거합니다. 예수님이 주신 생명은 "영생", "곧 유일하신 참 하나님과 그가 보내신 자 예수 그리스도를 아는 것"입니다(17:3). 진리는 "아버지께서 내게 주신 말씀들"이기에 이제 "그들은 이것을 받고 내가 아버지께로부터 나온 줄을 참으로 아오며 아버지께서 나를 보내신 줄도 믿었"습니다(17:7-8). 예수님이 제자들을 '세상'의 혐오와 '악'으로부터 보호해 달라고 기도하신 후에, 진리라는 초점은 가장 강렬한 지점에 도달합니다.

> 내가 세상에 속하지 아니함같이 그들도 세상에 속하지 아니하였사옵나이다. 그들을 진리로 거룩하게 하옵소서. 아버지의 말씀은 진리니이다. 아버지께서 나를 세상에 보내신 것같이 나도 그들을 세상에 보내었고 또 그들을 위하여 내가 나를 거룩하게 하오니 이는 그들도 진리로 거룩함을 얻게 하려 함이니이다. (요 17:16-19)

우리는 예수님의 재판과 십자가 처형을 통해 그분과 진리가 어떻게 하나가 되는지를 살펴볼 것입니다.

그다음 17장 20-26절까지 마지막 부분에 사랑이 나타납니다. 여기서 예수님의 기도는 제자들의 '말'(여기에는 이 기도와 요한복음 전체도 당연히 포함됩니다)을 통해 예수님을 믿고, 신뢰하고, 그분께 자기를 온전히 내맡길 모든 사람에게까지 확장됩니다. 예수님은 우리 모두가 하나님이 사랑하신 세상을 위해서 그분과, 하나님 아버지와, 서로와 하나가 되기를 간절히 바라십니다. 이 사랑은 세 굽이의 파도로 밀려옵니다.

1. 우리는 아버지가 예수님을 사랑하신 것과 똑같은 사랑으로 사랑받습니다. "아버지께서…나를 사랑하심같이 그들도 사랑하신 것을"(17:23).
2. 이 사랑은 모든 실재의 핵심을 향하며 "아버지께서 창세전부터 나를 사랑하[신]" 사랑과 동일합니다(17:24).
3. 이 모든 것의 목적은 하나님이 누구신지를 알고, 예수님으로 체현된 하나님의 사랑을 나누는 데 온전히 참여하는 것입니다. "내가 아버지의 이름을 그들에게 알게 하였고 또 알게 하리니 이는 나를 사랑하신 사랑이 그들 안에 있고 나도 그들 안에 있게 하려 함이니이다"(17:26).

예수님을 통해 우리에게 주어진 하나님과 하나님의 사랑이 궁극적 진리입니다. 십자가 처형에서 예수님과 그분의 사랑이 어떻게 동일시되는지를 이제부터 살펴보겠습니다.

여기 진리, 사랑, 예수님의 정체성 이 세 가지가 이루는 가장 온전한 일치 속에서 성금요일의 준비가 완성됩니다.[5] 요한복음의 독자들은 우리가 예수님이 누구시며 그분을 통해 무슨 일이 벌어지고 있는지를 이해하도록 준비시켜 주는 언어와 개념, 이미지, 가르침, 표적과 예표를 이미 받았습니다. 그러나 예수님이 하나 됨의 표적을 행하시고 하나 됨을 가르치시며 마지막으로 그 하나 됨을 위해 기도하셨음에도, 아직 그 하나 됨이 온전히 이루어지지는 않았습니다. 이'때'는 아직 끝나지 않았습니다. 이제 성 금요일을 위한 무대가 준비되었습니다.

1_체포와 재판 장면의 묵상: 인격으로 체현된 진리

우리는 요한복음 처음부터 예수님이 누구시고 마지막 가르침과 그분의 기도에서 절정에 달하는 그 죽음의 의미가 무엇인지에 대해 요한이 펼쳐 보이는 내용을 따라왔습니다. 18장과 19장에 나오는 그다음 내용을 깊이 묵상하는 방법은 아주 다양합니다. 이 책에서는 요한복음 처음 열일곱 장에서 우리가 발견해 온, 서로 얽혀 있는 세 주제 곧 예수님의 정체성과 진리와 사랑에 초점을 맞추려고 합니다.

예수님의 체포와 재판을 다루는 첫 번째 묵상을 위해서 요한복음 18장 1절에서 19장 16절까지를 천천히, 두 번 반복해서 읽기를 제안합니다.

하나, 예수님은 누구신가

처음 이 본문을 읽을 때는 이 본문이 우리를 어떻게 예수님의 정체성에 집중하도록 이끌어 가는지에 주목하며 묵상해 봅니다.

예수님의 체포 장면입니다(18:1-12).

> 예수께서…이르시되 너희가 누구를 찾느냐? 대답하되 나사렛 예수라 하거늘 이르시되 내가 그니라[그리스어 '에고 에이미', '내가…이다'] 하시니라.…예수께서 그들에게 내가 그니라['에고 에이미'] 하실 때에 그들이 물러가서 땅에 엎드러지는지라. 이에 다시 누구를 찾느냐고 물으신대 그들이 말하되 나사렛 예수라 하거늘 예수께서 대답하시되 너희에게 내가 그니라['에고 에이미'] 하였으니. (요 18:4-8)

세 차례나 반복되는 "내가 그니라"는 이어질 내용을 가장 확실히 보여 주는 표현라고 할 수 있습니다. 예수님이 누구신지가 중심입니다. 그런 뒤 예수님은 그분의 가장 본질적인 관계를 증언하심으로써 이를 다시 한번 강조하십니다. "아버지께서 주신 잔을 내가 마시지 아니하겠느냐?" (18:11)

예수님의 재판 장면입니다(18:1-19:16).

> 가야바는 유대인들에게 한 사람이 백성을 위하여 죽는 것이 유익하다고 권고하던 자러라. (요 18:14)

앞에서(11:47-52) 요한은 가야바가 예수님의 독특한 죽음에 대한 진실을 예언함으로써, 자기도 모르는 사이에 예수님의 중요성을 증언한 역설적인 상황을 언급했습니다. "또 그 민족만 위할 뿐 아니라 흩어진 하나님의 자녀를 모아 하나가 되게 하기 위하여 죽으실 것을 미리 말함이러라." 여기서는 예수님이 세 차례 "내가 그니라"라고 말씀하신 것과 시몬 베드로가 세 차례 주님을 부인한 것이 극명한 대조를 이룹니다. "그가 말하되 나는 아니라 하고…나는 아니라 하니…이에 베드로가 또 부인하니 곧 닭이 울더라"(18:17, 25-27).

> 이에 빌라도가 다시 관정에 들어가 예수를 불러 이르되 네가 유대인의 왕이냐? (요 18:33)

빌라도도 부인합니다. "나는 유대인이 아니다. 그렇지 않은가?"(18:35, NRSV)

예수님이 그분의 나라가 "이 세상에 속한 것이 아니니라"고 말씀하시고(18:36) "빌라도가 이르되 그러면 네가 왕이 아니냐?" 라고 할 때(18:37) 예수님은 스스로를 '진리'와 동일시하십니다(바로 다음에 이어질 묵상을 보십시오). 그다음에 빌라도가 "그에게서 아무 죄도 찾지 못하[고]" "유대인의 왕을 너희에게 놓아 주기를 원하느냐"라고 묻자(18:38-39) 예수님을 고발한 자들의 입에서도 또 다른 부인의 목소리가 터져 나옵니다. "그들이 또 소리 질러 이르되 이 사람이 아니라 바라바라 하니"(18:40).

요한복음 19장도 예수님이 누구신지에 계속 초점을 맞춥니다.

- 군인들은 예수님을 고문하면서 왕의 특징적인 정체성을 부여하고 (가시관과 자색 옷) "유대인의 왕이여, 평안할지어다!"라고 조롱합니다(19:3).
- 빌라도는 "가시관을 쓰고 자색 옷을 입고 나오시[는]" 예수님을 소개하며 "보라 이 사람이로다!"라고 말합니다(19:5).
- 대제사장들과 아랫사람들은 "십자가에 못 박으소서! 십자가에 못 박으소서!"라고 소리 지르는데, 그들의 이 외침의 근거는 예수님이 주장하신 그분의 정체성입니다. "우리에게 법이 있으니 그 법대로 하면 그가 당연히 죽을 것은 그가 자기를 하나님의 아들이라 함이니이다"(19:7).

빌라도가 예수님께 다음으로 던진 질문은 이렇습니다. "너는 어디로부터냐?"(19:9) 예수님은 대답하지 않으시지만, 우리는 그 답을 압니다. 그리고 빌라도가 제대로 질문하려면 "너는 누구로부터냐?"라고 물었어야 한다는 것도 압니다. 요한복음이 수차례 반복해서 말하듯이, 예수님은 하나님 아버지로부터 보냄받으셨습니다. 앞서 예수님이 그분의 나라가 "이 세상에 속한 것이 아니니라"고 말씀하신 것처럼, 여기서 그분은 하나님의 궁극적 능력을 가리켜 보이십니다. "위에서 주지 아니하셨더라면 나를 해할 권한이 없었으리니"(19:11). 그러자 고발자들은 최종적으로 예수님과 로마 황제 사이에 권력 대립 구도를 설정하는 것으로 반응합니다. "무릇 자기를 왕이라 하는 자는 가이사를 반역하는 것이니이다"(19:12).

빌라도에게는 이것이 결정적인 논거입니다. 이 문제가 그런 식으로 제시되는 순간, 빌라도는 예수를 유대인의 왕으로 인정하면서도 결국 황제를 선택할 수밖에 없게 됩니다. "보라 너희 왕이로다.…내가 너희 왕을 십자가에 못 박으랴?"(19:14-15) 그리고 고소하는 유대인들도 충성과 정체성을 선언하는 결정적 발언을 하게 됩니다. "가이사 외에는 우리에게 왕이 없나이다"(19:15). 이 말은 그들이 심지어 하나님도 배제하고 황제를 유일한 왕으로 인정했다는 뜻입니다.[6]

요한은 예수님의 정체성이 가장 결정적인 실재요, 그분의 정체성은 베드로와 빌라도, 바라바, 대제사장들, 성전 경비병 심지어 로마 황제와도 다르다는 사실을 예수님의 체포와 재판 과정 내내 아주 분명히 했습니다.

둘, 진리

두 번째로 18장 1절에서부터 19장 16절까지를 다시 읽으면서,

이 본문이 우리를 어떻게 예수님과 진리의 관계에 집중하도록 이끌어 가는지에 주목하며 묵상해 봅시다.

예수님의 체포 장면입니다.

- "예수께서 이 말씀을 하시고"(18:1). 이 말씀은 고별 강화에서 예수님이 가르치고 기도하신 모든 것에 대한 기억을 이어지는 드라마 속으로 함께 가져갑니다.
- "예수께서 그 당할 일을 다 아시고 나아가"(18:4). 모든 복음서는 예수님이 그분 앞에 닥친 현실을 온전히 지각하신 채로 수난과 죽음으로 들어가신다고 봅니다. 우리는 후에 이어질 세 번째 묵상에서 '그분께 벌어질 일'이 그분의 정체성과 어떻게 연결되는지를 살펴볼 것입니다.
- "이는 아버지께서 내게 주신 자 중에서 하나도 잃지 아니하였사옵나이다 하신 말씀을 응하게 하려 함이러라"(18:9). 우리는 예수님이 앞 장에서 "아버지의 말씀은 진리니이다"라고 기도하신 것을 기억합니다(17:17). 신약성경 전체에서 예수님의 삶과 죽음과 부활은 성경을 성취하는 것으로 이해됩니다.

예수님의 재판 장면입니다.

- 가야바의 권고에 대한 언급(18:14)은 그가 자신도 모르는 사이에 진실을 말했다는 앞선 진술을 독자들에게 상기켜 줍니다. "이 말은 스스로 함이 아니요 그해의 대제사장이므로 예수께서 그 민족을 위하시고 또 그 민족만 위할 뿐 아니라 흩어진 하나님의 자녀를 모아 하나가 되게 하기 위하여 죽으실 것을 미리 말함이러라"(11:51-52).
- 예수님은 먼저 "그의 제자들과 그의 교훈에 대하여" 심문받으시고, 자신이 항상 "드러내 놓고 세상에 말하였노라"고 말씀십니다(18:19-20). 예수님을 고발한 사람들의 주요 관심사는 그분이 자기가 누구신지에 대해 가르치신 내용입니다. 그분더러 당신이 왕이냐는 빌라도의 질문에 예수님이 취하신 핵심적인 행보는 자기의 왕권을 진리에 관한 것으로 묘사하신 것입니다. "내가 이를 위하여 태어났으며 이를 위하여 세상에 왔나니 곧 진리에 대하여 증언하려 함이로라. 무릇 진리에 속한 자는 내 음성을 듣느니라"(18:37).

예수님이 누구신가 하는 문제와 진리가 무엇인가 하는 문제는 거의 하나로 동일시되는데, 이는 그분이 앞서 "내가 곧…진리요"라고 가르치신 말씀을 떠올리게 합니다(14:6). 독자들이 보기에 "진리가 무엇이냐?"라는 빌라도의 질문에는 심오하고 무의식적인 역설이 담겨 있습니다. 질문은 "진리가 누구냐?"여야 마땅합니다.

앞서 살펴본 대로, "너는 어디로부터냐?"라는 빌라도의 질문에 대해서도 '누구'로의 전환이 적용될 수 있습니다(19:9). 너는 '누구'로부터냐는 질문에 대한 답은 바로 '아버지 하나님'이고, 이는 더 심오한 역설과 연결됩니다. 그 역설이란, 예수님이 자기를 가리켜 "하나님의 아들"(19:7)이라고 하신 주장을 그분을 고발하는 사람들이 가져다 쓸 때, 그분의 가장 진실된 정체성이 드러난다는 것입니다.

마지막 식사 자리의 친밀한 분위기 가운데서 사랑을 주로 강조하셨다는 점이 우리의 이목을 끕니다. 하지만 예수님이 여기 공적 영역에서 정치·군사·종교 권위자 및 권력과 대면하실 때 주된 강조점은 진리입니다. 권력을 거부하시지는 않지만, 그것이 하나님으로부터 나온다고 말씀하십니다. 하나님의 아들이신 예수님의 왕 되심에 관해서, 진리는 권위자나 권력과 불가분의 관계입니다. 이 사실의 중요성은 오늘날의 세계에서 전례 없이 커졌습니다. 우리는 공교육과 인공지능, 대중매체와 소셜미디어, 이윤 극대화를 위해 고안된 알고리즘, 가짜 뉴스 그리고 무엇보다 부·권력·정보와 지식의 통제가 한곳으로 수렴되는 세계에서 살고 있기 때문입니다. 그리고 고별 강화에서 드러났듯이, 진리는 사랑에도 꼭 필요합니다.

그렇다면 이 재판에서 도대체 무슨 일이 벌어지고 있습니까? 거짓 고발, 권력자들의 부패한 동맹, 고통스러운 채찍질, 공개적인 모욕, 부당한 정죄가 예수님께 쏟아지고 있습니다. 하지만 동시에 이 모든 것 한복판에서 인자이자 하나님의 아들이신 분, 예수라는 사건이 벌어지고 있습니다. 그 결과는 무엇이겠습니까?

그 첫 번째이자 가장 확실한 결과는 이것입니다. 빌라도가 "이에 예수를 십자가에 못 박도록 그들에게 넘겨주니라"(19:16).

2_십자가 처형 묵상: 십자가에 나타난 사랑

이 두 번째 묵상에서는 19장 16-42절을 천천히 두 번 읽어 보기를 권합니다.

하나, 예수님은 누구신가

처음 이 본문을 읽을 때는 이 본문이 우리를 어떻게 예수님과 그분의 정체성에 집중하도록 이끌어 가는지에 주목하며 묵상해 봅니다.

> 그들이 거기서 예수를 십자가에 못 박을새 다른 두 사람도 그와 함께 좌우편에 못 박으니 예수는 가운데 있더라. (요 19:18)

그리스어 '메손 데 톤 예순'(*meson de ton Iēsoun*)은 "예수님을 가운데 혹은 중간에 두고"라는 뜻입니다. 세 사람 모두 십자가 처형을 받고 있지만, 이름이 밝혀진 중앙의 인물에게 중요한 변화의 사건이 집중되었습니다.

> 빌라도가 패를 써서 십자가 위에 붙이니 나사렛 예수 유대인의 왕이라 기록되었더라. (요 19:19)

히브리어와 라틴어, 그리스어로 기록되어 "많은 유대인"이 읽은 이 팻말은 매우 중요하게 여겨집니다(19:20). "유대인의 왕"이라는 표현은 세 번이나 반복됩니다. 대제사장들은 이 표현에 이의를 제기하지만, 빌라도는 "내가 쓸 것을 썼다"라면서 고집을 꺾지 않습니다(19:22).

심지어 예수님의 의복, 특히 통으로 짠 옷이 어떻게 되었는지도 매우 중요합니다. 이는 성경이 "내 옷"에 대해 한 말씀을 성취하는 것으로 이해할 수 있습니다(19:24).

그다음으로 제가 '십자가에서 나타난 사랑'이라고 부르는 사건이 등장합니다. 여기서 핵심은 예수님의 어머니 및 사랑받는 제자와 관련하여 나타난 예수님의 정체성입니다(다음 장을 보십시오). 그리고 나서 마지막 말씀과 예수님의 죽음이 이어집니다(이어지는 묵상을 보십시오).

심지어 예수님이 돌아가신 후에도, 그분의 시신에 벌어지는 일과 그 시신을 통해 벌어지는 일에 흥미롭고도 신비로운 초점이 맞추어집니다. 성경은 이 과정에서 무슨 일이, 누구에게 벌어지는지를 강조하여 보여 줍니다(이어지는 묵상을 보십시오). 예수님을 매장한 기사에서 가장 마지막에 나오는 그리스어는 '예수님'입니다.

둘, 사랑

두 번째로 본문을 다시 읽으면서, 이 본문이 우리를 어떻게 예수님의 사랑에 집중하도록 이끌어 가는지에 주목하며 묵상해 봅시다.

예수님이 십자가에서 그 어머니와 사랑하시는 제자에게 말씀하시는 이 장면은 유일하게 요한복음에서만 등장합니다.

> 예수의 십자가 곁에는 그 어머니와 이모와 글로바의 아내 마리아와 막달라 마리아가 섰는지라. 예수께서 자기의 어머니와 사랑하시는 제자가 곁에 서 있는 것을 보시고 자기 어머니께 말씀하시되 여자여 보소서 아들이니이다 하시고 또 그 제자에게 이르시되 보라 네 어머니라 하신대 그때부터 그 제자가 자기 집에 모시니라. (요 19:25-27)

이 장면은 사랑에 대해 무엇을 말해 줍니까?

고별 강화의 첫 문장은 이렇습니다. "유월절 전에 예수께서 자기가 세상을 떠나 아버지께로 돌아가실 때가 이른 줄 아시고 세상에 있는 자기 사람들을 사랑하시되 끝까지 사랑하시니라"(13:1). 그 끝이 눈앞에 닥친 지금, 예수님의 어머니와 사랑받는 제자보다 더 '자기 사람들'이란 말에 적합한 이들은 없을 것입니다. 그분이 사랑하신 사람들 가운데 이 둘을 최고의 모범으로 제시한다는 점은 예수님이 무엇보다 간절히 욕망하는 사랑이 철저하게 상호적인 사랑이라는 사실을 드러냅니다. 이는 좋은 어머니와 자녀의 관계나 좋은 친구 관계와 같습니다.

이들 각자와 예수님의 관계, 곧 어머니와 자녀 혹은 친구와 친구 사이는 철저히 상호적입니다. 예수님은 제자들을 친구라고 부르셨습니다. "사람이 친구를 위하여 자기 목숨을 버리면 이보다 더 큰 사랑이 없나니"(15:13). 그리고 요한복음에서 제자의 온전한 정체성은 사랑받고 사랑하는 것으로 정의됩니다.

하지만 예수님의 어머니와 그분의 친구 사이 또한 철저히 상호적입니다. 이렇게 새로운 종류의 가족이 창조된 것입니다. 이 관계는 혈연관계와 우정을 포함합니다. 또한 세대를 초월합니다. 남성과 여성이 함께합니다. 무엇보다도 그 근원은 예수님이시며, 그분의 어머니와 친구의 유대는 그들이 예수님과 맺는 사랑의 관계에 뿌리내리고 있습니다. 예수님은 새로운 관계, 곧 가족을 포함하는 동시에 가족을 초월하는 새로운 공동체를 창조하십니다. 그것도 십자가에서 말입니다. 십자가에 달리신 예수 그리스도가 이 새로운 가족의 핵심입니다. 그분은 그 구성원들을 하나 되게 하는 상호 사랑의 영감이자 기준이십니다.

이 사랑의 한계는 무엇입니까? 과연 한계가 있기는 하겠습니까? 예수님은 십자가에 대해 이렇게 말씀하셨습니다. "내가 땅에서 들리면 모든 사람을 내게로 이끌겠노라"(12:32). 이제 예수님은 십자가에 들리셨고, 우리가 묵상한 이 본문은 요한복음에서 그분이 십자가 위에서 하신 첫 말씀입니다. 주님은 그분의 어머니와 사랑하시는 제자를 새로운 방식으로 하나 되게 하심으로써, 그들을 새로운 방식으로 자기에게 이끌고 계십니다. 이는 두 사람에게만 국한되지 않습니다. 이 사랑은 모두를 위한 사랑입니다. 물론 사람들은 이 사랑을 거부할 수 있지만, 그 중심에는 온전한 상호 간의 사랑에 대한 무한한 욕망이 자리하고 있습니다. 예수님이 모두에게 팔을 벌리신 것의 표지는, 철저한 고독 가운데 고난과 굴욕 그리고 어둠과 죽음의 깊은 곳으로 들어가신 모습 곧 그분이 십자가에 못 박히신 장면입니다.

이 사랑의 깊이는 어떠하겠습니까? 사랑이신 하나님, 그분의 사랑이 지닌 깊이와 같습니다! 예수님이 사랑으로 제자들의 발을 씻기신 행위의 의미를 가르치신 것 가운데 최고의 말씀은 "내가 진실로 진실로 너희에게 이르노니 내가 보낸 자를 영접하는 자는 나를 영접하는 것이요, 나를 영접하는 자는 나를 보내신 이를 영접하는 것이니라"였습니다(13:20). 이제 우리는 "그때부터 그 제자가 자기 집에 모시니라"라는 말씀을 읽습니다(19:27). 그리스어로는 13장 20절에 나오는 '영접하다'라는 동사와 19장 27절에 나오는 '모시다'라는 동사가 같습니다. 둘 다 '람바네인'(*lambanein*)이라는 동사입니다. 따라서 "그때부터 그 제자가 자기 집에 영접하니라"고 번역할 수도 있습니다. 지금 벌어지는 일은 바로 이것입니다. 지금 곧 가장 중요한 이'때'에, 예수님은 자기 어머니와 그분의 사랑받는 제자를 서로에게 보내십니다. 서로 영접함으로써 이 새 가정은 예수님을 영접할 뿐 아니라, 예수님과 하나이시며 그분을 보내신 아버지 하나님을 영접하는 것입니다.

이것이 예수님이 십자가를 앞두고 요한복음 17장에서 아버지께 드린 기도 중에 나타난 궁극의 욕망이 성취된 표지입니다. "이는 우리가 하나가 된 것같이 그들도 하나가 되게 하려 함이니이다. 곧 내가 그들 안에 있고 아버지께서 내 안에 계시어 그들로 온전함을 이루어 하나가 되게 하려 함은 아버지께서 나를 보내신 것과 또 나를 사랑하심같이 그들도 사랑하신 것을 세상으로 알게 하려 함이로소이다"(17:22-23). 이'때'의 미래적 지평은 무한한 사랑 속에서 이루어지는 철저한 하나 됨, 곧 예수님이 하나님 아버지께 "아버지께서 창세전부터 나를 사랑하[셨다]"라고 말씀하신 바로 그 사랑입니다(17:24).

그러나 그'때'는 아직 끝나지 않았습니다.

그 후에 예수께서 모든 일이 이미 이루어진 줄 아시고 성경을 응하게 하려 하사 이르시되 내가 목마르다 하시니 거기 신 포도주가 가득히 담긴 그릇이 있는지라. 사람들이 신 포도주를 적신 해면을 우슬초에 매어 예수의 입에 대니 예수께서 신 포도주를 받으신 후에 이르시되 다 이루었다 하시고 머리를 숙이니 영혼이 떠나가시니라. (요 19:28-30)

십자가에서 무슨 일이 벌어지고 있었습니까? 이 짧은 본문에서 우리는 예수님이 목말라 괴로워하시다가 돌아가시는 장면을 봅니다. 모든 복음서와 나머지 신약성경은 실제로 있었던 예수님의 고난과 죽음을 증언하며, 요한복음 19장의 나머지 부분은 주님의 시신에 초점을 맞춥니다.

그러나 요한이 이 사건을 독자들이 이해하도록 준비시키는 방법, 곧 늘 예수님의 죽음을 그분이 누구신지를 가리키는 신호와 연결하는 그의 방식에 비추어 볼 때, 지금 벌어지고 있는 일의 핵심으로 이끄는 질문은 바로 이것입니다. "십자가 한복판에서 누구의 사건이 벌어지고 있었는가?" 요한복음 전체가 주는 교훈은 바로 이것입니다. 예수 그리스도, 철저히 하나님과 한 분이신 동시에 우리와도 철저히 하나이신 그분이 바로 십자가 한복판에서 벌어지고 있었던 사건이라는 것입니다. 이 사실만이 십자가 사건의 유일무이함과 그것이 아우르는 중요성의 깊이와 넓이를 온전히 헤아릴 수 있습니다.

주님은 목마름과 죽음을 경험하셨습니다. 또한 신뢰와 사랑의 배신과 부인, 적대감과 증오, 고문, 불의, 굴욕, 그리고 개인적이고도 제도적인 죄와 어둠과 악을 경험하셨습니다. 하지만 예수님 또한 고난과 죄, 악, 죽음, 그 모든 것을 향해 역으로 벌어지는 사건이 되셨습니다.

이 본문의 "예수께서 모든 일이 이미 이루어진 줄 아시고"라는 말씀은 하나님과의 관계를 암시합니다. 그리고 예수님은 그분이 하신 말씀을 통해 성경을 성취하셨습니다. 우리와 그분의 관계는 예수님의 외침 속에, 결정적으로는 그 후에 이어진 그분의 죽음 속에 담겨 있습니다. 예수님은 유한한 존재로 죽으셨습니다. 우리도 유한한 존재로 죽음을 맞이합니다.

"내가 목마르다"라는 주님의 외침을 들으면서 우리는 야곱의 우물가에서 사마리아 여인과 대화하시던 주님을 떠올립니다.

> 예수께서 대답하여 이르시되 이 물을 마시는 자마다 다시 목마르려니와 내가 주는 물을 마시는 자는 영원히 목마르지 아니하리니 내가 주는 물은 그 속에서 영생하도록 솟아나는 샘물이 되리라. (요 4:13-14)

예수님은 목마름을 느끼기도 하시고 목마름을 해갈해 주시기도 합니다. 주님은 마실 것을 원하시며, 영생의 물을 주기 원하십니다. 물을 최고급 포도주로 바꾸시고, 친히 신 포도주를 마시기도 하십니다. 나사로를 무덤 밖으로 불러내시고, 십자가를 통해 무덤으로 들어가십니다. 그분은 체포당하면서 이렇게 말씀하십니다. "아버지께서 주신 잔을 내가 마시지 아니하겠느냐?"(18:11)

아주 놀라운 시 한 편이 예수님을 중심으로 하는 이 사건의 심장부를 건드립니다. 6백여 년 전, 요한복음에 푹 빠졌던 노리치의 줄리안(Julian of Norwich)은 『사랑의 계시』(*Revelations of Divine Love*)를 썼습니다. 예수님의 고난과 죽음을 바탕으로 하여 자신의 체험을 사랑 중심으로 서술한 이야기입니다. 20세기에는 요한복음과 줄리안의 『사랑의 계시』에 푹 빠진 드니스 레버토프(Denise Levertov)가 "줄리안의 20장 주제에 부쳐"(On a Theme from Julian's Chapter XX)라는 시를 썼습니다.[7] 레버토프는 예수님의 고난이 왜 독특한지를 질문합니다. 인류 역사의 모든 고난과 고문, 악과 죽음 가운데서 왜 예수님만이 '슬픔의 왕'이신가? 그녀의 대답은 예수님이 정체성을 중심으로, 줄리안에게서 가져온 두 핵심 구절을 확장해 나갑니다.

1. 첫째: 그분의 "성부 하나님과의 하나 됨", 예수님과 하나님의 철저한 연합.

2. 이것이 역사 곧 과거, 현재, 미래의 죄와 악이 초래한 모든 고난과 죽음에 (레버토프의 표현을 따르면) "자신을 철저히 개방합니다."
3. 둘째: 예수님과 우리 인류의 하나 됨과 연대.
4. "모든 슬픔과 비참"
5. "을 그분은 보셨고, 연대하며 슬퍼하셨지."

줄리안과 레버토프 두 사람이 인식한 대로 예수님의 독특한 정체성은 그분의 고난을 줄여 주기보다 오히려 강화하여, 사랑으로 더 많은 것을 떠안게 합니다. "예수께서 신 포도주를 받으신 후에 이르시되 다 이루었다 하시고"(19:30). 십자가에서 다 이루신 것, 완성하고 충족하신 것은 바로 예수님이 요한복음 17장에서 기도하신 내용입니다. "아버지께서 내게 하라고 주신 일을 내가 이루어 아버지를 이 세상에서 영화롭게" 하셨습니다. 예수님은 이를 위해서 "내가 나를 거룩하게 하오니 이는 그들[그분의 제자들]도 진리로 거룩함을 얻게 하려 함이니이다"라고 말씀하십니다(17:19). 무엇보다도 십자가는 그들이 "온전함을 이루어" 세상을 위해 그분과, 하나님 아버지와, 서로 "하나가 되게"[8] 하시려는 것입니다(17:23). 진리와 사랑의 궁극적인 사역은 하나로 결합하여 십자가에 달린 이 특별한 인간으로 체현되어 드러납니다.

"말씀하신 뒤에, 머리를 떨어뜨리시고 숨을 거두셨다"(19:30, 새번역). 예수님이 죽으셨습니다.

맺음말

이제껏 예수님의 체포와 재판, 십자가 처형에 대한 우리의 주요 질문은 다음과 같았습니다. "이 사건의 핵심에는 누가 있었으며, 왜 이것이 좋은 소식인가?" 우리는 이 질문에 대답하기 시작했지만, 그 '때'는 아직 끝나지 않았습니다.

성금요일은 계속됩니다. 요한은 한 군인이 예수님의 옆구리를 창으로 찌르자 "곧 피와 물이 나오더라"고 증언합니다(19:34). 피와 물은 요한복음을 비롯한 성경 여러 책에서 심오한 상징이므로 충분히 묵상할 만한 가치가 있습니다.

피와 물이 나온 것은 예수님이 십자가에 '들리신' 가운데 벌어진 일 중에 가장 마지막입니다. 앞서 살펴보았듯이, 이 '들리심'은 요한복음 앞 장들의 핵심 대목에서 큰 중요성이 부여된 사건입니다. 요한복음 3장에서 '들리심'은 요한복음 전체를 요약하는 표지였습니다. '들리신' 인자를 믿음으로써 우리는 영생을 얻는데, 이는 하나님이 세상을 사랑하셔서 독생자를 주신 덕분입니다(3:14-16). 요한복음 8장에서는 '들리심'은 "나는…이다"(I am)라는 예수님의 정체성을 나타냅니다. "너희가 인자를 든 후에 내가 그인 줄을(that I am) 알고"(8:28). 요한복음 12장에서 '들리심은' 십자가에 달리신 예수님께 이끌리는 것으로 나타납니다. "내가 땅에서 들리면 모든 사람을 내게로 이끌겠노라"(12:32).

이 모든 것에 비추어, 이제 피와 물은 스스로 계신 하나님이기도 하신 인자로부터 흘러나와 쏟아부어진, 자기를 희생하고 생명을 주는 하나님의 사랑으로 볼 수 있습니다. 요한이 우리 독자들에게 거듭 강조하는 바는 이것입니다. “이를 본 자가 증언하였으니 그 증언이 참이라. 그가 자기의 말하는 것이 참인 줄 알고 너희로 믿게 하려 함이니라”(19:35). 가슴에서 우러나오는 절절한 호소입니다. “이 진리를 신뢰하십시오! 이 사랑을 신뢰하십시오! 예수님을 신뢰하십시오!”

그러고 나서 예수님은 가까운 동산에 있는 무덤에 묻히십니다. 그‘때’는 계속됩니다.

묵상과 토론을 위한 질문

아미엘 오스마스턴 수석 사제의 제안

*

성금요일과 십자가가 당신에게는 어떤 의미입니까? 이 장은 "예수님은 누구시며, 그분을 통해 무슨 일이 벌어지는가?"라고 질문합니다. 저자의 대답 중에 어떤 답이 당신에게 가장 의미 있게 다가옵니까?

*

십자가를 '사랑의 행위이자 진리의 주장'으로 보는 것이 도움이 됩니까? 이 사랑과 진리가 당신과 예수님의 관계를 어떻게 빚어 갑니까? 혹은 어떻게 빚어낼 수 있겠습니까?

*

요한복음 저자는 "이를 본 자가 증언하였으니 그 증언이 참이라. 그가 자기의 말하는 것이 참인 줄 알고 너희로 믿게 하려 함이니라"고 말합니다(요 19:35). 당신도 요한과 똑같이 말할 수 있습니까? 당신이 경험한 '하나님의 역사하심'을 다른 사람들에게 진심으로 전달하여 그들도 예수님을 믿게 할 수 있겠습니까?

*

저자가 진리에 대해 한 다음의 말에 비추어 그리스도인들은 어떻게 행동할 수 있으며, 어떻게 행동해야 하겠습니까? "예수님의 왕 되심에 관해서, 진리는 권위자나 권력과 불가분의 관계입니다. 이 사실의 중요성은 오늘날의 세계에서 전례 없이 커졌습니다. 우리는 공교육과 인공지능, 대중매체와 소셜미디어, 이윤 극대화를 위해 고안된 알고리즘, 가짜 뉴스 그리고 무엇보다 부·권력·정보와 지식의 통제가 한곳으로 수렴되는 세계에서 살고 있기 때문입니다."

8. 일요일

예수님이 살아 계시다

이날은 유대인의 준비일이요 또 무덤이 가까운 고로 예수를 거기 두니라. 안식 후 첫날 일찍이 아직 어두울 때에 막달라 마리아가 무덤에 와서 돌이 무덤에서 옮겨진 것을 보고. (요 19:42-20:1)

예수님이 무덤에 누우시고 막달라 마리아가 돌이 옮겨진 것을 보기까지 그사이에 무슨 일이 벌어졌습니까? 신약성경은 두 가지를 분명히 합니다. 무덤에 예수님의 몸이 없었다는 것과 십자가에 못 박히신 예수님이 새로운 방식으로 다시 사셨다는 것입니다. 요한복음은 이 두 가지를 모두 생생하게 증언합니다.

첫째, 몸이 거기에 없었다고 증언합니다. 막달라 마리아는 베드로와 사랑받는 제자에게 달려가 그 소식을 전합니다. 곧장 무덤으로 달려온 제자들은 세마포와 머리를 쌌던 수건을 발견했지만 그분의 몸은 찾지 못합니다. 그러고 나서 뜻밖의 만남이 연달아 이어집니다. 예수님은 막달라 마리아를 만나시고, 도마를 제

외한 제자들을 만나시며, 후에 다른 제자들이 있는 자리에서 도마도 만나십니다.

그렇다면 그 금요일과 일요일 사이에는 무슨 일이 벌어졌던 것일까요? 무척이나 놀랍고도 예상치 못한 어떤 일이 벌어진 것이 틀림없습니다. 하지만 '무슨'과 '어떤 일'이라는 표현은 적절하지 않습니다. 신약성경 전체와 특별히 요한은 '누구'와 '어떤 분'에 초점을 맞추는데, 그분이 바로 예수님이십니다.

대단히 큰 놀라움에 대비하며

우리는 성금요일에 대해 논의하면서, 요한이 앞으로 십자가에서 벌어질 일에 대해 요한복음 서두부터 독자들을 어떻게 대비시키는지를 이미 살펴보았습니다. 그는 그 방편으로 예수님의 십자가 처형을 미리 내다보는 말씀과 그분의 정체성에 대한 중요한 선언을 반복해서 결합하고 있습니다. 무엇보다도, 그 선언들은 예수님의 "나는…다"라는 말씀입니다. 예수님은 5천 명을 먹이시고 나서 "나는 생명의 떡이니…내가 줄 떡은 곧 세상의 생명을 위한 내 살이니라"라고 말씀하십니다(6:35, 51). 또 그분은 죽음을 앞두고는 "나는 선한 목자라. 선한 목자는 양들을 위하여 목숨을 버리거니와"라고 말씀하십니다(10:11). 그다음에는 우리가 이미 보았듯이, 요한이 마지막 식사와 예수님의 체포, 재판, 십자가 처형을 기술하는 방식은 그분이 누구신지에 대한 집중도를 한층 더 높여 줍니다. 요한은 예수님의 정체성에 집중함으로써 마찬가지 방식으로 우리 독자들을 그분의 부활에 준비시킵니다.

요한복음 2장은 예수님의 죽음과 부활을 예언하면서 그분과 하나님 아버지의 관계를 강조합니다(2:13-22). 5장에서는 예수님과 하나님의 사랑, 앞으로 닥칠 놀라운 일들, 생명을 주시는 두 분의 연합을 강조하면서, 이 가장 중요하고도 정체성을 결정짓는 관계 속으로 한층 더 깊이 들어갑니다.

> 아버지께서 아들을 사랑하사 자기가 행하시는 것을 다 아들에게 보이시고 또 그보다 더 큰일을 보이사 너희로 놀랍게 여기게 하시리라. 아버지께서 죽은 자들을 일으켜 살리심같이 아들도 자기가 원하는 자들을 살리느니라.…아버지께서 자기 속에 생명이 있음같이 아들에게도 생명을 주어 그 속에 있게 하셨고. (요 5:20-26)

나중에 '선한 목자'라는 정체성을 통해 사랑 안에서 예수님과 아버지의 하나 됨이 다시 한번 그분의 죽음과 부활의 중심에 자리하게 됩니다. "내가 내 목숨을 버리는 것은 그것을 내가 다시 얻기 위함이니 이로 말미암아 아버지께서 나를 사랑하시느니라"(10:17).

가장 결정적인 진술은 "나는 부활이요 생명이니"라는 말씀입니다(11:25). 이는 주님의 공생애에서 가장 결정적인 표적, 곧 그의 친구 나사로("사랑하시는 자", 11:3)를 무덤에서 불러낼 준비를 하며 하신 말씀입니다. 이는 죽음을 맞닥뜨리고도 부활과 생명, 사랑과 자신을 동일시하시는 말씀이며 이것들과 진리를 결합하는 고별 강화를 통해 더 강화됩니다. "내가 곧 길이요 진리요 생명이니 나로 말미암지 않고는 아버지께로 올 자가 없느니라"(14:6).

새로운 방식으로 나타나신 예수님

예수님이 십자가에 달리실 때 요한은 분명히 했습니다. 인격이 되신 생명이요, 인격이 되신 진리이며, 인격이 되신 사랑이신 분, 곧 빛과 사랑이신 살아 계신 하나님과 철저히 하나이신 분께 죽음이 닥치고 있다는 사실을 말입니다.[1] 하지만 그와 동시에, 이 인격체는 죽음에 대해 역으로 벌어지는 사건이십니다. 단지 죽음뿐 아니라 어둠과 고난, 죄, 적대감과 악에 대해서도 마찬가지입니다. 예수님의 정체성 때문에 그 결과는 깊은 차원에서 납득됩니다. 죽음이 주님을 지배하지 못하며 어둠과 고난, 적의와 악과 죽음도 최종 결정권(last word)을 가질 수 없습니다. 그분은 첫 말씀이자(1:1) 마지막 말씀(last word)이십니다. 부활이 벌어집니다.[2)]

예수라는 사건은 뜻밖의 새로운 방식으로 벌어집니다. 요한복음 20장은 주님이 어떻게 막달라 마리아와 제자들과 도마에게 사건이 되시는지를 말해 줍니다. 요한복음 21장은 그분이 계속해서 사건이 되시는 장면을 보여 줍니다. 그리고 저자는 자기의 주된 목적을 분명히 밝히는데, 그것은 독자들에게도 계속해서 이 사건이 벌어지게 하는 것입니다(20:30-31; 21:24-25).

요한복음의 마지막 두 장에 담긴 의미는 무궁무진합니다. 여기서는 이 책의 제목[이 책의 원제는 "요한복음에서 하나님을 만나다"(*Meeting God in John*)이다—편집자]에 충실하게, 요한복음 20장이 하나님에 대해 어떻게 말씀하며 독자들이 하나님을 만날 수 있게 도와주는지에 집중하려 합니다. 다음 장과 이 책의 나가는 글에서 20장과 21장에 대해 조금 더 자세히 이야기하겠습니다.

"마리아야!" "랍오니!"

막달라 마리아와 부활하신 예수님의 만남은 요한복음에서 가장 감동적인 장면이 아닐까 싶습니다. 마리아는 예수님이 극심한 고문을 당하고 돌아가시는 모습을 목격했습니다. 그런데 설상가상으로 이제는 누가 그분의 시신을 훔쳐 갔다고 생각했습니다.

마리아는 큰 충격을 받아 혼란스러워하며 슬픔에 차 울고 있습니다. 예수님을 보고도 동산지기인 줄 압니다. 앞서 이 책 1장에서 이 만남을 언급한 적이 있지만, 다시 한번 살펴볼 만합니다.

예수님이 하신 말씀은 우리를 요한복음의 출발점으로 다시 데려갑니다. 거기서 주님이 제자들에게 가장 먼저 하신 말씀은 이렇습니다. "무엇을 구하느냐?"(1:38) 이 질문은 우리가 이 책 3장에서 살펴본 욕망이라는 핵심 주제를 열어 주었습니다. 이제 예수님은 마리아에게 그 말씀을 되풀이하시지만, '무엇'이 '누구'로 바뀌는 중대한 전환이 일어납니다. "누구를 찾느냐?"(20:15) 이 말씀은 우리가 2장에서 살펴본 가장 중요한 주제, 곧 '누구'라는 질문과 욕망을 결합합니다. 마리아는 시신, 곧 '무엇'을 찾았지만, 살아 있는 '누구'의 질문을 받고 놀랍니다. 이는 예수님이 누구신지의 문제이기도 하지만, '당신'이 누구인지의 문제이기도 합니다. 예수님은 우리 각 사람의 이름을 부르시는데, 누구를 찾느냐는 질문에 이어 그분은 "마리아야!"하고 부르십니다. 이는 예수님의 부활을 통해 일어났고 지금도 계속해서 일어나고 있는 일, 곧 주님과의 인격 대 인격으로의 만남의 핵심을 아름답게 보여주는 한 장면입니다. 마리아는 주님을 알아보고 "랍오니!(이는 선생님이라는 말이라)" 하고 외칩니다(20:16).

예수님은 이전과 다름없이 여전히 마리아의 선생님이십니다. 하지만 이어진 말씀은 전혀 새로운 내용입니다. "나를 붙들지 말

라. 내가 아직 아버지께로 올라가지 아니하였노라. 너는 내 형제들에게 가서 이르되 내가 내 아버지 곧 너희 아버지, 내 하나님 곧 너희 하나님께로 올라간다 하라"(20:17). 이 말씀에는 적어도 두 가지 중요한 메시지가 담겨 있습니다.

"나를 붙들지 말라"

우선, 이는 앞으로 마리아가 예수님과 관계를 맺는 방식이 달라진다는 의미입니다. 이 변화로 인해 마리아는 그 이후 예수님을 따르는 모든 이들과 같은 위치에 놓이게 됩니다.

지금까지 마리아는 때때로 예수님을 만지거나 볼 수 있었습니다. 다른 사람들처럼 예수님도 한 번에 한 장소에만 계셨기 때문입니다. 하지만 예수님이 아버지께로 올라가시면 미래에는 그분도 하나님처럼 시간과 장소를 초월해 존재하시며 모든 사람과 자유로이 관계를 맺으실 수 있게 됩니다. 예수님은 그런 만남에 마리아를 준비시키십니다. 주님은 앞으로도 실재하시지만(실로 그분은 지고하게 실재하시며, 신적으로 실재하십니다), 이 세상의 평범한 방식으로 직접 만지거나 눈으로 볼 수 있는 분은 아닐 것입니다. 사실은, 이게 훨씬 더 좋습니다.

예수님은 마지막 식사 자리에서 성령을 약속하면서 이렇게 말씀하셨습니다. "나를 사랑하였더라면 내가 아버지께로 감을 기뻐하였으리라.…내가 너희에게 실상을 말하노니 내가 떠나가는 것이 너희에게 유익이라"(14:28; 16:7). 예수님이 아버지께 올라가신다는 것은 우리가 더는 그분을 볼 수 없지만, 그분이 어디에나 자유로이 현존하신다는 뜻입니다. 이는 하나님이 눈에 보이지 않으시지만 현존해 계신 것과 마찬가지입니다. 예수님은 자신을 영접하는 사람들과 어떻게 함께 계시기 원하시는지를, 요한복음 15장의 포도나무 비유를 통해 가르치시고 17장의 기도로 드리십니다. 그분은 신뢰와 사랑 가운데 서로 안에 친밀하게 거하기를 원하시는데, 우리가 상상할 수 있는 가장 깊은 관계, 영원히 거하는 관계입니다. 이는 어쩌다 한 번의 만남이 아니라 중단되지 않는 인격적 현존이며, 그것이 바로 마리아의 미래요, 또한 신뢰와 사랑으로 예수님을 영접하는 모든 사람의 미래입니다.

"내 아버지 곧 너희 아버지, 내 하나님 곧 너희 하나님"

둘째로, 예수님이 마리아에게 전하라고 하신 메시지가 그 관계—다름 아니라 하나님의 생명, 곧 영생에 참여하는 것—을 암시합니다.

지금까지 요한복음에서 아버지는 오로지 예수님의 아버지셨습니다. 그런데 이제 처음으로 예수님이 "내 아버지 곧 너희 아버지, 내 하나님 곧 너희 하나님"이라고 말씀하십니다(20:17). 예수님이 요한복음 17장에서 기도하셨듯이 제자들은 예수님이 아버지와 맺으시는 그 관계를 온전히 공유하게 됩니다. 예수님의 승천은 멀어지는 것이 아닙니다. 오히려 모든 시대와 모든 장소의 모든 사람에게 가능해진, 전혀 새로운 종류의 신적 친밀감에 꼭 필요한 것입니다. “마리아야!”와 “랍오니!”의 깊은 상호성은 새로운 형제자매로 이루어진 가족이 창조됨으로써 한계 없이 뻗어 나가며 공유될 수 있습니다. 이것이 세상에서 가장 좋은 소식이며, 마리아는 그 소식을 전한 첫 번째 사람이 됩니다. “막달라 마리아가 가서 제자들에게 내가 주를 보았다 하고 또 주께서 자기에게 이렇게 말씀하셨다 이르니라”(20:18).

이는 마치 예수님의 부활과 승천이 십자가에서 시작된 그분의 ‘들리심’의 더 발전된 차원인 것과도 같습니다. 그분의 승천은 그 들리심의 궁극적 완성이라고 할 수 있습니다. 부활과 승천은 “내가 땅에서 들리면 모든 사람을 내게로 이끌겠노라” 하는 그분의 약속이 더 온전히 성취된 것입니다(12:32). 이는 전 장에서 살펴보았듯이, 십자가에서 어머니와 사랑받는 제자를 새로운 가족으로 만드심으로써(19:25-27) 혈연과 우정을 하나로 결합하신 그분으로부터 시작되었습니다. 이제 “내 아버지 곧 너희[3] 아버지”가 머리 되시는 이 새로운 가족은 더 폭넓은 범위의 제자들을 아우릅니다. 그리고 미래의 지평은 다름 아닌 ‘모든 사람’을 향해 열려 있습니다. 예수님과의 다음 만남을 통해 어떻게 이런 일이 벌어질지를 엿볼 수 있습니다.

“아버지께서 나를 보내신 것같이 나도 너희를 보내노라”

요한복음 20장 19-23이 전해 주는 예수님의 ‘에이스 토 메손’(*eis to meson*), 곧 문을 닫아걸고 모인 제자들 “가운데”, ‘중간에’ 그분이 나타나신 일은 요한복음의 핵심 요소가 집중된 사건입니다.

- 그 중심은 예수님이십니다.
- 이는 또 다른, 예수님과의 인격 대 인격으로의 만남입니다.
- 예수님은 두 번이나 “너희에게 평강이 있을지어다”라고 말씀하십니다(20:19, 21).

예수님은 마지막 식사 자리의 고별 강화에서 제자들에게 두 차례 평안을 약속하셨습니다. 첫째로, 평안은 성령이라는 선물과 함께 주어지며, 그 평안은 예수님과 동일시됩니다. “평안을 너희에게 끼치노니 곧 나의 평안을 너희에게 주노라. 내가 너희에게 주는 것은 세상이 주는 것과 같지 아니하니라”(14:27). 둘째로, “내 안에” 있는 평안은 세상이 줄 수 있는 그 어떤 것보다 더 강합니다. “이것을 너희에게 이르는 것은 너희로 내 안에서 평안을 누리게 하려 함이라. 세상에서는 너희가 환난을 당하나 담대하라. 내가 세상을 이기었노라”(16:33). 이스라엘 성경과 예수님의 성경에 나오는 평안[히브리어 ‘샬롬’(*shalom*)]은 하나님이 욕망하시고 약속하시는 것을 가리키는 포괄적인 단어이자, 그분의 이름 중 하나입니다. 이는 하나님과의 풍성한 관계, 다른 사람들 혹은 집단과의 풍성한 관계, 창조 세계와의 풍성한 관계를 포괄합니다. 공동체 생활에서 평안은 사랑과 정의와 의, 화해와 건강과 번영을 포함합니다. 여기서는 예수님이 인사말로 사용하셨는데, 처음에는 아마도 제자들의 두려움을 겨냥하신 말씀으로 이해될 수 있습니다.

"손과 옆구리를 보이시니"(20:20). 앞에서 살펴보았듯이, 요한복음은 처음부터 예수님의 십자가 처형과 부활에 독자들을 준비시킵니다. 마침내 그리고 결정적으로 여기서 우리는 십자가와 부활이 예수님이라는 한 인격 안에서 함께 체현된 것을 봅니다. 십자가에 달리시고 부활하셔서 전혀 새로운 방식으로 다시 사신 예수님은 성금요일의 결과입니다. 십자가에서 벌어진 사건 그리고 십자가와 부활의 일요일 아침 사이에 벌어진 모든 사건은 살아 계신 예수님이라는 결과로 나타납니다.

"제자들이 주를 보고 기뻐하더라"(20:20). 예수님의 부활은 참으로 철저히 기쁨의 사건입니다. 예수님은 고별 강화에서 그것을 새 생명의 기쁨, 아기가 탄생과 비교하셨습니다.

> 너희는 근심하겠으나 너희 근심이 도리어 기쁨이 되리라. 여자가 해산하게 되면 그때가 이르렀으므로 근심하나 아기를 낳으면 세상에

사람 난 기쁨으로 말미암아 그 고통을 다시 기억하지 아니하느니라. 지금은 너희가 근심하나 내가 다시 너희를 보리니 너희 마음이 기쁠 것이요 너희 기쁨을 빼앗을 자가 없으리라. (요 16:20-22)

더 나아가, 예수님은 계속될 이 관계에 대하여 놀라운 약속을 하십니다. "내가 진실로 진실로 너희에게 이르노니 너희가 무엇이든지 아버지께 구하는 것을 내 이름으로 주시리라.…구하라 그리하면 받으리니 너희 기쁨이 충만하리라"(16:23-24).

그러고 나서 예수님은 마지막으로 드린 기도에서 자기 죽음과 부활을 예상하시면서 "그들로 내 기쁨을 그들 안에 충만히 가지게" 하시기를 친히 구하십니다(17:13). 이는 이제 이 만남에서 시작되고 있는 상호적이고 영속적이며 완전한 기쁨입니다. 예수님은 "내 기쁨", 곧 방금 고문과 십자가의 표식을 보여 주신 그분 안에 있는 기쁨이라고 말씀하십니다. 예수님이 친히 그들의 기쁨이시기에 이는 고난이나 죄, 적의, 악, 죽음도 소멸시킬 수 없는 기쁨입니다.

두 번째로 선포된 "너희에게 평강이 있을지어다"는, 예수님이 당시의 제자들과 이후의 제자들에게까지 소명과 사명을 부여하시는 길을 열어 줍니다. "아버지께서 나를 보내신 것같이 나도 너희를 보내노라"(20:21). 주님은 이미 아버지께 이렇게 기도하신 바 있습니다. "아버지께서 나를 세상에 보내신 것같이 나도 그들을 세상에 보내었고"(17:18). 이 말씀에는 그리스도인이 삶 속에서 추구하는 세 갈래의 지향이 담겨 있습니다.

- 세상으로 보냄을 받습니다.
- 공동체 가운데 함께 존재합니다. 복수형 '너희'가 나타납니다.
- 아버지께서 예수님을 보내신 것같이 우리도 보냄을 받습니다.

이는 온 세상에 생명을 주는 사랑의 사명과 소명입니다. 이 책의 다음 장과 나가는 글에서 이 부분을 다시 살펴볼 텐데, 이것이야말로 교회의 디엔에이(DNA)라고 할 수 있습니다. 여기서는 하나님 중심의 '…것같이'에 초점을 맞추도록 하겠습니다.

우리는 하나님 아버지께서 예수님을 보내셨다는 말씀을 어떻게 이해해야 할까요? 요한복음은 이 보내심의 이야기이므로, 우리는 요한복음 전체를 처음부터 곰곰이 생각해 보아야 합니다. 요한복음의 내용은 이렇습니다. 성령이 예수님 위에 임하십니다. 예수님이 배움의 공동체를 모으십니다. 예수님이 가르치시고 대화하시며 논쟁하십니다. 예수님이 모든 사람을 위한 풍성한 삶의 표적들을 행하십니다. 예수님이 종처럼 제자들의 발을 씻기시고, 친구들을 사랑하십니다. 예수님이 기도하십니다. 예수님이 진리를 증언하십니다. 예수님이 고난을 받으시고 십자가에 죽으십니다. 예수님이 다시 사십니다. 일일이 열거하지 못한 여러 사건이 더 있습니다. 각 사건과 대화, 각각의 만남과 가르침 속으로 얼마든지 더 깊이 들어갈 수 있습니다. 우리는 예수님의 보내심을 이해하기 위해 요한복음을 반복해서 다시 읽도록 초대받습니다. 그리고 그분의 보내심 그 심장부에는 예수님과 아버지의 관계가 자리합니다. 무엇보다도 요한복음 17장의 기도와 이제는 요한복음 20장을 통해 우리는 우리의 진정한 집인 그 관계로 초대받고, 그곳으로부터 우리 또한 보내심을 받습니다. 지속적인 말씀 읽기뿐 아니라 지속적인 기도 그리고 우리와 함께 말씀을 읽고 기도하는 사람들과의 지속적인 공동체 생활을 통해, 우리는 그 깊은 곳으로 들어갑니다.

하지만 '…것같이'는 우리를 그 이상으로 끌고 갑니다. '같이'라는 말은 우리가 예수님과 정확히 똑같은 방식으로 보냄을 받지는 않는다는 뜻입니다. 우리가 어떻게 그분과 똑같을 수 있겠습니까? 우리는 1세기 팔레스타인에 사셨던 예수님의 삶을 고스란히 반복하지 않습니다. 주님은 우리를 새로운 시대와 상황과 장소로, 새로운 사람들과 함께, 새로운 사람들에게 보내십니다. 매일이 독특하게 다른 날이기에 우리는 '…것같이'가 지금 우리에게 어떤 의미인지를 날마다 분별해야 합니다. 그리스도인으로 살아가기 위해서는 예수님이 누구시며 어떻게 보냄을 받으셨는지를 점점 더 깊이 이해하는 것이 필요합니다. 하지만 동시에 우리의 상황과 우리가 살고 있는 세상에 대한 이해도 필요합니다.

즉, 우리가 예수님의 정체성에 충실하면서도 그분이 보내심을 받은 방식을 우리의 삶 속에서 어떻게 끊임없이 변주하면서 응답할지를 고민할 필요가 있습니다. 우리는 번번이 예상을 뛰어넘으셨던 예수님을 본받아 상상력과 창의력을 발휘하고, 혁신과 도전의 위험을 기꺼이 감수해야 합니다. 21세기에 어떻게 그렇게 살아갈 수 있는지가 다음 장과 나가는 글의 주요 관심사가 될 것입니다. 하지만 요한복음 20장 22절에 따르면, 그다음에 예수님이 하신 말씀과 행동이 없다면 이 모두는 불가능할 것입니다.

"이 말씀을 하시고 그들을 향하사 숨을 내쉬며 이르시되 성령을 받으라"(20:22). 예수님은 제자들에게 성령을 불어넣어 주셨습니다. 이것이 얼마나 중대한 사건인지 모릅니다. 예수님의 십자가 처형과 부활에서 그렇듯이, 요한복음은 1장부터 내내 성령을 약속하고 기대합니다.

세례자 요한은 하나님에게서 받은 말씀으로 이렇게 선포했습니다. "성령이 내려서 누구 위에든지 머무는 것을 보거든 그가 곧 성령으로 세례를 베푸는 이인 줄 알라"(1:33). 따라서 이후에 이어지는 모든 내용을 통해 우리는 예수님이 성령과 온전히 하나라는 사실과 더불어 그분이 장차 이 성령을 나누어 주실 때가 오리라는 것을 이해해야 합니다. 이제 그 일이 이루어졌으며, 이는 그'때'의 절정에 해당하는 사건으로 이해할 수 있습니다. 아버지가 성령으로 충만하신 예수님을 보내셨고, 이제 예수님과 같이 제자들도 보냄을 받게 됩니다.

예수님은 니고데모와 대화하시면서 성령을 바람에 비유하셨습니다[그리스어에서 영혼을 뜻하는 단어 '프뉴마'(*pneuma*)는 '바람'이나 '숨'을 뜻하기도 합니다]. 바람은 불고 싶은 곳을 향해 불고 뜻밖의 반전을 일으키며 전혀 새로운 시작, 곧 '위로부터 태어남, 다시 태어남'[3:3, 7(새번역 본문 및 난외주); 그리스어 '아노텐'(*anōthen*)은 '위로부터'와 '다시'라는 뜻을 모두 가지고 있습니다]을 가능하게 합니다. 지금 부활하신 예수님이 제자들에게 하시는 말씀 중에 "숨을 내쉬며"에 해당하는 단어는 하나님이 창조 때 아담에게 생명을 불어넣어 주실 때 사용된 단어(창 2:7)와 같습니다. 신약성경에서 부활과 그 부활을 통해 주어지는 새 생명에 필적할 만한 사건은 하나님의 창조뿐입니다.

요한복음 3장 후반부의 중요한 본문은 이렇게 말씀합니다. "하나님이 보내신 이는 하나님의 말씀을 하나니 이는 하나님이 성령을 한량없이 주심이니라"(요 3:34). 성령님은 흘러넘치는 하나님의 충만하심이시며, 예수님에 대해 묘사하는 요한복음 프롤로그의 핵심 메시지와 서로 공명합니다. "우리가 다 그의 충만한 데서 받으니 은혜 위에 은혜러라"(1:16). 또한 이 충만하심의 이미지는 이후 초막절에 예수님의 인상적인 호소와도 공명합니다.

누구든지 목마르거든 내게로 와서 마시라. 나를 믿는 자는 성경에 이름과 같이 그 배에서 생수의 강이 흘러나오리라 하시니 이는 그를 믿는 자들이 받을 성령을 가리켜 말씀하신 것이라. (예수께서 아직 영광을 받지 않으셨으므로 성령이 아직 그들에게 계시지 아니하시더라.) (요 7:37-39)

이제 예수님은 영광을 받으셨고, 하나님 영의 헤아릴 수조차 없는 풍성함이 그 제자들에게 친밀하게, 얼굴을 마주한 채로 나누어집니다.

그중에서도 가장 중요한 것이 바로 고별 강화입니다. 거기에는 부활 이후 제자 공동체의 삶을 지향하고 계신 성령에 대해 많은 것을 일러 주며, 이 책 3부에서는 계속 이어지는 그 드라마에 대해 살펴볼 것입니다. 하지만 지금 하나님을 만나는 것에 특별히 초점을 맞추고 있습니다. 마지막 식사 자리에서 예수님은 그분을 통해 하나님을 만날 수 있을 뿐 아니라(14장 9절에서 빌립에게 "나를 본 자는 아버지를 보았[다]"라고 말씀하십니다), 예수님 그리고 하나님 아버지와 온전히 하나이신 성령 안에서 하나님이 그분 자신을 우리에게 새롭게 내어 주신다고 약속하십니다. 우리가 정말로 예수님을 영접한다면, 성부 하나님과 성령님도 영접하는 것입니다. 이는 분명 하나님을 만나는 것이지만, 우리가 만나는 분이 참으로 하나님이라면 그 만남에는 끝이 없습니다. 그 만남은 영원한 관계, 사랑 안에서의 상호 내주를 뜻하는 거함, 지금 시작하여 영원히 계속되는 삶과 사랑, 우리의 진정한 집이 됩니다.

그 약속은 확실합니다. "내가 아버지께 구하겠으니 그가 또 다른 보혜사[그리스어 '파라클레토스'(*paraklētos*)는 '돕는 자', '격려자', '위로자'라는 뜻이기도 합니다]를 너희에게 주사 영원토록 너희와 함께 있게 하리니…너희는 그를 아나니 그는 너희와 함께 거하심이요 또 너희 속에 계시겠음이라"(14:16-17). 이는 서로 사랑하는 삶인데, 아버지와 예수님과 성령님이 모두 여기에 참여하십니다. "사람이 나를 사랑하면 내 말을 지키리니 내 아버지께서 그를 사랑하실 것이요, 우리가 그에게 가서 거처[4]를 그와 함께하리라"(14:23). 하나님이 그분 자신을 주셔서 인간으로 우리 가운데 오심으로써 예수 그리스도 안에서 그분의 정체성을 자유로이 표현하셨습니다. 이와 같이 "영이[신]"(4:24) 하나님도 성령을 우리에게 불어넣어 주신 예수님을 통해 그분의 존재와 생명을 자유로이 나누실 수 있습니다. 놀랍게도, 우리 역시 하나님의 가정생활 곧 가족의 삶을 공유하게 됩니다.

이제 요한복음 20장에서 부활하신 예수님이 제자들에게 성령을 불어넣어 주시면서 이 말씀이 성취되기 시작합니다. 이는 일회성 사건이 아니라 지속적으로 일어나는 일입니다. 예수님이 그분과 함께, 그분 안에 사는 이들에게 성령을 불어넣어 주시는 일을 어느 시점엔가 멈추신다고 상상할 수 있겠습니까? 당연히 그렇지 않습니다. 요한이 부활하신 예수님에 대해 기록한 내용을 보면, 그분이 '에이스 토 메손' 곧 사람들 가운데 자유로이 나타나신 모습이 눈에 띕니다(20:19, 26). 하지만 그분이 떠나셨다는 언급은 없습니다. 이 눈에 보이는 인격 대 인격으로의 만남은, 눈에 보이지 않는 영원한 인격 대 인격으로 맺는 관계의 표지입니다.

제자들과의 이 만남 끝에서야 예수님이 용서를 말씀하신다는 점도 두드러집니다. 한 제자가 예수님을 부인했고, 나머지 제자들도 예수님을 버리고 도망갔습니다. 지금 예수님은 그들에게 "평강이 있을지어다"라고 인사하시고, 다른 사람을 용서할 권위까지 허락하십니다. "너희가 누구의 죄든지 사하면 사하여질 것이요"(20:23).[5] 이는 마치 예수님의 임재라는 평강과 기쁨을 받고 그분이 주시는 미래의 소명과 사명을 위한 힘을 얻은 뒤에야 비로소, 우리가 자신과 다른 사람들의 과거를 직면할 수 있으며, 용서를 받아 과거의 잘못에서 온전히 해방될 수 있다고 말하는 듯합니다.

"나의 주님이시요 나의 하나님이시니이다!"

예수님과의 세 번째 인격 대 인격으로의 만남은 제자 공동체 전체를 포함하는 동시에 도마라는 한 개인에게 집중됩니다. 이 장면은 요한복음에서 매우 결정적인 순간입니다. 십자가에서 죽으시고 부활하신 예수님을 직접 목격한 사람들에서, 그분을 직접 보지 못한 우리로 넘어가는 결정적 전환점을 표시합니다. 그들은 예수님의 물리적 임재를 눈으로 보고 직접 경험했습니다. 이에 대한 강조는 예수님과 도마의 만남에서 절정에 달합니다. 예수님이 십자가에 달려 돌아가시고 실제로 다시 사셨다는 사실을 의심한 도마는 증거를 요구했습니다.

예수님은 그 증거를 보여 주십니다. "도마에게 이르시되 네 손가락을 이리 내밀어 내 손을 보고 네 손을 내밀어 내 옆구리에 넣어 보라. 그리하여 믿음 없는 자가 되지 말고 믿는 자가 되라"(20:27). 도마는 곧바로 믿고 예수님이 누구신지를 외쳐 고백하는데, 이는 요한복음의 절정이라고 할 만한 신학적 진술입니다. "나의 주님이시요 나의 하나님이시니이다!"(20:28) 도마는 하나님을 만났습니다.

"보지 못하고 믿는 자들은 복되도다"

그런데 그다음에 중요한 반전이 이루어집니다. "예수께서 이르시되 너는 나를 본 고로 믿느냐? 보지 못하고 믿는 자들은 복되도다 하시니라"(20:29). 요한이 곧바로 이어서 분명히 하듯이(20:30-31) 이는 우리 독자들을 가리킵니다. 우리가 바로 예수님이 복되다고 말씀하신 사람들입니다. 우리는 예수님을 보지 못했지만, 요한이 예수님에 대해 증언한 말씀을 신뢰하거나 그러지 않을 수 있습니다. 우리가 그 증언을 신뢰함으로써 위험을 감수하고 예수님을 신뢰하기로 하면, 우리도 복을 받을 것입니다. 우리도 하나님을 만날 수 있습니다.

예수님은 마리아에게 자신을 물리적으로 붙들지 말라고 이미 말씀하셨습니다. 더 좋은 일이 곧 일어날 것이기 때문입니다. 요한복음 17장의 기도에서 내다보신 대로, 주님은 하늘에 오르시어 하나님이 현존하시듯 친밀하고도 영원히 사랑으로 현존하실 것입니다.

도마가 이제 막 내뱉은 말은 예수님이 누구신지에 대한 놀랍고도 핵심적인 진리입니다. 그분은 눈에 보이는 인간이신 동시에 하나님이십니다. 이번에도 예수님은 더 크고 좋은 무언가를 시사하십니다. 도마가 경험한 어쩌다 한 번 눈으로 직접 주님을 뵙는 것은 상대화됩니다. 이는 예수님과 맺는 관계의 절정이 아닙니다. 예수님이 정말로 도마가 고백한 '주님'이시요 '하나님'이시라면, 그분은 하나님처럼 자유롭게 현존하실 것입니다. 눈에 보이지 않는 존재로, 그분을 신뢰하고자 나아오는 모든 사람에게 나타나시며 영원한 복이 되실 것입니다.

요한은 우리 독자들에게 곧장 이렇게 말합니다.

> 예수께서 제자들 앞에서 이 책에 기록되지 아니한 다른 표적도 많이 행하셨으나 오직 이것을 기록함은 너희로 예수께서 하나님의 아들 그리스도이심을 믿게[그리고 신뢰하게] 하려 함이요 또 너희로 믿고 그 이름을 힘입어 생명을 얻게 하려 함이니라. (요 20:30-31)

이 본문이 우리 독자들에게 너무나도 중요하기 때문에 이 본문으로 이 책의 '들어가는 글'을 시작했습니다(그리고 이쯤에서 '들어가는 글'을 다시 읽어 볼 가치가 있다고 생각합니다). 예수님에 대해 신뢰할 만한 증언을 내놓은 사람은 요한만이 아닙니다. 하지만 그가 기록한 요한복음에는 두 가지 구체적인 목적이 있습니다. 첫 번째 목적은 사람들이 요한복음을 읽고 예수님을 신뢰하게 되는 것입니다. 도마가 발견했듯이 십자가에 죽으시고 부활하신 예수님을 만나고, 믿고, 신뢰하고, 온전히 삶을 내맡기는 것은 곧 하나님을 만나는 것입니다. 두 번째 목적은 독자들이 믿고, 신뢰하고, 온전히 삶을 내맡기는 것을 통해 예수님의 이름 안에서 생명을 얻는 것입니다. 예수님을 믿고, 신뢰하고, 온전히 삶을 내맡김으로써 하나님을 만난 사람들은 계속해서 그분과 영원한 관계를 맺게 됩니다. 실로 그 관계는 깊고 영속적인 신뢰와 생명, 사랑과 영광이 가득한 영원한 관계입니다. 이 책의 나머지 부분에서는 이 계속되는 관계를 다룹니다. 하지만 그 내용을 다루기 전에, 요한복음 20장에서 가장 중요한 두 가지를 짚고 넘어가려 합니다.

오늘날 우리는 어떻게 성령을 받을 수 있는가?

첫 번째로 중요한 것은 '오늘날에는 어떻게 하면 성령을 받을 수 있는가'입니다. 예수님은 그분이 택하신 모든 이에게 완전히 자유롭게 성령을 불어넣어 주십니다. 성경에서 성령을 가리킬 때 사용한 언어들—숨, 바람, 물, 불—은 성령을 얽매고 정리된 틀 안에 가두며 예측하거나 정의하거나 통세 가능한 대상으로 만드는 시도를 경계하게 만듭니다. 지난 수 세기 동안 이 시대 우리가 사는 세상에는 성령에 대한 논란이 분분했습니다.[6] 저는 우리가 요한복음에 조금 더 관심을 기울인다면 이런 불화와 의견 충돌을 완화할 수 있으리라 (심지어 피할 수도 있다고) 생각합니다. 우리는 요한복음에서 오늘날 성령을 받는 것에 대해 무엇을 배울 수 있습니까?

여러 교훈이 있지만, 여기서는 요한복음 20장에서 두드러지는 한 가지에 집중하려 합니다. 우리는 예수님의 정체성과 그분이 하신 말씀과 성령을 분리할 수 없습니다. 따라서 성령으로 충만한 하나님 말씀이신 예수님을 받아들이고 신뢰하는 것, 또한 성령을 담아내는 그분의 말씀을 받고 신뢰하는 것이 요한이 생각하기에 성령을 받는 주된 방법입니다. 우리는 독자들이 이를 이해하도록 예수님이 어떻게 준비시키셨는지를 이미 살펴본 바 있습니다. "하나님이 보내신 이는 하나님의 말씀을 하나니 이는 하나님이 성령을 한량없이 주심이니라"(3:34). 예수님은 5천 명을 먹이신 후에 제자들을 가르치면서 그 말씀을 재차 확인해 주셨습니다. "내가 너희에게 이른 말은 영이요 생명이라"(6:63). 이 생명의 말씀을 진심으로 받아들이는 것이 곧 성령을 받아들이는 것입니다.

따라서 앞의 질문은 사실상 이런 질문이라고 할 수 있습니다. '우리는 어떻게 성령으로 가득한 이 생명의 말씀과 성령을 받을 수 있습니까?' 어떻게 하면 "너희가 내 안에 거하고 내 말이 너희 안에 거[할]" 수 있겠습니까?(15:7) 그 답은 분명하고 간단합니다. 읽고 또 읽고 계속해서 읽어서 그 말씀이 우리 안에 거하고 우리가 그 말씀 안에 거하게 하는 것입니다.

읽을 수 없는 이들이 있다면 혹은 읽을 수 있는 사람이라 하더라도, 누군가가 대신 읽어 주거나 듣고 귀 기울여 마음에 새겨 배우면 그럴 수 있습니다. 오늘날 전 세계 약 20억 그리스도인들이 요한의 저술을 만나는 가장 흔한 방법은 예배 시간, 혹은 (직간접적으로) 설교, 기도, 찬양, 노래, 전례, 가르침, (아마도 가장 큰 영향력이 있는 것은) 요한복음의 영감을 받은 사람들과 공동체의 삶을 통해서일 것입니다.

물론, 성령은 이 외에도 매우 다양한 방식으로 일하실 수 있지만, 오늘날 예수님에게서 성령을 받고자 하는 사람이 있다면, 요한이 가르친 이 핵심적이고 기본적인 방법을 외면하는 어리석음을 저질러서는 안 될 것입니다. (하나님의 말씀이신 예수님이라는 인격, 그리고 증언과 그분 자신의 말씀을 통해 전달되는 말씀 모두를 포함하여) 말씀과 성령은 불가분의 관계입니다. 예수님의 숨은 그분의 말씀을 전달하며, 그분 자체 곧 그분의 모든 말씀과 행동은 성령이 머무는 하나님 말씀입니다. 또한 여기 요한복음 20장에서 우리가 제자들에게 처음으로 성령을 불어넣어 주시는 예수님에 대해 읽을 때 그분이 직전에 하신 말씀을 무시하는 우를 범해서는 안 될 것입니다. "아버지께서 나를 보내신 것같이 나도 너희를 보내노라"(20:21). 우리가 이 말씀을 개인적으로나 공동체적으로나 가슴에 새기고 이것이 우리의 제자도를 이끌어 갈 때 "내가 너희에게 이른 말은 영이요 생명이라"는 진리를 경험하게 될 것입니다(6:63). 이 말씀과 이렇게 말씀하신 분, 곧 인격이 되신 하나님의 말씀을 믿는 것이야말로 성령을 받고 예수님이 우리를 향해 욕망하시는 생명과 진리, 사랑과 영광을 경험하는 단순한 방법입니다. '어떻게 그 일이 지속적으로 벌어질 수 있는가' 하는 질문이 이 책 나머지 부분에서 다룰 주요 관심사입니다.

하나님은 누구신가?

도마가 "나의 주님이시요 나의 하나님이시니이다!"라고 증언한 대로(20:28), 부활하신 예수님은 인간이 이해할 수 없는 하나님 차원의 사건입니다.

그에 필적할 만한 유일한 사건은 천지창조 정도일 것입니다.

하나님이 자유로이 무에서 천지를 창조하신 것처럼, 또한 하나님은 자유로이 예수님을 죽음에서 다시 살리십니다. 바울은 "새로운 피조물"을 언급하는데(고후 5:17), 여기 요한복음 20장에서는 동산의 한 남자와 여자를 통해 새로운 출발이 이루어집니다. 요한복음의 프롤로그는 창세기의 첫 구절로 시작함으로써, 처음부터 하나님과 예수님 그리고 창조라는 원대한 지평을 열어젖힙니다. "태초에 말씀이 계시니라. 이 말씀이 하나님과 함께 계셨으니 이 말씀은 곧 하나님이시니라.…만물이 그로 말미암아 지은 바 되었으니 지은 것이 하나도 그가 없이는 된 것이 없느니라"(요 1:1-3).

부활은 단지 하나님의 자유로운 행위이기만 한 것이 아닙니다. 부활에 담긴 내용이 바로 하나님이십니다. 하나님이 행동하시면 예수님이 나타나십니다. 예수님의 죽으심과 부활 그리고 성령을 주신 것에서 그랬던 것과 마찬가지로, 요한은 프롤로그에서부터 독자들이 이 사실을 이해할 수 있도록 준비시켰습니다. 이후의 내용에서 예수님과 하나님 아버지는 철저히 하나이신데, 특히 "나는…이다"라는 예수님 말씀과 아버지가 자기를 보내셨다는 반복된 주장에서 그 점을 확인할 수 있습니다. 아버지가 예수님을 보내셨다는 말씀은 예수님의 부활에서 그 절정에 달합니다.

하지만 부활이 끝이 아닙니다. 아버지가 예수님을 보내셨다는 말씀은 성령을 주신 데서 더 큰 절정에 도달합니다. 하나님이 행동하시면 예수님이 나타나시고, 성령님이 오십니다. 이것이 바로 그'때'가 온전히 이루어진 모습입니다.

그동안 여러 사건을 통해 드러났듯이, 이것이 바로 하나님이 누구신지를 보여 줍니다. 제가 여기서 설명한 방식은 어째서 요한복음이 하나님을 성부, 성자, 성령으로, 그러니까 하나님을 셋 안의 하나요 하나 안에 셋이신 분, 곧 삼위일체 하나님으로 확인시켜 주는 가장 중요한 문서인지를 분명히 합니다. 이 하나님을 만나는 것은, 보이지 않지만 보이는 것과 보이지 않는 모든 것을 창조하시고 섭리하시며 만물에 현존하시는 분, 아버지를 만나는 것입니다. 또한 온전히 자기를 내어 주는 진리와 사랑으로 우리에게 오신 분, 예수 그리스도를 만나는 것입니다. 그리고 우리의 삶과 배움, 기도와 사랑 가운데 하나님의 생명과 사랑을 우리에게 주심으로 우리가 더욱 하나님을 영화롭게 하고 예수님을 따르도록 이끄시는 분, 성령을 만나는 것입니다.

다음 장에서는 그런 삶과 따름이 현대인들에게 실제로는 어떤 모습으로 나타나는지를 자세히 살펴보겠습니다.

묵상과 토론을 위한 질문

아미엘 오스마스턴 수석 사제의 제안

⁂

부활하신 예수님은 막달라 마리아에게 동산에서 누구를 찾고 있느냐고 물으십니다(요 20:15). **우리는** 누구를 찾고 있습니까? 우리는 요한복음에 나타난 살아 계신 진짜 예수님을 만나기를 기대하고 있습니까?

⁂

다락방에 나타나신 예수님은 두려워하는 제자들에게 "너희에게 평강이 있을지어다"라고 두 번 말씀하십니다(20:19, 21). 우리 (또한 공동체, 국가, 세계) 삶의 어떤 측면에서 예수님의 평강이 가장 필요하다고 느끼나요? 어떻게 하면 그분의 평강을 받을 수 있겠습니까?

⁂

예수님은 "그들을 향하사 숨을 내쉬며 이르시되 성령을 받으라"고 말씀하십니다(20:22). 우리는 우리가 정말로 예수님의 영을 받는다고 믿습니까? 어떻게 하면 계속해서 성령을 받을 수 있으며, 그것은 우리 삶에 어떤 변화를 가져오겠습니까?

⁂

예수님은 "[나를] 보지 못하고 믿는[혹은 신뢰하거나 삶을 내맡긴] 자들은 복되도다"라고 말씀하십니다(20:29). 예수님은 어떻게 당신이 그분을 믿고 신뢰하도록 인도하셨습니까? 당신이 계속해서 그분을 믿고 신뢰하는 이유는 무엇입니까?

3부 계속되는 드라마: 21세기에도 벌어지는 예수 사건

우리는 요한복음 프롤로그에서 **기독교 세계관의 세 가지 본질**을 살펴보았습니다. 첫째, 만물과 만인을 창조하시고, 심오하고 아주 풍성한 의미의 근원이신 하나님. 둘째, 존재 자체가 사랑이신 하나님의 깊고도 풍성한 사랑. 셋째, 가장 깊은 의미와 가장 깊은 사랑을 하나로 결합하시고 그분의 생명과 진리와 사랑을 나누도록 우리를 초대하시며, 하나님 그리고 우리와 하나이신 예수님. 이것이 이 책 1장에서 다룬 내용이었습니다.

배우는 자들 곧 제자들을 위한 **세 가지 핵심 질문**도 살펴보았는데, 첫 질문이 요한복음 1장에서 제기됩니다. 예수님, 당신은 누구십니까? 그분의 정체성에 대한 이 질문은 우리 자신의 정체성에 대한 질문으로 연결됩니다. 두 번째 질문은 이것입니다. 당신은 무엇을 찾고 있습니까? 우리가 욕망하는 것을 묻는 이 질문은, 어떻게 우리 욕망을 교육하고 그 방향을 조정할 수 있는지, 무엇보다도 우리가 누구를 욕망하는지에 대한 질문으로 연결됩니다. 마지막으로, 당신은 어디에 머물고 있습니까? 집에 대한 이 질문은 우리가 가장 깊게 뿌리내리고 영구히 헌신하는 장소에 대한 질문으로 연결됩니다. 이것이 이 책 2-4장의 내용이었습니다.

이 모든 요소는 이 책 5장, 곧 궁극적 본질을 담은 주제 "영광:

요한복음에서 하나님을 만나다"에서 하나로 집약되었습니다. 요한복음을 통해 하나님을 만난다는 것은 그분의 영광이신 예수님을 만나는 것입니다. 예수님은 가장 깊은 의미와 가장 깊은 사랑을 하나로 결합하십니다. 우리는 예수님의 정체성과 그분이 하신 일, 그리고 최종적으로는 십자가의 '때'와 부활, 성령을 주신 행위에서 이 영광과 진리와 사랑을 만납니다. 성금요일과 부활의 일요일이라는 클라이맥스에 대한 준비는, 마지막 식사와 특히 요한복음 17장의 예수님이 드리신 기도에서 절정에 이릅니다. 그 놀라운 기도는 우리를 향한, 온 인류를 향한, 모든 창조 세계를 향한 예수님의 욕망을 우리 또한 욕망하도록 초대합니다. 그분의 욕망은 다름 아니라 우리가 예수님, 하나님, 다른 사람들과 함께 영광과 진리와 사랑 안에서 하나가 되는 것입니다. "내게 주신 영광을 내가 그들에게 주었사오니 이는 우리가 하나가 된 것같이 그들도 하나가 되게 하려 함이니이다. 곧 내가 그들 안에 있고 아버지께서 내 안에 계시어 그들로 온전함을 이루어 하나가 되게 하려 함은 아버지께서 나를 보내신 것과 또 나를 사랑하심같이 그들도 사랑하신 것을 세상으로 알게 하려 함이로소이다"(17:22-23).

다음으로는 **그'때'의 극적이고 본질적인 세 가지 사건**으로 넘어갑니다. 마지막 식사와 예수님의 십자가 처형, 예수님의 부활, 제자들이 예수님에게서 성령을 받는 장면입니다. 이것이 이 책 6-8장의 내용이었습니다.

이제 다음 9장은 요한복음 21장에서 부활하신 예수님과 함께 하는 삶의 출발을 살핀 후에 고별 강화에 나타난 제자도의 지혜로 되돌아가 이렇게 질문합니다. 십자가에 못 박히고 부활하신 예수님을 따르는 우리는 어떤 **본질적인 실천들**을 통해 우리 삶을 빚어 가도록 요청받고 있습니까?

마지막으로, 나가는 글은 미래에 대한 길잡이로서 예수님이 제자들에게 주신 소명과 사명을 제시합니다. 요한복음 17장에서 예수님은 제자들을 위해 아버지께 기도하십니다. "아버지께서 나를 세상에 보내신 것같이 나도 그들을 세상에 보내었고." 나중에 십자가와 부활 이후에 제자들을 만난 예수님은 이렇게 말씀하면서 그들에게 성령을 불어넣어 주셨습니다. "아버지께서 나를 보내신 것같이 나도 너희를 보내노라"(20:21). 21세기를 살아가는 우리에게 이 말씀은 과연 어떤 의미겠습니까?

9. 오늘날 기독교의 핵심

예수님과 배움, 기도, 사랑

요한복음 21장을 읽으십시오.

"시몬 베드로가 나는 물고기 잡으러 가노라 하니 그들이 우리도 함께 가겠다 하고"(21:3). 십자가에 죽으시고 다시 사신 예수님을 만난 놀라운 일 이후에 이 제자들은 일상으로 돌아가 고기잡이에 복귀합니다. 하지만 계속해서 뜻밖의 일이 벌어집니다. 예수님은 몇 차례 더 "제자들에게 자기를 나타내셨[습니다]"[21:1; 그리스어 '에파네로센'(*ephanerōsen*)은 반드시 눈으로 보는 것만을 뜻하지는 않습니다]. 부활 이후의 삶은 다릅니다.

부활하신 예수님과 함께하는 삶: '일상을 뛰어넘는 일상'

첫째, 제자들이 예수님을 알아보기도 전에(부활하신 예수님은 남들이 알아차리지 못하게 행동하실 수 있었다는 사실을 보여 줍니다) 그분은 제자들이 엄청난 물고기를 잡을 수 있게 도우십니다. "가득히 찬 큰 물고기가 백쉰세 마리라"(21:11). 이는 요한복음 곳곳에서 여러 차례 일어난 풍성함을 보여 주는 또 다른 '표적'입니다. 가나 혼인 잔치의 포도주(2:1-11)와 떡과 물고기로 5천 명을 먹이신 사건(6:1-14)이 그랬고, 이 장 후반부에서 예수님을 증언하면서 "이 세상이라도 이 기록된 책을 두기에 부족할 줄 아노라"고 하는 마지막 설명이 그렇습니다(21:25).

일상적인 작업을 배경으로 벌어진 이 사건에 이어 주님은 일상적인 식사로 제자들을 초대하십니다. "예수께서 이르시되 와서 조반을 먹으라 하시니." 하지만 제자들은 이 식사가 얼마나 특별한지를 깨닫습니다. "제자들이 주님이신 줄 아는 고로 당신이 누구냐 감히 묻는 자가 없더라"(21:12). 요한복음의 핵심 질문인 "당신은 누구십니까?"라는 물음의 답은, 그 질문을 제기하는 것조차 경솔하게 느껴질 만한 방식으로 제시되고 있습니다. "주님이신 줄"이라고 번역된 말은 그리스어로 '호 퀴리오스 에스틴'(*ho kurios estin*)인데 말 그대로 '주님이시다'(the Lord is)라는 뜻입니다. 이는 예수님이 이 복음서에서 자신이 누구신지를 밝히시는 핵심 선언, 곧 "나는…이다"(I am)를 암시합니다. 사랑받는 그 제자도 예수님을 알아봤을 때 조금 전 같은 표현을 사용했는데("주님이시라!", It is the Lord!) 곧바로 이어서 요한복음 저자도 "주님이라"(It was the Lord)는 표현을 반복합니다(21:7).

부활은 곧 예수님의 이 영원한 새로운 현존, 곧 신적인 "나는…이다", "주님이시다"를 가리킵니다. 주 예수님은 눈에 보이든 보이지 않든 그저 존재하십니다.

아직은 예수님을 볼 수 있습니다. "예수께서 가셔서 떡을 가져다가 그들에게 주시고 생선도 그와 같이 하시니라"(21:13). 이 사건은 예수님이 떡과 물고기로 5천 명을 먹이신 사건을 분명히 연상시킵니다(6:11). 그 표적은 일상을 뛰어넘는 가르침으로 이어졌습니다(6:25-71). 지금 그 가르침을 다시 읽어 보면, 이날의 아침 식사 장면이 지닌 의미를 밝혀 줄 뿐 아니라, 그 너머로 오늘날까지 계속되는 성찬과 맥을 같이하며 깊은 울림을 줍니다. "하나님께서 보내신 이를 믿는 것이 하나님의 일이니라.…나는 생명의 떡이니…내가 줄 떡은 곧 세상의 생명을 위한 내 살이니라.…내 살을 먹고 내 피를 마시는 자는 영생을 가졌고 마지막 날에 내가 그를 다시 살리리니…내 살을 먹고 내 피를 마시는 자는 내 안에 거하고 나도 그의 안에 거하나니"(요 6:29, 35, 51, 54, 56).

하지만 이 모든 일을 위해 예수님이 반드시 눈에 보이셔야 할 필요는 없습니다. "보지 못하고 믿는 자들은 복되도다"(20:29). 마치 요한복음 21장은 보지 않고도 예수님을 믿는 시대, 우리가 함께 식사하면서 "나는…이다"라는 예수님의 현존을 기념하는 시대로 독자들을 이끌어 주는 것만 같습니다. 눈에 보일 수도 있고 보이지 않을 수도 있으나 '나타나다'라는 의미를 지닌 동사 '에파네로센'을 세 번째로 사용한 것도 이 전환을 암시합니다(21:14).

부활하신 예수님과 누리는 풍성한 삶을 '일상을 뛰어넘는 일상'(extraordinary ordinary)으로 경험한 두 가지 표적 이후에 예수님과 베드로가 나눈 두 번의 대화가 나옵니다. 하나는 베드로가 중심이고, 나머지 하나는 사랑받는 제자가 중심입니다. 각 대화에는 "나를 따르라!"라는 동일한 궁극의 명령이 등장합니다(21:19, 22). 이는 부활 이후의 제자도, 곧 예수님을 따르는 지속적인 드라마에서 가장 중요한 것이 무엇인지를 시사합니다. 그리고 가장 중요한 그것이 바로 예수님과 사랑이라는 사실에는 의심의 여지가 없습니다.

예수님과 베드로와 사랑(21:15-19)

"사람이 친구를 위하여 자기 목숨을 버리면 이보다 더 큰 사랑이 없나니"(15:13). 예수님은 그렇게 하셨지만, 베드로는 주님께 실망을 안겨 드렸습니다. 이 우정 관계를 다시 회복할 수 있을까요? 예수님과 베드로는 과연 새롭게 시작할 수 있을까요? 예수님이 마음에서부터 가장 바라시는, 양방향으로 자유롭게 주고받는 신뢰와 사랑이 가능할까요? 이 책 3장에서 이 만남을 살펴본 바 있지만, 조금 더 깊이 들여다볼 필요가 있겠습니다.

예수님과 베드로의 첫 번째 대화는 새출발을 시사합니다. 예수님은 그를 베드로라고 부르기 전의 이름 곧 "요한의 아들 시몬" 이라고 거듭 부르시며, 타고난 정체성을 상기시키십니다(21:15, 16, 17). 그분은 베드로를 섬세하게 배려하시면서 그가 예수님을 부인한 일은 전혀 언급하시지 않습니다. 미래에 가장 본질적인 것, 곧 두 사람 사이의 사랑에 대해 그저 다시, 또다시 물으실 뿐입니다. "네가 나를 사랑하느냐?"(21:16, 17) 우리 각 사람은 날마다, 사랑받고 사랑하는 존재로 새롭게 출발하라는 초대를 받습니다.

베드로는 예수님의 말씀에 반응하여 반복해서 그 사랑에 헌신합니다. 이 사랑은 속속들이 우리를 알고 계신 존재와 하나가 되는 사랑입니다. "주님, 그러하나이다. 내가 주님을 사랑하는 줄 주님께서 아시나이다.…주님, 모든 것을 아시오매 내가 주님을 사랑하는 줄을 주님께서 아시나이다"(21:15-17).

베드로의 대답을 들은 예수님은 그분이 사랑하신 것처럼 사랑하도록 베드로를 보내십니다. "내 어린양을 먹이라.…내 양을 치라.…내 양을 먹이라"(21:15-17). 베드로는 요한복음 10장 1-39절에 나타난 선한 목자라는 예수님의 정체성에서 영감을 받은 사랑의 공동체를 양육하는 데 동참할 것입니다. 그 본문은 주님이 '내 양'과 어떻게 관계를 맺으시는지는 보여 줍니다. 양의 이름을 각각 부르시고, 양으로 "생명을 얻게 하고 더 풍성히 얻게" 하시며(10:10), 다른 양들도 "한 무리가 되어 한 목자에게" 속하게 하시고(10:16), 이 사랑의 연합에 온전히 헌신하십니다. 이 모든 것의 깊은 원천은 예수님과 아버지 하나님의 사랑이십니다. "아버지께서 나를 사랑하시느니라"(10:17). "나와 아버지는 하나이니라"(10:30). "아버지께서 내 안에 계시고 내가 아버지 안에 있음을…알리라"(10:38). 그리고 다음에 살펴볼 고별 강화에서 볼 수 있듯이, 더 많은 것이 드러날 것입니다.

여기서 예수님은 베드로에게 하실 말씀이 더 있으신데, "내가 진실로 진실로 네게 이르노니"라는 강조 표현으로 그 말씀을 시작하십니다(21:18). 예수님이 앞에서 자주, 특히 요한복음 10장에서 반복해서 암시하셨듯이, 이는 희생하는 사랑입니다. "선한 목자는 양들을 위하여 목숨을 버리거니와"(10:11). "나는 양을 위하여 목숨을 버리노라"(10:15). "내가 내 목숨을 버리는 것은…이로 말미암아 아버지께서 나를 사랑하시느니라"(10:17). 이제 베드로가 배워야 할 것이 이 사랑이며, 그 중심에는 욕망에 관한 교훈이 있습니다. 젊었을 때는 "원하는 곳으로 다녔거니와" 늙어서는 "남이 네게 띠 띠우고 원하지 아니하는 곳으로 데려가리라"(21:18). 예수님을 사랑하고 따르기를 욕망한다는 것은, 우리가 가진 다른 욕망 가운데 일부를 포기해야 함을 깨닫는 것이기도 합니다. 그리고 고난과 죽음을 회피하고 싶은 우리 마음은 그런 욕망 중 하나일 수 있습니다. "이 말씀을 하심은 베드로가 어떠한 죽음으로 하나님께 영광을 돌릴 것을 가리키심이러라"(21:19).

예수님과 사랑받는 제자와 미래(21:20-24)

요한복음 저자는 베드로가 예수님이 사랑하시는 제자에 대해 묻는 장면을 언급하면서 "그는 만찬석에서 예수의 품에 의지하여[그리스어 '에피 토 스테토스'(*epi to stēthos*)는 '…의 가슴에'라는 뜻입니다] 주님, 주님을 파는 자가 누구오니이까 묻던 자"라고 상기시킵니다(21:20). 이 묘사는 한편으로는 요한복음에서 '예수님이 사랑하신 제자'로만 알려져 있고 마지막 식사에서 예수님의 품에 기대 있던 무명의 제자와, 또 다른 한편으로는 예수님의 사랑을 배신한 유다 사이의 근본적인 대조를 생생하게 보여 줍니다. 그 만찬에서 또한 베드로는 예수님께 "주를 위하여 내 목숨을 버리겠나이다"라고 맹세했지만, 예수님은 "내가 진실로 진실로 네게 이르노니 닭 울기 전에 네가 세 번 나를 부인하리라"라고 예언하시기도 했습니다(13:37-38).

사랑의 배신과 부인이라는 그 드라마의 속편이 방금까지 베드로에게 벌어졌습니다. 이제 이 속편의 초점은 사랑받는 제자에게로 옮겨 갑니다. 여기에는 이 복음서의 세 가지 결정적 반전이 담겨 있습니다.

처음으로 예수님은 "주님, 이 사람은 어떻게 되겠사옵나이까?"(21:21)라는 베드로의 질문에 답하시면서 사랑받는 제자의 미래에 대해 이렇게 말씀하십니다. "내가 올 때까지 나의 뜻[욕망]이 그를 머물게 하는 것이라고 해도, 그것이 너와 무슨 상관이냐? 너는 나를 따르라!"(22절, NRSV) 그다음 절에서 저자는 교회 내의 오해에 맞서고자 그 앞부분을 반복하여 강조합니다. 마음을 매혹하면서도 다층적인 의미가 담긴 말씀입니다.

- 이 말씀은 요한복음 전체를 관통하는 욕망이라는 주제를 계속해서 이어 가고 완성합니다. '뜻'를 의미하는 그리스어 '텔로'(*thelō*)는 또한 '욕망'을 뜻합니다.[1] 이제 여기서는 예수님의 뜻과 욕망에 초점이 맞추어집니다. 예수님이 욕망하신 것이 우선시되는 것은 당연합니다. 이 말씀은 이 책 3장에서 다룬 욕망에 관해 그분이 하신 마지막 말씀입니다.
- 여기서 '머물다'로 번역된 동사 '메네인'은 또한 '거하다', '살다', '거주하다'를 뜻하며, 이 책 4장의 핵심 주제였습니다. 예수님이 사랑하시는 제자의 집은 어디였을까요? 우리는 알 수 없지만, 십자가에서 있었던 일은 그가 누구와 함께 살았을지를 독자들에게 알려 줍니다. 바로 예수님의 어머니입니다. "그때부터 그 제자가 자기 집에 모시니라"(19:27).
- "태초에 말씀이 계시니라. 이 말씀이 하나님과 함께 계셨으니 이 말씀은 곧 하나님이시니라.…만물이 그로 말미암아 지은 바 되었으니"(1:1-3). 요한복음은 모든 창조된 실재의 시작과 함께 계셨던 예수님으로 서두를 열었습니다. 이제 요한복음은 미래의 중심에 계신 예수님으로 마무리됩니다. "내가 올 때까지"(21:22, 23). 신

약성경에는 예수님의 재림을 생생하게 보여 주는 시나리오가 여럿 등장하지만, 요한복음은 그 모두를 넘어서서 핵심인 예수님에게 초점을 맞춥니다. 따라서 미래와 관련된 가장 중요한 질문은 베드로처럼 '무엇'이나 때, 방법을 묻는 것이 아니라, '누구'인지를 묻는 것입니다. 당연히 예수님, 바로 그분이 미래의 실재에서 핵심이십니다! 여기서는 그것이 마치 당연한 사실인 양 슬쩍 끼어듭니다. "나의 주님이시요 나의 하나님이시니이다!"라는 도마의 외침을 진지하게 받아들인다면(20:28), 실제로 그럴 수 있습니다. 미래는 하나님의 것입니다. 예수님은 베드로에게 다른 사람의 미래가 '무엇일지'는 알 필요가 없다고 말씀하십니다. "네게 무슨 상관이냐?"(21:22) 본질은 "내가 올" 것을 신뢰하는 것입니다. 그의 미래는 예수님이 중심이 되실 것입니다.

그 미래로 가는 길은 언제나 현존하시는 분, "나는…이다", "나를 따르라"라고 말씀하신 '나'입니다. 이다음 단락에서는 그것이 무슨 뜻인지 더 자세히 살펴볼 것입니다.

하지만 사랑받는 제자에 대해 베드로가 예수님과 나눈 대화는 요한복음의 절정에서 첫 번째 반전에 불과합니다. 두 번째는 사랑받는 제자가 바로 이 복음서의 저자로 밝혀진 것입니다. "이 일들을 증언하고 이 일들을 기록한 제자가 이 사람이라. 우리는 그의 증언이 참된 줄 아노라"(21:24).

여기에서 몇 가지 수수께끼 같은 질문들이 생깁니다. 사랑받는 제자는 누구입니까? '우리'는 누구입니까? 게다가 그다음 절의 "이라고 생각한다"(I suppose, 새번역)라는 표현은 또 다른 이름 없는 사람을 전제하는 것 같습니다(21:25). 사랑받는 제자의 공동체가 어느 정도 관여한 가운데, 목격자의 증언이 함께 존재하는 듯합니다. 학자들은 계속해서 수수께끼 같은 질문들의 답을 숙고하고 있습니다.

이 질문에 대해 제게 진실되게 다가오는 (그리고 수 세기 동안 전 세계 기독교 전통의 주요 흐름과 맥을 같이하는) 주장은 이것입니다. 예수님과 가까웠고, 목격자로서 권위 있는 추종자가 다수의 다른 구전 증언과 문서 증언을 고려할 수 있을 만큼 오래 살았고(20:30; 21:25), 이 과정에서 자기가 이해한 바를 충분히 발전시키며, (요한이 쓴 세 편의 서신에서 볼 수 있듯이) 자기가 속한 공동체의 문제와 분열이라는 경험에서 교훈을 얻었다는 것입니다. 이 모두를 한데 모아 애정을 기울여 정성껏 빚어냈고, 이 과정을 통해 정제된 핵심과 깊은 의미를 담은 걸작을 탄생시켰습니다. 그다음에 21장 24-25절에 나오는 그의 공동체 내부의 '우리'와 '내'가 그의 저술을 소중히 여기고 편집했습니다. 그렇다면 "내가 올 때까지 그를 머물게 하고자 할지라도"의 의미를 탐구해 가던 긴 세월 초창기에(21:22), 그가 예수님의 노모와 한집에서 지내며 (어쩌면 소위 공동 저작 수준에 이르기까지) 함께 대화하고 기도하는 모습을 상상하지 못할 이유가 있겠습니까?

그다음에 세 번째이자 마지막 반전이 등장합니다. "예수께서 행하신 일이 이 외에도 많으니 만일 낱낱이 기록된다면 이 세상이라도 이 기록된 책을 두기에 부족할 줄 아노라"(21:25).

무척이나 영광스러운 열린 결말입니다! "예수께서 행하신 일"은 요한복음의 묘사가 끝난 뒤에도 계속 벌어집니다. 그 일들은—예수 사건이 지금도 계속 벌어지고 있기에—이 글이 쓰이는 순간까지도 계속 벌어지고 있습니다. 그 일들을 기록하고 제대로 묘사하려면 세상에 차고 넘칠 정도로 많은 책을 써도 부족하다는 말은 놀랍지 않습니다.

그리고 예수님은 지금도 살아 계시기에 이 일들은 지금도 계속되고 있습니다. 그래서 이 책을 포함하여 그분의 행적을 기록한 책은 계속 기록되고 있습니다. 예수님은 오늘날에도 '스스로 계신' '나는…이다'의 존재이십니다. 생명의 떡이요 세상의 빛이며, 선한 목자, 부활이시고, 길과 진리와 생명 되십니다. 주와 선생이시고, 세상의 구세주시며, 하나님의 아들, 인자, 메시아, 말씀이십니다. 예수님은 계속해서 우리를 사랑하고 섬기고 아시며, 우리에게 생수를 주시고, 모든 사람을 위한 풍성한 삶의 표적을 행하시며, 영광과 평안과 진리와 기쁨을 나누시고, 우리에게 성령을 불어넣어 주십니다. 주님은 계속해서 우리에게 이렇게 물으십니다. "너희는 무엇을 찾고 있느냐?" "누구를 찾고 있느냐?"

"지금 어디에 머물고 있으며, 거하고 있으며, 어디에서 참으로 자기 집처럼 편안하게 느끼느냐?" "나를 사랑하느냐?" 주님은 포도주, 바람, 물, 떡과 물고기, 빛과 어둠, 향기, 출산, 피, 영접, 들림 등의 이미지를 통해 계속해서 우리의 상상을 확장하십니다. 주님은 계속해서 명령하십니다. 그 명령은 또한 행위로의 초대인데, 그분은 그 일을 행함으로써 우리에게 깊이 있고 영원한 생명과 기쁨을 줄 것을 알고 계십니다. 제자들의 발을 씻기신 본을 따르고 그분처럼 사랑하며 그분이 보냄받으신 것처럼 보냄받을 방법을 찾으라고 우리에게 권면합니다. 그리고 이 모든 것의 비결로서, 예수님은 그분이 우리 안에 거하듯 우리도 그분 안에 거하라고 초대하십니다. 예수님이 하나님 아버지께 기도하신 대로, 그분의 궁극적인 욕망은 "나를 사랑하신 사랑이 그들 안에 있고 나도 그들 안에 있게 하[는]" 것입니다(17:26).

예수님이 이처럼 우리를 사랑하시는 사랑을, 우리는 어떻게 받아들이고 살아갈 수 있을까요? 그러기 위해서는 사랑을 주고받는 법을 배우면서 제자도를 훈련하는 과정이 필요한데, 이것이 고별 강화를 설명하는 한 가지 방식입니다. 이제부터 그 내용을 한번 살펴보겠습니다.

제자가 되기 위해 꼭 필요하고 가장 기본적인 것은 사랑을 받는 것입니다. 그 모범이 되는 제자가 바로 사랑받는 제자, "예수님이 사랑하시는 제자"입니다(13:23; 19:26; 20:2; 21:7, 20). 그 제자의 이름을 밝히지 않았다는 점이 제자도의 핵심을 강조하는데, 그는 이름이 아니라 예수님께 사랑받았다는 사실로 알려집니다.

물론, 제자들만 예수님의 사랑을 받은 것은 아닙니다. 예수님의 사랑, 곧 하나님의 사랑은 모두를 위한 사랑이라는 것이 바로 복음입니다. "하나님이 세상을 이처럼 사랑하사 독생자를 주셨으니"(3:16). 예수님은 다양한 방식으로 이 사랑을 보여 주십니다. 사람들을 고치고 먹이고 용서하시며, 가르치고 대화하시고 친구 공동체를 세우시고, 무엇보다도 고난받고 죽으심으로 사랑을 나타내십니다. "내가 땅에서 들리면 모든 사람을 내게로 이끌겠노라"(12:32).

어떤 사람이 예수님께 반응하여 제자가 되고자 한다면 무엇이 필수적일까요? 요한복음(나머지 복음서, 바울서신을 비롯한 신약성경 전체)은 분명히 말합니다. 예수님을 믿는 것, 예수님을 신뢰하는 것, 예수님께 삶을 내맡기는 것입니다. 이 책에서 내내 언급했듯이, 그리스어 동사 '피스테우에인'(*pisteuein*)은 이 모두를 포함합니다. 요한은 이를 프롤로그의 핵심 문장으로 삼습니다. "영접하는 자 곧 그 이름을 믿는[신뢰하고 삶을 내맡긴, *pisteuousin*] 자들에게는 하나님의 자녀가 되는 권세를 주셨으니"(1:12). 조금 전 인용한 3장 16절 후반부는 "이는 그를 믿는[신뢰하고 삶을 내맡긴, *pisteuōn*] 자마다 멸망하지 않고 영생을 얻게 하려 하심이라"라고 이어집니다. 예수님은 "우리가 어떻게 하여야 하나님의 일을 하오리이까?"라는 질문을 받고 이렇게 대답하십니다. "하나님께서 보내신 이를 믿는[신뢰하고 삶을 내맡기는, *pisteuēte*] 것이 하나님의 일이니라"(6:28-29). 이는 요한복음 전반에 걸쳐 거듭거듭 이어지며, 마침내 독자인 우리에게 직접 말을 걸어 이 복음서를 기록한 전체 목적을 밝혀 줍니다. "너희로 예수께서 하나님의 아들 그리스도이심을 믿게[신뢰하게 그리고 삶을 내맡기게, *pisteuēte*] 하려 함이요 또 너희로 믿고[신뢰하고 삶을 내맡기고, *pisteuontes*]그 이름을 힘입어 생명을 얻게 하려 함이니라"(20:31).

이를 예수님의 사랑과 연결해 보면 깊은 의미가 있습니다. 예수님은 일방적인 사랑이 아니라 서로 사랑하는 관계를 원하십니다. 하지만 그러기 위해서는 사람들이 예수님을 신뢰하고, 그 신뢰 가운데 그분의 사랑을 받아들여야 합니다. 주님은 철저히 사랑에 헌신하십니다. 우리는 무엇보다도 예수님을 신뢰함으로써 그 사랑에 적절한 반응을 보이기 시작할 수 있습니다. 신뢰가 핵심입니다. 예수님이 누구신지를 신뢰한다는 것은 우리가 온전히 사랑받은 존재임을 신뢰한다는 뜻입니다. 그리고 이 사랑에 적절한 반응은 사랑밖에 없습니다.

사랑받는 제자가 그 본을 잘 보여 줍니다.

- 마지막 식사 자리에서 그는 예수님의 품에 의지하여 누워 있습니다. 이는 완전한 상호성을 상징합니다.
- 예수님은 십자가 위에서 그를 가족으로, 자신과 똑같이 어머니의 아들로 받아들이십니다. 그분의 어머니를 그에게, 그를 그 어머니께 맡기십니다. 이 제자는 예수님의 어머니와 새로운 가정을 이룹니다. 이는 깊은 신뢰와 사랑의 사건을 나타냅니다.
- 부활의 일요일에 이 제자는 빈 무덤으로 달려가 예수님의 시신을 쌌던 세마포를 보고 "믿었다[신뢰하고 내맡겼다, *episteusen*]"라고 합니다(20:8). 그는 예수님의 부활을 가장 먼저 믿은 사람인데, 부활하신 예수님을 실제로 보지도 않고 그 사실을 믿었습니다. 그를 예수님이 나중에 우리에게 허락하신 복을 먼저 받은 사람으로 볼 수도 있겠습니다. "보지 못하고 믿는 자들은 복되도다"(20:29).
- 물고기를 많이 낚은 후에 예수님을 가장 먼저 알아본 자도 이 제자입니다. "주님이시라!…주님이라!"(21:7)
- 조금 전에 언급했듯이, 그다음에 예수님은 미래에 그가 머문다(혹은 거한다)고 말씀하십니다. 이 말씀은 포도나무 비유에서 이야기한 지속적인 제자도에 대한 근본적 묘사와 함께, 궁극적인 사랑의 상호성을 떠올리게 합니다. "내 안에 거하라. 나도 너희 안에 거하

리라.…아버지께서 나를 사랑하신 것같이 나도 너희를 사랑하였으니 나의 사랑 안에 거하라"(15:4-9).

- 마지막으로, 그는 요한복음의 저자로 밝혀집니다. 이는 증언하도록 부름받은 제자의 소명을 모범적으로 완수하며, 신실하고 믿을 만한 증인으로 서게 됨을 뜻합니다.

이 사랑받는 제자는 제자도에서 가장 중요한 분과 가장 중요한 것을 온전히 체현한 사람입니다. 바로 예수님과 사랑입니다. 이제부터는 계속되는 제자도의 여정에서 그것이 어떤 의미인지를 알기 위해, 특별히 지혜에 대한 예수님의 고별 강화를 살펴보려 합니다.

배움

앞서 살펴보았듯이 제자는 단지 '배우는 사람'이라는 뜻이며, 예수님의 첫 제자들은 그분과 처음 대화하면서 그분을 "랍비…(랍비는 번역하면 선생이라)"라고 부릅니다(1:38). 그 직전에 예수님은 제자들에게 처음 말씀하시면서 훌륭한 가르침에 꼭 필요한 일을 하셨는데, 그것은 바로 그들에게 질문을 던지시는 것이었습니다. 그것은 배움의 핵심을 찌르는 질문이었습니다. "무엇을 구하느냐?" 그다음 제자들이 예수님을 선생님이라고 부른 직후에, 훌륭한 배움에 꼭 필요한 일을 하는데, 그것은 바로 그분께 질문을 던지는 것입니다. "랍비여, 어디 계시오니이까?" 그분의 대답을 눈여겨보십시오. "와서 보라"(1:39).

주님은 가장 먼저 제자들을 가르치거나 이야기를 들려주지도 않고, 눈에 띄는 '표적'을 행하지도 않으며, 본을 보이거나 어떤 도전을 제시하지도 않으십니다. "그들이 가서 계신 데를 보고 그날 함께 거하니"(1:39). 예수님은 자기 집을 제자들과 나누시고, 그곳에서 제자들은 그분을 알아 갈 수 있었습니다. 우리는 그 기간에 무슨 일이 벌어졌는지 모르지만, 가장 큰 결과를 바로 확인할 수 있습니다. 제자들은 예수님이 어떤 분인지 알게 되었고("우리가 메시아를 만났다", 1:41), 그분을 중심으로 배움 공동체가 형성되기 시작했습니다. 안드레는 형제 시몬을 예수님께 데려왔는데, 예수님은 그에게 "네가 요한의 아들 시몬이니 장차 게바라 하리라.…(게바는 번역하면 베드로라)"라고 말씀하셨습니다(1:42). 이 공동체에서는 예수님이 누구신지, 각 사람이 누구인지, 그리고 함께 존재하는 것, 곧 한 집에서 가족을 이루어 함께 살아가는 것이 무엇보다 중요합니다.

공동체에는 이 공동생활을 유지하기 위한 실천이 필요합니다. 예수님은 제자들만 함께 자리한 마지막 식사의 고별 강화에서 삶을 형성하는 세 가지 실천에 대한 가르침을 요약해 주십니다. 그 실천은 배움, 기도, 사랑인데, 서로 밀접하게 얽혀 있지만 하나씩 살펴보는 것이 유익할 것입니다.

가르침 곧 배움은 고별 강화 전체를 아우르는데, 요한복음 13, 14, 15, 16장은 물론이고, 기도의 모범을 가르쳐 주시는 17장에 나오는 예수님의 기도까지 포함합니다. 다음 두 단락에서 살펴볼 기도와 사랑에 대한 가르침 외에도, 제자도에 수반되는 배움의 본질에 대해 매우 중요한 가르침이 있습니다. 이 점을 염두에 두고 요한복음 13-17장을 차분히 읽어 볼 가치가 있습니다. 읽으면서 염두에 두면 좋을 네 가지 생각을 제안해 봅니다.

첫째, 배움과 사랑이 밀접하게 얽혀 있는 이유에 주목해 보시기 바랍니다. 그 이유는 예수님의 정체성과 그분이 하신 행동과 말씀 때문입니다. 제자도에서 가장 중요한 배움은 '진리'이신 예수님(14:6)이 우리를 사랑하시며 우리에게 사랑하라고 요청하고 계심을 신뢰하는 법을 배우는 것입니다. 마지막 식사 자리에서 예수님은 가장 먼저 사랑으로 제자들의 발을 씻어 주시고, 그것이 그들의 '주 또는 선생'이신 그분에게서 배워야 할 행동이라고 말씀하십니다(13:13-14). 이 책 6장에서 우리는 이 내용을 핵심 가르침으로 더 깊이 살펴본 바 있습니다.

예수님의 정체성과 그분이 하신 행동과 말씀을 배우는 것에 대해 이렇게 강조하는 것은 고별 강화 전반에 흐르며, 그 정점은 예수님의 마지막 기도에서 드러납니다. 예수님의 기도에서 그분을 아는 것은 하나님과 누리는 깊고 영속적인 삶의 핵심입니다. "영생은 곧 유일하신 참 하나님과 그가 보내신 자 예수 그리스도를 아는 것이니이다"(17:3). 또한 진리이신 예수님이 제자들의 소명의 핵심이십니다. "그들을 진리로 거룩하게 하옵소서. 아버지의 말씀은 진리니이다. 아버지께서 나를 세상에 보내신 것같이 나도 그들을 세상에 보내었고 또 그들을 위하여 내가 나를 거룩하게 하오니 이는 그들도 진리로 거룩함을 얻게 하려 함이니이다"(17:17-19).

둘째, 제자들이 함께, 복수형으로, 또 공동체로서 "진리로 거룩하게" 된다는 점에 주목해 보시기 바랍니다. 이 책의 "들어가는 글"에서 저는 요한복음의 놀라운 점 하나가 초신자부터 성숙한 신자까지 모든 사람에게 적합하게 쓰였다는 점이라고 말했습니다. 마치 "생쥐가 발을 담글 수도 있고, 코끼리가 헤엄칠 수도 있는" 강과 같습니다. 요한복음은 우리에게 처음으로 예수님을 소개해 주고 시간이 흐르면서 더욱더 깊은 의미와 진리로 우리를 이끌어 줄 수 있는 공동체의 책입니다. 예수님을 만나고 그분과의 관계를 더 성숙시키는 것, 이 모든 것이 요한복음을 통해 가능해집니다. 교회는 그리스도인의 삶에서 매우 다양한 단계에 있는 사람들이 모인 공동체이기에 성도들의 배움도 크게 다른 양상일 수 있습니다. 마음과 생각과 상상력에는 한계가 없으며, 각 사람은 '모든 진리' 가운데로 계속해서 더 깊이 초대받습니다(16:13). 하지만 이런 배움의 깊이가 어떤 의미에서도 누군가를 다른 누군가보다 우월하게 만든다는 의미는 전혀 아닙니다. 우리의 모범은 제자들의 발을 씻기신 우리 주님이자 선생님이십니다.

이와 관련된 또 다른 측면은, 교회가 사회 전반과 마찬가지로 학습 능력이 다양하게 분포된 공동체라는 점입니다. 이런 이유에서도 배움의 본질이 어떤 우열 없이 사람마다 전혀 다를 수 있습니다. 저는 케임브리지에 있는 우정 공동체 린즈하우스의 일원으로 지내면서 이를 배우는 데 도움을 받았습니다. 예수님은 온갖 다양한 사람과 대담한 우정을 나누셨는데, 당시 사회에서 소외된 이들과 자주 관계를 맺으셨습니다. 거기서 영감을 받아 케임브리지의 다양한 학습 능력을 지닌 사람들 사이에서 우정을 형성하는 공동체가 생겨났습니다. 케임브리지는 많은 분야에서 학식이 높고 전문성 있는 사람들이 중심이 되는 곳입니다. 학습 장애가 있는 사람들을 중심으로 공동체를 형성한 것은, 예수님이 제자들의 발을 씻기신 의미를 가르치면서 마지막에 하신 놀라운 약속을 성취하는 것과도 같았습니다. "내가 진실로 진실로 너희에게 이르노니 내가 보낸 자를 영접하는 자는 나를 영접하는 것이요, 나를 영접하는 자는 나를 보내신 이를 영접하는 것이니라"(13:20).[2] 마가복음에 나오는 병행 구절도 진정한 위대함에 대해 말하는데, 이 본문은 이제 막 배움을 시작하는 존재의 전형이라 할 수 있는 어린아이를 중심으로 합니다. "누구든지 내 이름으로 이런 어린아이 하나를 영접하면 곧 나를 영접함이요 누구든지 나를 영접하면 나를 영접함이 아니요 나를 보내신 이를 영접함이니라"(막 9:37).

셋째, 고별 강화(와 또한 나머지 요한복음은 물론이고 성경 전체) 내내 '말씀'이 어떻게 특별한 역할을 하고 있는지에 주목하시기를 바랍니다. 요한복음에서는 예수님을 육신이 되신 하나님의 말씀으로 규정하는 프롤로그의 첫 문장을 통해 이를 더 강하게 부각합니다. 고별 강화에서 제자들의 발을 씻기신 사건은 예수님이 사랑하신 것처럼 서로 사랑하라는 새로운 계명으로 이어집니다(요 13:34). 예수님의 말씀을 지키는 일은 매우 중요합니다. "사람이 나를 사랑하면 내 말을 지키리니 내 아버지께서 그를 사랑하실 것이요 우리가 그에게 가서 거처를 그와 함께하리라"(14:23). '보혜사', '돕는 자', '격려자', '위로자'를 뜻하는 '파라클레토스'이신 성령은 진리의 영이십니다. "그가 너희에게 모든 것을 가르치고 내가 너희에게 말한 모든 것을 생각나게 하리라.…그가 내 것을 가지고 너희에게 알리시리라"(14:26; 16:15). 포도나무 비유에서 우리는 배움, 기도, 사랑이 긴밀하게 통합되어 있음을 발견합니다. "너희가 내 안에 거하고 내 말이 너희 안에 거하면 무엇이든지 원하는 대로 구하라 그리하면 이루리라. 아버지께서 나를 사랑하신 것같이 나도 너희를 사랑하였으니 나의 사랑 안에 거하라"(15:7-9).

그다음에 예수님은 마지막 기도에서 배움, 사랑, 기도를 또 다른 방식으로 하나로 엮으십니다. 그분은 하나님의 말씀과 말을 강조하십니다. "그들은 아버지의 말씀을 지키었나이다.…나는 아버지께서 내게 주신 말씀들을 그들에게 주었사오며 그들은 이것을 받고 내가 아버지께로부터 나온 줄을 참으로 아오며 아버지께서 나를 보내신 줄도 믿었사옵나이다.…내가 세상에서 이 말을 하옵는 것은 그들로 내 기쁨을 그들 안에 충만히 가지게 하려 함이니이다.…그들을 진리로 거룩하게 하옵소서. 아버지의 말씀은 진리니이다"(17:6, 8, 13, 17). 제자들이 자기와 하나님 아버지 그리고 서로와 '온전히 하나'가 되기를 바라시는 예수님의 욕망은 그분과 아버지의 사랑에 뿌리내리고 있습니다. 이 사랑을 통해 세상이 창조되었습니다. "아버지께서 나를 보내신 것과 또 나를 사랑하심같이 그들도 사랑하신 것을 세상으로 알게 하려 함이로소이다.…아버지께서 창세전부터 나를 사랑하시므로"(17:23-24). 그리고 이 모두는 우리 기도의 모범이 될 수 있는, 특별한 한 기도를 통해 전달되고 있습니다.

넷째, 말씀이신 예수님과 예수님 말씀의 중요성에서 비롯된 단순하고 실제적인 교훈이 있습니다. 요한복음 말씀을 반복해서 읽음으로써 우리 독자들에게 '영이요 생명'(6:63)이신 예수님의 말씀과 함께 그분을 영접할 놀라운 가능성이 주어집니다. "보지 못하고 믿는 자들은 복되도다"(20:29). 잉그리드 키츠버거(Ingrid Kitzberger)는 이 말씀을 이렇게 바꾸어 표현합니다. "이 복음서를 읽고 또 읽어서 믿는 자들은 복되도다."[3]

기도

"아버지께 참되게 예배하는 자들은 영과 진리로 예배할 때가 오나니 곧 이때라. 아버지께서는 자기에게 이렇게 예배하는 자들을 찾으시느니라"(4:23). 하나님은 우리 예배와 기도를 욕망하십니다. 왜입니까? 하나님이 우리를 욕망하시고 사랑하시기 때문입니다. 사랑받는 제자에게서 그리고 예수님과 베드로의 마지막 대화에서 보았듯이, 그분은 가능한 한 깊고 온전한 사랑을 욕망하십니다. 기도를 통한 신뢰와 사랑 가운데서 우리 마음과 생각과 온 삶을 하나님께 드리는 것이야말로 하나님이 원하시는 것입니다. 우리는 자기 형편이 어떠하든지, 지금 바로 이 일을 시작하거나 다시 시작할 수 있습니다. 이는 더 멀고 넓고 높고 깊은 곳으로 우리를 이끄는 길입니다. 이 책 전체에서 동반되었던 요한복음 17장의 예수님이 드리신 기도는 그 차원을 가늠하게 해주는 척도입니다. 이 기도를 통해 우리는 하나님의 흘러넘치는 풍성한 생명, 곧 영광과 기쁨과 진리와 사랑에 점점 더 마음이 열립니다. 이것이 바로 놀라운 실재, 곧 하나님의 가족으로서 우리가 그분의 집에 계속 머무는 삶입니다.

요한복음에서 기도에 대해 배울 내용은 더욱 많지만, 여기서는 세 가지 근본 진리에 주목하려 합니다.

첫째, 기도의 중심이 되는 실재는 하나님이 누구시냐는 것입니다. 이는 하나님의 이름에 집중하는 것으로 자주 드러나곤 합니다. 이 책 5장에서 보았듯이 요한복음은 하나님과 그분의 영광에 철저히 집중합니다. 예수님이 그'때'가 시작되었다고 선언하신 후, 하나님 아버지와 주고받은 짧은 대화는 매우 중요합니다.

> 지금 내 마음이 괴로우니 무슨 말을 하리요. 아버지여 나를 구원하여 이때를 면하게 하여 주옵소서. 그러나 내가 이를 위하여 이때에 왔나이다. 아버지여, 아버지의 이름을 영광스럽게 하옵소서 하시니 이에 하늘에서 소리가 나서 이르되 내가 이미 영광스럽게 하였고 또다시 영광스럽게 하리라 하시니. (요 12:27-28)

이와 같이 충만하고 강렬한 하나님의 생명과 사랑은 온전히 상호적이며, 우리까지도 끌어안으실 수 있습니다.

> 아버지께서 내게 하라고 주신 일을 내가 이루어 아버지를 이 세상에서 영화롭게 하였사오니 아버지여 창세전에 내가 아버지와 함께 가졌던 영화로써 지금도 아버지와 함께 나를 영화롭게 하옵소서. 세상 중에서 내게 주신 사람들에게 내가 아버지의 이름을 나타내었나이다.…내가 아버지의 이름을 그들에게 알게 하였고 또 알게 하리니 이는 나를 사랑하신 사랑이 그들 안에 있고 나도 그들 안에 있게 하려 함이니이다. (요 17:4-26)

이것이 곧 우리 기도의 중심에 자리한 하나님에 대한 지식과 사랑입니다.

둘째, 그런 기도가 우리 행위가 흘러나오는 깊은 곳이자 근원입니다. 고별 강화는 예수님의 기도에서 절정에 이를 뿐 아니라, 기도에 대한 그분의 가르침을 파도처럼 반복되는 흐름 가운데 담아냅니다. 그중에서도 가장 놀라운 부분은 다음 말씀일 것입니다.

> 내가 진실로 진실로 너희에게 이르노니 나를 믿는[신뢰하고 삶을 온전히 내맡기는, 그리스어 *pissteuōn*] 자는 내가 하는 일을 그도 할 것이요, 또한 그보다 큰일도 하리니 이는 내가 아버지께로 감이라. 너희가 내 이름으로 무엇을 구하든지 내가 행하리니 이는 아버지로 하여금 아들로 말미암아 영광을 받으시게 하려 함이라. 내 이름으로 무엇이든지 내게 구하면 내가 행하리라. 너희가 나를 사랑하면 나의 계명을 지키리라. 내가 아버지께 구하겠으니 그가 또 다른 보혜사를 너희에게 주사 영원토록 너희와 함께 있게 하리니. (요 14:12-16)

놀랍게도, 예수님의 이름으로 기도하는 것—곧 예수님의 정체성에 부합하게 구하고, 하나님이 영광 받으시고 사랑이 실천되기를 바라시는 예수님의 욕망에 감화되어 간구하는 것—은 우리가 그분이 하신 일보다 더 '큰일'을 하도록 이끌어 줄 것입니다.

앞 장에서 발을 씻기신 사건은 "선생…또는 주…주와 또는 선생"(13:13, 14)이신 예수님의 정체성에 부합하는 '위대함'이 무엇인지를 이미 다시 정의했습니다. 그것은 사랑으로 겸손하게 섬기는 것입니다. 따라서 우리는 기도하면서 예수님과 그분이 보내신 성령이 우리로 하여금 행하게 하시는 새롭고도 '더 큰' 겸손한 사랑의 섬김이 무엇인지를 분별해야 합니다.

셋째, 우리의 기도가 열어 주는 지평, 곧 우리가 참여하도록 부름받은 하나님의 생태계는 "영과 진리로" 드려지는 예배입니다.

이는 요한복음 프롤로그에서 처음 제시한 '진리'로, 그 지평에는 하나님과 모든 실재, 모든 창조 세계, 모든 사람, 모든 종교, 모든 문화, 모든 지식, 우리의 모든 부분과 우리 삶의 모든 순간이 담겨 있습니다. 요한복음에는 성경의 아름다운 예배 책, 시편의 세계가 깊이 배어 있습니다.[4] 이 책의 부록 2에서는 과거와 오늘날 전 세계 수많은 예배자가 시편에 깊이 잠긴 것과 비슷하게 날마다 요한복음에 깊이 잠길 방법을 추천해 두었습니다.

우리는 '영/성령으로' 예배를 드림으로써, 뜻하는 곳 어디든 임의로 부는 바람처럼(3:8) 살아 계신 하나님의 영이 허락하시는 뜻밖의 일들에 열려 있게 됩니다. 요한복음 15장의 포도나무 비유와 요한복음 17장의 그분의 기도에서 예수님이 우리에게 욕망하신 신뢰와 사랑의 친밀한 거함 가운데로 더 깊이 이끌립니다.

그리고 그 거함 가운데서 우리는 십자가에 못 박히고 부활하셔서 승천하신 예수 그리스도가 순간순간 우리에게 불어넣어 주시는 성령을 받을 수 있습니다.

사랑

우리는 고별 강화가 배움 및 사랑으로 드린 기도와 얼마나 밀접하게 엮여 있는지를 이미 살펴보았습니다. 하지만 고별 강화는 첫 구절 "세상에 있는 자기 사람들을 사랑하시되 끝까지 사랑하시니라"(13:1)부터 마지막 구절 "이는 나를 사랑하신 사랑이 그들 안에 있고 나도 그들 안에 있게 하려 함이니이다"(17:26)까지, 사랑이 최우선이라는 점을 분명히 하기도 합니다. 이 두 구절 사이에는 사랑에 대한 가르침이 수차례 밀려오는 파도처럼 등장합니다.

이 책 6장 "목요일: 철저히, 친밀하게, 취약하게 서로 사랑하다"에서는 제자들의 발을 씻기시는 예수님께 특별히 초점을 맞추었습니다. 그의 행위와 본은 다음과 같은 '새로운 계명'을 주시는 것으로 이어졌습니다. "새 계명을 너희에게 주노니 서로 사랑하라. 내가 너희를 사랑한 것같이 너희도 서로 사랑하라. 너희가 서로 사랑하면 이로써 모든 사람이 너희가 내 제자인 줄 알리라"(13:34-35). 예수님은 다른 제자들과 함께 자기를 배신한 자, 유다의 발도 씻어 주셨습니다. 그는 예수님과 함께 먹고 그분의 사랑을 받았습니다. 신약성경, 특히 요한복음은 예수님의 제자들을 절대 이상화하지 않습니다. 그들 사이에는 오해와 어리석음, 절도, 배신, 부인, 험담이 있습니다. 하지만 그런 것들이 최종 결정권을 가질 수 없다는 확신도 있습니다. 예수님이라는 인물을 중심으로 한 사건이 이미 일어났고, 그분과 그분이 주시는 성령을 통해 그 사건은 지금도 계속 일어나고 있습니다. 그래서 그러한 것들은 이미 극복되었고, 앞으로도 계속 극복될 수 있습니다.

우리가 이 계속되는 사건의 일부가 되고자 한다면, 이 불완전한 공동체에 소속되기로 헌신하고 우리 자신의 불완전함과 공동체의 불완전함을 외면하지 않고 인식하는 것이 필수입니다. 요한1서—심각한 문제들과 분열에 맞닥뜨린 기독교 공동체에 보내는 최초의 심오한 요한복음 주해서로 보기도 합니다—는 이렇게 말합니다. "만일 우리가 죄가 없다고 말하면 스스로 속이고 또 진리가 우리 속에 있지 아니할 것이요. 만일 우리가 우리 죄를 자백하면 그는 미쁘시고 의로우사 우리 죄를 사하시며 우리를 모든 불의에서 깨끗하게 하실 것이요"(요일 1:8-9).

이는 무엇보다 예수님을 최우선에 두는 것과 사랑에 대한 강조로 이어지는데, 이런 역설은 요한복음보다 요한서신에서 더 열정적이고 강렬하게 나타납니다. 이 서신은 우리가 사랑받는 것과 사랑하는 것 그리고 상호 거함을 거듭 되풀이하여 이야기합니다. 가장 절정에 자리하고 모든 것을 아우르며 반복되는 진리는 "하나님은 사랑"이시라는 사실입니다.

> 사랑하지 아니하는 자는 하나님을 알지 못하나니 이는 하나님은 사랑이심이라. 하나님의 사랑이 우리에게 이렇게 나타난 바 되었으니 하나님이 자기의 독생자를 세상에 보내심은 그로 말미암아 우리를 살리려 하심이라. 사랑은 여기 있으니 우리가 하나님을 사랑한 것이 아니요 하나님이 우리를 사랑하사 우리 죄를 속하기 위하여 화목 제물로 그 아들을 보내셨음이라. 사랑하는 자들아, 하나님이 이같이 우리를 사랑하셨은즉 우리도 서로 사랑하는 것이 마땅하도다.…그의 성령을 우리에게 주시므로 우리가 그 안에 거하고 그가 우리 안에 거하시는 줄을 아느니라.…하나님은 사랑이시라. 사랑 안에 거하는 자는 하나님 안에 거하고 하나님도 그의 안에 거하시느니라. (요일 4:8-16)

그러나 이렇게 일부를 인용하는 것으로는 부족합니다. 사랑에 흠뻑 젖은 이 서신서 전체를 읽고 또 읽는 것은 정말 가치 있는 일입니다.

요한복음의 고별 강화로 다시 돌아가 보면, 거기에는 그 사건으로 더 깊이 파고드는 사랑에 대한 가르침의 파도가 한 차례 더 이어집니다. 발을 씻어 주신 사랑의 섬김을 넘어, 사랑과 지식이 서로 화답하는 상호성의 단계로 나아갑니다.

> 내 계명은 곧 내가 너희를 사랑한 것같이 너희도 서로 사랑하라 하는 이것이니라. 사람이 친구를 위하여 자기 목숨을 버리면 이보다 더 큰

사랑이 없나니 너희는 내가 명하는 대로 행하면 곧 나의 친구라. 이제부터는 너희를 종이라 하지 아니하리니 종은 주인이 하는 것을 알지 못함이라. 너희를 친구라 하였노니 내가 내 아버지께 들은 것을 다 너희에게 알게 하였음이라. (요 15:12-15)

이렇듯 자기 목숨을 내려놓기까지 하는 희생적 사랑과 우정의 결합은, 우리를 더 깊고 충만한 공동체의 삶으로 이끄는 영원하고도 도전적인 초대가 됩니다. 이 공동체적 삶은 예수님의 죽음이 그렇듯 신뢰와 사랑을 가장 절실히 필요로 하는 세상을 지향하고 있습니다.

한 차례 파도가 밀려옵니다. 이번에는 요한복음 17장의 기도를 통해 영광, 진리, 사랑의 사건이 거대한 파도로 밀려듭니다. 이 기도는 주기도와 연결되어 처음부터 이 책의 일부로 자리했는데, 이는 주기도와 마찬가지로 반복해서 심지어 매일 이 기도를 마주할 가치가 있습니다. 그렇게 스스로를 이 기도에 열어 둘 때 우리가 그 안에 거하고, 그 기도가 우리 안에 거하게 됩니다. 누가 감히 상상할 수 있겠습니까? 그렇게 하려 애쓸 때 우리는 개인적으로나 공동체적으로, 영적으로, 지적으로, 상상 속에서와 실제 현실에서 확장됩니다. 이는 근본적인 친밀함과 창조 이전으로 확장되고 현재와 미래의 전 세계를 아우르는 지평을 결합합니다. 이것이 바로 예수님이 사랑으로 그분의 목숨을 내려놓으면서 우리에게 바라신 예수님의 궁극적인 욕망입니다. 우리는 하나님이 사랑하시는 세상을 위해 예수님과 성부 하나님 그리고 제자 공동체 안에서 서로와 더불어 사랑 안의 온전한 일치를 이루고자 하는 그분의 욕망에 기꺼이 동참하기를 욕망합니까? 이것이 우리의 배움과 기도와 사랑에 영감을 주는 비전이자 실재입니까? 우리는 하늘에서와 같이 땅에서도 이루어지는 이 사랑 사건의 일부가 되기 위해 헌신하고 있습니까?

그러나 예수님처럼 우리의 욕망과 헌신은 행동으로 이어져야 하며, 필요하다면 고난까지 감내해야 합니다. 이 기도에서 예수님은 아버지께 이렇게 말씀하십니다. "아버지께서 나를 세상에 보내신 것같이 나도 그들을 세상에 보내었고"(17:18). 이 책의 나가는 글은 이 말씀이 오늘날 우리에게 어떤 의미인지를 묻습니다.

저는 독자들이 나가는 글을 읽기 전에 요한복음 17장의 관점에서 주기도를 다시 드리기를 제안합니다.

묵상과 토론을 위한 질문

아미엘 오스마스턴 수석 사제의 제안

*

요한복음 21장 15-20절에서 예수님은 베드로의 죄책감을 없애 주시고 사랑 안에서 새출발을 허락하십니다. 예수님은 "네가 나를 사랑하느냐?"라고 반복해서 물으십니다. 베드로가 반복해서 자기 사랑을 확인해 드리자 예수님은 그에게 "내 양을 먹이라"(21:17)고 하시고 "나를 따르라"(21:19)고도 말씀하십니다. 오늘날 예수님의 제자가 되려는 우리에게 이 질문과 명령은 어떤 의미가 있을까요?

*

배움 이 장에서는 "제자도에서 가장 중요한 배움은 '진리'이신 예수님(14:6)이 우리를 사랑하시며 우리에게 사랑하라고 요청하고 계심을 신뢰하는 법을 배우는 것입니다"라고 말합니다. 당신은 이 말에 동의합니까? 그렇다면, 이 말의 함의는 무엇이라고 생각합니까?

*

기도 이 장이(혹은 이전 어떤 장이든) 우리가 기도의 놀라운 넓이와 깊이, 뜻밖의 응답에 마음을 더 열도록 격려해 주었습니까? 그렇다면, 어떻게 그렇게 되었습니까?

*

사랑 예수님은 우리에게 새 계명을 주셨습니다. "새 계명을 너희에게 주노니 서로 사랑하라. 내가 너희를 사랑한 것같이 너희도 서로 사랑하라. 너희가 서로 사랑하면 이로써 모든 사람이 너희가 내 제자인 줄 알리라"(13:34-35). 하나님의 교회와 세상, 주변 사람들에게서 볼 수 있는 실패나 실망에도 불구하고, 어떻게 하면 우리는 계속해서 사랑할 수 있겠습니까?

나가는 글

우리의 미래: 예수님처럼 보냄받다

"아버지께서 나를 보내신 것같이 나도 너희를 보내노라"(요 20:21). 이 말씀은 미래를 향해 나아가는 예수님의 제자들에게 가장 핵심이 되는 지침입니다. 앞서 8장에서는 이 말씀이 "그리스도인이 삶 속에서 추구하는 세 갈래의 지향"을 담고 있다고 설명했습니다. 각 지향은 요한복음의 특징을 보여 줍니다. 즉 우리가 어떤 형편에 있든 지금 바로 시작할 수 있으며, 요한복음이 우리를 초대하는 다면적인 풍성함 가운데로 점점 더 깊이 이끌려 가면서 계속해서 성숙하고 깊어질 수 있다는 것입니다. 거기에는 이 책 전체를 관통한 이중의 역동성이 있습니다. 예수님을 신뢰하게 됨으로써 하나님을 만나고, "그 이름을 힘입어 [지속되는] 생명"을 얻는 것입니다(20:31). 이는 예수님의 사랑에 거하고 그분의 가족 또는 친구가 되며, 삶이라는 드라마 속에서 그분을 따르기로 헌신하는 것입니다.

하나님 속으로

첫 번째 지향은 살아 계신 하나님이라는 실재와 아버지께서 예수님을 보내신 사건으로 우리를 이끕니다. 곧 예수님이 누구신지, 그분이 성부와 성령과 맺으시는 관계, 그분이 보내심을 받은 방식과 미래를 향한 그분의 욕망 속으로 깊이 파고드는 것입니다.

물론, 이는 예수님 이야기 전체, 곧 요한복음 모든 장을 숙고하고 또 숙고한다는 의미입니다. 실제로 그 말은 요한복음을 반복해서 읽고(혹은 반복해서 듣고), 각각의 핵심마다 "우리가 어떻게 하면 이해할 수 있을까?" "우리가 어떻게 하면 이 풍성함 가운데 더 깊이 들어갈 수 있을까?"라고 질문한다는 뜻입니다. 우리가 예수님처럼 보냄을 받았다면, 그런 질문들이 일상의 일부가 될 것입니다. 그런 질문들이 우리가 제자로서 지속하는 삶의 핵심에 있습니다.

마찬가지로, 예수님이 던지신 질문들이 우리의 질문이 됩니다. 미래를 내다볼 때 우리의 욕망에 대한 질문보다 더 중요한 질문은 아마도 없지 않을까 생각합니다. "무엇을 구하느냐?"(1:38) "누구를 찾느냐?"(20:15) 이처럼 욕망 어린 시선은, 예수님이 우리를 향해 욕망하시는 하나님의 생명과 영광, 지식과 사랑을 보고 거기에 참여함으로써 충족됩니다.

> 아버지여, 내게 주신 자도 나 있는 곳에 나와 함께 있어 아버지께서 창세전부터 나를 사랑하시므로 내게 주신 나의 영광을 그들로 보게 하시기를 원하옵나이다. 의로우신 아버지여 세상이 아버지를 알지 못하여도 나는 아버지를 알았사옵고 그들도 아버지께서 나를 보내신 줄 알았사옵나이다. 내가 아버지의 이름을 그들에게 알게 하였고 또 알게 하리니 이는 나를 사랑하신 사랑이 그들 안에 있고 나도 그들 안에 있게 하려 함이니이다. (요 17:24-26)

이 책의 주요한 관심은 독자들이 이처럼 욕망하는 것, 곧 하나님을 만나고 알며, 하나님 중심의 생명에 계속해서 참여하는 것이었습니다.

공동체 속으로

두 번째 지향은 예수님을 따르는 사람들의 공동체 속으로 들어가는 것입니다.

"나도 너희를 보내노라"에서 '너희'는 복수형입니다. 우리는 다른 사람들과 함께 보냄을 받습니다. 요한복음 전체(와 나머지 성경 전체 그리고 2천 년 교회 역사에서 건진 지혜)가 그렇듯이, 이 책의 처음부터 지금까지 어떻게 하면 이 공동체에 속할 수 있는지를 이야기했습니다. 이 책 9장에서 설명했듯이 요한복음의 절정은 고별 강화에 담겨 있습니다. 예수님의 제자로서 우리는 배움과 기도와 사랑을 통해 미래로 나아가야 합니다.

여기에서도, 이 책에서 익숙한 이중적 역학, 곧 시작과 지속성이 등장합니다. 우리는 지금 자신의 형편이 어떠한지와 상관없이 배우고 기도하고 사랑하기를 시작할 수 있습니다. 하지만 우리 가운데 과연 누가 배움과 기도와 사랑을 온전히 이루었다고 말할 수 있을까요?

이번에도 요한복음 17장에 나오는 예수님의 기도가 우리에게 영감을 줄 수 있습니다. 주님은 그분의 간절한 욕망을 제자 공동체에 부어 주십니다. 예수님의 욕망은 다름 아니라 우리가 하나님의 생명과 영광, 진리와 사랑을 온전히, 친밀하게, 영원히 나누는 것입니다. 그것은 그보다 더 바람직한 삶을 상상하거나 생각할 수 없을 만큼 충만한 삶입니다. 요한복음 17장으로 계속해서 기도해 보십시오! 상상하고 또 상상해 보십시오! 생각하고 또 생각해 보십시오! 기독교 공동체에 참여하는 데 따르는 실제적인 결과를 매우 진지하게 받아들이십시오.

우리는 하나님께 헌신하는 것만큼이나 형제자매에 대한 사랑에도 깊이 헌신해야 합니다. 그 때문에 예수님을 믿고, 신뢰하고, 그분께 삶을 온전히 내맡긴 사람들의 공동체를 분열하는 그 어떤 시도도 상상할 수 없게 되어야 합니다.[1] 그리스도인의 연합이 모든 그리스도인과 그리스도인 가정, 친구들, 공동체, 단체, 네트워크와 교회의 최우선 순위가 되어야 합니다. 예수님을 따르는 사람들을 향한 그분의 욕망을 성취하는 것이 우리의 가장 핵심적인 욕망이 되어야 합니다. 하나님이 사랑하시는 세상을 위해서 예수님과 하나님 아버지, 서로에 대한 믿음과 사랑 가운데 철저히 하나가 되는 것 말입니다.

> 내게 주신 영광을 내가 그들에게 주었사오니 이는 우리가 하나가 된 것같이 그들도 하나가 되게 하려 함이니이다. 곧 내가 그들 안에 있고 아버지께서 내 안에 계시어 그들로 온전함을 이루어 하나가 되게 하려 함은 아버지께서 나를 보내신 것과 또 나를 사랑하심같이 그들도 사랑하신 것을 세상으로 알게 하려 함이로소이다. (요 17:22-23)

여기서도 동일하게, 배움과 기도와 사랑이라는 세 가지 핵심 실천을 모두 성숙시켜 줄 한 가지 실천은, 혼자서든 함께든 요한복음을 반복해서 읽고 반복해서 듣는 것입니다. "내가 비옵는 것은 이 사람들만 위함이 아니요 또 그들의 말로 말미암아 나를 믿는 사람들도 위함이니…그들도 다 하나가 되어"(17:20-21). 그 '말'에는 요한복음과 성경 전체에 흩어져 있는 그 상호 본문(intertext, 한 본문을 이해할 때 인용, 참조, 변주하면서 그 의미를 완성시켜 주는 다른 본문들—편집자)이 포함됩니다. 그리고 물론 이 모든 내용의 살아 있는 열쇠이신 예수 그리스도, 곧 자기의 말씀을 읽고 듣는 자들에게 성령을 불어넣어 주시는 인격이신 하나님의 말씀이 그 중심에 계십니다.

세상 속으로

세 번째 지향은 세상 속으로 들어가는 것입니다. 예수님이 기도하신 것처럼, "아버지께서 나를 세상에 보내신 것같이 나도 그들을 세상에 보내었[습니다]"(17:18).

고별 강화는 공동체의 모임과 배움, 기도, 사랑이라는 공동체의 핵심 실천에 대한 지혜를 줄 뿐 아니라, 예수님이 보내심을 받고 그 제자들이 보냄받은 세상에 대해서도 현실적인 시각을 가지고 있습니다. 예수님과 그분의 제자들은 모두 요한이 어둠이라고 칭한 곳, 곧 예수님에게서 볼 수 있는 빛과 사랑을 부인하거나 거부하거나 왜곡하거나 약화시키는 곳으로 부름을 받습니다. 그런 현실은 제자들 공동체 그 자체에 자리한 어둠과 함께 시작됩니다. '마귀'나 '사탄'(13:2, 27; 나중에 14:30; 16:11에서는 "이 세상의 임금"이라고도 불립니다)과 연관된 그 어둠이 유다 안에 자리합니다. 유다가 예수님을 배신하려고 자리를 떴을 때는 "밤"이었습니다(13:30). 악의 역동은 실제적 책임을 지는 개인들의 내

면에만 국한되지 않고, 그들을 넘어서는 차원에서도 작동합니다. 유다가 가담하게 되는 이 세상의 정치·군사·종교 세력들에서 그 사례를 볼 수 있습니다. 또한 선택받은 제자들 공동체 내부에서도, 예수님과의 관계를 부인한 베드로가 어둠에 굴복하고 맙니다.

따라서 이 책 6장에서 논의했듯이, 이중의 현실이 작동합니다. 개인이 잘못하기도 하지만, 개인을 넘어서서 조직적인 악의 세력이 존재합니다. 제자 공동체도 예외는 아닙니다. 하지만 사실은 삼중 현실이 작동하고 있습니다. 세 번째는 바로 예수님이라는 결정적 실재입니다. 유다가 밤으로 들어선 직후에 예수님은 이렇게 말씀하십니다. "지금 인자가 영광을 받았고 하나님도 인자로 말미암아 영광을 받으셨도다. 만일 하나님이 그로 말미암아 영광을 받으셨으면 하나님도 자기로 말미암아 그에게 영광을 주시리니 곧 주시리라"(13:31-32). 고별 강화는 예수님의 고난과 십자가와 부활이라는 결정적인 '때'에 하나님의 영광이 '지금' 예기치 못한 방식으로 나타나는 사건을 맞이하도록 제자들을 준비시킵니다. 이 책 2부에서 설명했듯이, 이때 어둠이 지닌 그 모든 압도적인 위력이 예수님을 덮치지만, 사랑 가운데 하나님과 우리와 하나이신 예수님도 어둠을 덮치십니다. 그 결과, 예수님은 고난과 죄, 악과 죽음을 이기시고 전혀 새로운 방식으로 다시 사십니다.

고별 강화는 이 사건의 의미와 거기서부터 무엇이 파생되어 흘러나올지를 가르칩니다. '세상'의 현실을 다루는 이 말씀은 종교 당국 및 정치권력과 손잡은 유다의 배신뿐 아니라, 예수님처럼 제자들도 미움받고 거부당하며 죽음에 이르기까지 박해받으리라는 예언도 담고 있습니다(15:18-25; 16:1-4). 하지만 가장 중요한 진실은 그런 것들이 최종 결정권을 갖지 못한다는 것입니다. "내가 진실로 진실로 너희에게 이르노니 너희는 곡하고 애통하겠으나 세상은 기뻐하리라. 너희는 근심하겠으나 너희 근심이 도리어 기쁨이 되리라"(16:20).

예수님이 승리자라는 메시지가 반복됩니다. "이 세상의 임금이 오겠음이라. 그러나 그는 내게 관계할 것이 없으니 오직 내가 아버지를 사랑하는 것과 아버지께서 명하신 대로 행하는 것을 세상이 알게 하려 함이로라.…보라. 너희가 다 각각 제 곳으로 흩어지고 나를 혼자 둘 때가 오나니 벌써 왔도다. 그러나 내가 혼자 있는 것이 아니라 아버지께서 나와 함께 계시느니라. 이것을 너희에게 이르는 것은 너희로 내 안에서 평안을 누리게 하려 함이라. 세상에서는 너희가 환난을 당하나 담대하라. 내가 세상을 이기었노라!"(14:30-31; 16:32:33)

요한복음 17장 예수님의 기도에서 준비가 완료됩니다. 예수님은 그분과 아버지의 깊은 관계를 활짝 열어 주시고, 제자들이 그 깊은 생명과 영광과 진리와 사랑 가운데로 들어가기를 바라시는 그분의 욕망을 부어 주십니다. 하지만 이것은 제자들만을 위한 것이 아니라, 다른 이들과 나누어져야 합니다. 예수님이 세상을 향한 사랑 때문에 보냄을 받으신 것처럼, 제자들도 마찬가지 이유로 보냄을 받습니다. 세상은 그들을 미워할 것이고, 그들은 세상으로부터 보호가 필요하며, 예수님처럼 세상에 속하지 않습니다(17:11-16). 하지만 그들이 신뢰와 사랑 가운데 예수님, 하나님 그리고 서로와 하나가 되는 것의 목적은, 그와 똑같은 신뢰와 사랑으로 세상을 이끌어 "세상으로 아버지께서 나를 보내신 것을 믿게 하[고]…아버지께서 나를 보내신 것과 또 나를 사랑하심같이 그들도 사랑하신 것을 세상으로 알게" 하기 위해서입니다(17:21, 23).

이어지는 요한복음 18장과 19장에서 세상은 예수님께 최악의 일을 저지릅니다. 이 책 7장에서 우리는 요한이 예수님의 재판과 십자가 처형을 어떻게 묘사하는지를 따라가며 살펴보았습니다. 예수님의 정체성이 지닌 철저한 중심성, 진리와 사랑과의 동일시, 십자가 처형이 예수님이라는 인물을 중심으로 일어난 사건임을 우리 마음속에 깊이 각인시키기 위해서였습니다. 이제 요한복음 20장에서 예수님은 아버지께서 자신을 보내신 것과 '같이' 제자들을 세상으로 보내십니다. 지금 예수님의 제자들이 세상과 관계를 맺을 때 이 '같이'라는 단어가 지닌 의미는 무엇입니까?

'같이'와 즉흥 연주

'같이'[그리스어 '호스'(*hōs*), '호스페르'(*hōsper*), '카토스'(*kathōs*)]는 요한복음에서 결정적인 순간마다 등장하는데, 이는 앞서 언급한 세 가지 지향을 분명히 보여 줄 수 있습니다.[2] 앞서 8장에서, 우리는 부활 이후에 그 중요성을 살펴보기 시작했습니다. 우리가 예수님과 '같이' 보냄을 받는다면, 예수님이 보냄받은 방식으로부터 배우고 영감을 얻으며 그분의 정체성에 충실해야 합니다. 하지만 지금 우리가 있는 자리에서, 21세기 세상 속 공동체로 온전히 살아가야 할 필요도 있습니다. 그러려면 지속적인 분별, 새로운 상상과 사고, 현명하고 창의적인 소통과 행동이 필요합니다. 예수님은 그분이 사시던 시대와 장소와 사람들에게 심오하고도 담대한 방식으로 연결되어 계셨습니다. 그러니 오늘날 우리도 그렇게 해야 합니다.

이 점은 음악의 즉흥 연주와 비교할 수 있겠습니다. 연주자가 즉흥 연주를 잘하려면, 그 음악을 잘 알아야 할뿐더러 자신이 다루는 악기도 철저하게 연습해야 합니다. 마찬가지로, 제자들도 요한복음이라는 '음악'을 잘 알아야 할 뿐 아니라, 배움과 기도와 사랑을 충분히 연습해야 합니다. 또한 각자 독주가 아니라 합주로 즉흥 연주를 하려면, 서로 민감하게 주의를 기울이면서 조화 속에서 시너지를 내며 함께 연습해야 합니다. 제자도도 마찬가지입니다. 개인의 삶에서뿐 아니라 공동체에서 함께 배우고 기도하고 사랑해야 합니다. 그러면 음악으로 치면 대중 공연 같은 일이 벌어질 수 있습니다. 다시 말해서 우리가 보냄받은 오늘날의 세상에 활발히 참여하게 됩니다. 예수님은 제자들에게 성령을 불어넣으시고 자기가 보내심을 받은 것같이 제자들을 보내셔서, 지금도 계속 벌어지고 있는 즉흥 연주의 새 시대를 시작하셨습니다.

즉흥 연주에는 미리 써 둔 대본이 없습니다. 일일이 음표를 적은 악보가 있다면 그것은 즉흥 연주라고 할 수 없습니다. 과거에 요한복음은 다양한 맥락에서 수많은 반응을 불러일으켰고, 지금도 그런 반응은 계속되고 있습니다. 우리는 그런 반응들을 연구해서 거기로부터 배울 수 있습니다. 저는 주석과 이 책을 준비하면서 그렇게 하려고 노력했습니다. 하지만 미래를 위한 안전한 대본은 없습니다. 매일, 매주, 매년이 고유하며 수많은 종류의 반전은 물론 충격도 안겨 줄 수 있습니다. 각 독자와 독자 집단은 각기 다른 상황에서 그들 나름의 문제에 처해 있습니다. 요한복음은 제가 '본질'이라고 부른 핵심적인 지침들을 담고 있습니다. 무엇보다도 이 지침들은 앞서 언급한 처음 두 지향과 관련되며 대단히 중요합니다. 이것들이 없다면, 세상을 향한 우리의 참여는 예수님과 그분의 욕망에도 부합하지 않게 됩니다.

하지만 오늘날 우리가 사는 구체적 맥락과 관련하여, 요한의 폭넓은 '같이'는 성령 안에서 이루어지는 지속적인 즉흥 연주를 격려합니다. 요한은 프롤로그부터 시작하여, 우리가 마음과 생각, 상상력과 실용적인 능력을 확장하여 하나님과 기독교 공동체뿐 아니라 오늘날의 세상으로 더 깊이 들어가도록 권면하는 역동적인 기독교 세계관을 세웁니다. 우리는 기독교 역사와 오늘날 전 세계 교회를 살피면서 그로부터 배울 수도 있겠습니다. 하지만 그것으로 우리 자신이 요한복음을 통해 직접 배우고, 스스로 기도하고 예배하며, 우리 나름의 현장에서 영감을 얻어 사랑과 봉사를 실천하는 것을 대신할 수는 없습니다.

마지막 두 제안

이 책 뒷부분에는 몇 가지 부록이 있습니다.

부록 1은 요한복음 17장에 비추어 주기도를 드리는 방법을 소개합니다. 이 제안을 따르는 독자들이 그것을 가치 있는 실천으로 여기게 되기를 바라며, 이 책 전체에서 요한복음 17장이 반복적으로 언급되는 것이 그러한 실천을 격려하고 심화하는 데 도움이 되기를 바랍니다.

부록 2는 요한복음을 날마다 조금씩 읽는 방법을 소개합니다.

'들어가는 글'에서 저는 이 책에 바라는 점을 이렇게 밝혔습니다. "주석을 함께 읽든 그렇지 않든 이 책을 읽는 독자 개인은 물론 소그룹 및 회중 더 나아가 공동체 전체가 요한복음 본문을 일상 속 습관처럼 거듭해서 읽도록 영감을 주는 것입니다." 하지만 어떻게 그것이 가능하겠습니까? 한 가지 방법은 영국 성공회 교구 사제 앨런 에클스턴의 묵상법을 따르는 것입니다. 그는 자신의 책 『성령의 발판』(*The Scaffolding of Spirit*) 서문에 이렇게 썼습니다.[3]

> 한 가지 목적에서 이 책이 탄생했다. 그것은 요한복음을 (가장 적절한 표현을 고르자면) 기도하듯 읽는 방식으로 읽는 법을 배우자는 호소다. 그렇게 읽을 때 우리가 저자의 마음과 의도에 가장 근접하게 된다고 나는 믿는다. 이런 방식으로 우리는 그가 한 일을 이해하게 된다. 그는 다른 사람들도 자기와 같이 하기를 바란다고 썼다. 나는 그것을 어떻게 시작할 수 있을지 몇 가지 방법을 제안하고자 한다.…이런 읽기 방식은 유대교와 기독교의 기도 전통에서 낯설지 않다. 바로 이처럼 신중한 방식으로 태곳적부터 토라를 연구하고 시편을 암송했다. 이런 방식은 앞으로도 여러 세대에 걸쳐 사용될 것이다. 나는 제4복음서 곧 요한복음을 그렇게 기도하는 방식으로 읽기를 제안한다. 이는 마치 요한복음을 기독교의 시편으로 바꾸는 것과도 같다. 이런 사용법은 매우 필요하며, 이미 오래전에 이루어져야 했을 일이다.

이런 목적에 맞추어 에클스턴은 날마다 짧은 본문을 기도하듯 읽기를 추천합니다. 그는 요한복음을 90일 분량으로 나누어 석 달마다 요한복음 전체를 읽을 수 있는 묵상법을 부록에 수록했는데, 이 책 부록 2에 그 내용을 재수록했습니다. 내가 다니는 세인트앤드루스 교회의 사제이자 이 책의 서문을 써 준 카린 보스 하먼은 '요한복음의 해'에 이 묵상법을 우리 교구에 소개했습니다. 저는 그때부터 이 방법을 사용하기 시작해서 이 글을 쓰는 지금은 여덟 번째로 묵상하고 있습니다. 이 방법은 계속해서 영감과 도전과 놀라움을 안겨 주면서도, 그저 일상의 일부이기도 합니다.

매일이든, 혹은 그보다 덜 자주든 이 책의 독자들이 요한복음을 꾸준히 습관처럼 읽게 되기를 바랍니다. 또한 요한복음 20장 28-31절에 따라, 예수 그리스도를 통해 하나님을 만나는 복과, 그분이 하신 말씀을 그대로 이루시는 분임을 발견하는 복을 함께 누리시기를 바랍니다. "내가 온 것은 양으로 생명을 얻게 하고 더 풍성히 얻게 하려는 것이라"(10:10).

⁑부록 1

요한복음 17장에 비추어 주기도로 기도하기

주기도는 가장 유명한 기독교의 기도입니다. 나를 포함한 많은 사람이 적어도 하루에 한 번은 주기도를 드립니다. 또한 오랫동안 많은 사람이 요한복음 17장에 나오는 예수님의 기도에 비추어 주기도를 드릴 때 그 기도가 더 분명해지고 깊어지는 것을 발견했습니다. 거의 20년 전에 이 사실을 발견한 이후로 계속해서 이해가 더 깊어지고 있습니다. 요한복음 17장은 요한복음을 통한 하나님과의 만남에서 핵심이기에 이 책에서 중심 역할을 합니다. 이 책 여러 장에서 요한복음의 무궁무진한 깊이를 헤아려 보려고 애씁니다. 저는 사순절(또는 다른 어떤 시기라도)을 위한 실제적인 활동으로, 여러분이 날마다 일상에서 요한복음에 비추어 주기도를 드려 보기를 제안합니다.

그 시작을 돕기 위해(그리고 여러분도 나와 수많은 이들과 더불어 이 실천이 하나님과의 관계를 끝없이 깊고 풍성하게 해 준다는 사실을 깨닫기를 기대하면서) 주기도의 현대어 번역(새번역)을 사용하여 몇 가지 제안과 주요 질문을 제시하겠습니다.

"하늘에 계신 우리 아버지"

요한복음 17장 "아버지여, 때가 이르렀사오니 아들을 영화롭게 하사 아들로 아버지를 영화롭게 하게 하옵소서.…아버지여, 창세전에 내가 아버지와 함께 가졌던 영화로써 지금도 아버지와 함께 나를 영화롭게 하옵소서.…거룩하신 아버지여…의로우신 아버지여."

우리는 그 누구보다도 하나님의 아들이신 예수님, 곧 요한복음의 핵

심 관심사인 그분을 통해, 우리를 사랑하시는 "하늘에 계신 우리 아버지"를 믿고 알게 됩니다.[1]

주기도는 예수님을 언급하지 않습니다. 요한복음 17장은 예수님과의 가장 밀접한 관계 안에서 우리가 '우리 아버지'의 자녀가 되도록 이끕니다. 예수님은 마태복음 6장 9-13절에서 제자들에게 주기도를 가르치십니다. 여기서 그분이 기도 가운데 아버지와 맺고 계신 관계가 나누어집니다. 그 기도가 우리를 기도하게 돕는 것은 당연합니다!

영원한 생명이 지닌 그 영광스러운 강렬함과 친밀함을 엿보게 하는 이 장면은, 이 기도의 후반부에서 놀랍게도 그 생명과 영광이 우리에게까지 열리는 것으로 이어집니다. "내게 주신 영광을 내가 그들에게 주었사오니 이는 우리가 하나가 된 것같이 그들도 하나가 되게 하려 함이니이다."

"그 이름을 거룩하게 하여[*hagiasthētō*] 주시며"

요한복음 17장 "세상 중에서 내게 주신 사람들에게 내가 아버지의 이름을 나타내었나이다.…또 그들을 위하여 내가 나를 거룩하게 하오니[*hagiazō*] 이는 그들도 진리로 거룩함을 얻게 하려 함이니이다.…내가 아버지의 이름을 그들에게 알게 하였고 또 알게 하리니 이는 나를 사랑하신 사랑이 그들 안에 있고 나도 그들 안에 있게 하려 함이니이다."

하나님의 이름, 곧 하나님이 누구신지를 예수님을 통해 알 수 있습니다. 똑같은 그리스어 동사가 '거룩히 여김을 받다'(hallowed), '거룩하게 하오니'(sanctify)로 번역되었습니다. 예수님은 인격으로 나타나는 하나님의 진리와 사랑이시며, 사랑받고 사랑하는 그분의 가장 중요한 관계에 우리가 온전히 한 부분이 되기를 바라십니다.

"그 나라를 오게 하여 주시며"

요한복음 17장 "아버지께서 아들에게 주신 모든 사람에게 영생을 주게 하시려고 만민을 다스리는 권세를 아들에게 주셨음이로소이다."

다시 한번 예수님은 주기도에 새 빛을 비추어 주십니다. 여기서 하나님 나라는 "만민을 다스리는 [예수님의] 권세"와 모든 사람에게 깊고 영속적인 생명을 주시는 그분의 능력을 통해 이해됩니다. 이 기도는 고별 강화의 절정인데, 이 고별 강화는 예수님이 권세에 대한 개념을 뒤바꾸시면서 시작되었습니다. 이는 그분이 제자들의 발을 씻기는 종의 일을 감당하시고, 후에는 그들을 종이 아니라 친구로 부르심으로써 이루어집니다. 이 '하나님 나라'의 '영생'은 서로 섬기고 사랑하는 삶입니다.

"그 뜻을…이루어 주십시오"

요한복음 17장 "아버지께서 내게 하라고 주신 일을 내가 이루어 아버지를 이 세상에서 영화롭게 하였사오니…나는 아버지께서 내게 주신 말씀들을 그들에게 주었사오며…아버지께서 나를 세상에 보내신 것같이 나도 그들을 세상에 보내었고…아버지께서 나를 보내신 것과 또 나를 사랑하심같이 그들도 사랑하신 것을 세상으로 알게 하려 함이로소이다.…이는 나를 사랑하신 사랑이 그들 안에 있고 나도 그들 안에 있게 하려 함이니이다."

하나님의 뜻은 사랑입니다!

예수님이 이루신 일은 바로 사랑의 사역이었습니다. "세상에 있는 자기 사람들을 사랑하시되 끝까지 사랑하시니라.…다 이루었다 하시고"(요 13:1; 19:30). 주님은 우리에게 "서로 사랑하라"는 말씀을 "새 계명"으로 주십니다(13:34; 15:12). 예수님은 사랑 가운데 세상으로 보내심을 받습니다. "하나님이 세상을 이처럼 사랑하사 독생자를 주셨으니"(3:16). 우리 사랑의 깊고 영원한 원천은 "[아버지가] 나를 사랑하신 사랑"입니다.

"하늘에서 이루심같이 땅에서도 이루어 주십시오"

요한복음 17장 "아버지여, 아버지께서 내 안에, 내가 아버지 안에 있는 것같이 그들도…우리 안에 있게 하사…우리가 하나가 된 것같이 그들도 하나가 되게 하려 함이니이다. 곧 내가 그들 안에 있고 아버지께서 내 안에 계시어 그들로 온전함을 이루어 하나가 되게 하려 함은 아버지께서 나를 보내신 것과 또 나를 사랑하심같이 그들도 사랑하신 것을 세상으로 알게 하려 함이로소이다.…이는 나를 사랑하신 사랑이 그들 안에 있고 나도 그들 안에 있게 하려 함이니이다."

하나님의 영광과 생명과 사랑이 "하늘에서 이루심**같이** 땅에서도" 이루어집니다. 하나님이 사랑하시는 세상을 위해 우리가 예수님과, 하나님 아버지와, 서로와 더불어 완전한 일치와 사랑 속에 거하는 이 상호 내주야말로 하늘과 땅이 하나 되는 것입니다.

누가 주기도나 요한복음 17장 예수님의 기도에 나오는 '같이' 혹은 '안에'의 의미를 온전히 헤아릴 수 있겠습니까? 어떻게 아버지가 아들 '안'에 계시고 아들이 아버지 '안'에 계시는 걸까요? 이는 어떤 종류의 연합입니까? 우리가 그 하나 됨 '안'에 참여하는 것이 어떤 의미인지 누가 그 깊이를 온전히 파악할 수 있겠습니까? 아버지는 어떻게 아들을 사랑하셨습니까? 그리고 예수 그리스도 그분 자신과 그분의 사랑을 우리 '안'에 모신 채, 그 사랑에 온전히 안기는 경험을 우리가 어떻게 다 감당할 수 있겠습니까?

"오늘 우리에게 필요한 양식을 내려 주시고"

요한복음 17장 "아버지께서 내게 하라고 주신 일을 내가 이루어 아버지를 이 세상에서 영화롭게 하였사오니…그들도…우리 안에 있게 하사…내가 그들 안에 있고…나도 그들 안에 있게 하려 함이니이다."

요한복음 17장에서는 양식을 언급하지 않지만, 요한복음을 읽는 사람들은 예수님이 이전에 하신 두 가지 말씀을 기억할 것입니다. 예수님은 제자들에게 "나의 양식은 나를 보내신 이의 뜻을 행하며 그의 일을 온전히 이루는 이것이니라"고 말씀하셨습니다(4:34; 요한복음 17장의 '이루어'와 요한복음 4장의 '이루다'는 같은 그리스어 동사입니다). 또한 주님은 5천 명을 먹이신 후에(사람들에게 말 그대로 '일용할 양식'이 필요하다는 그분의 관심사를 분명히 하신 것입니다) 스스로를 "생명의 떡…하늘에서 내려온 떡…하늘에서 내려온 살아 있는 떡"이라고 말씀하십니다(6:35, 41, 51). 그다음에 예수님이 처음으로 상호 내주에 대해 말씀하실 때 요한복음 17장과 직접적인 연관성을 드러내십니다. "내 살을 먹고 내 피를 마시는 자는 내 안에 거하고 나도 그의 안에 거하나니"(6:56).

요한복음의 독자들은 떡 이외에 예수님이 사용하신 다른 이미지들에도 익숙해질 것인데, 그것들은 물이나 숨, 빛처럼 일상에 꼭 필요한 것들과 연관됩니다. 요한복음 17장은 예수님이 주신 것을 '영생'으로 요약하는데(3절), 그것은 음식을 포함하여 이생과 죽음 이후의 삶 모두에서 그분이 주시는 깊고 영속적인 생명을 말합니다. 예수님은 부활하신 이후에도 역시 제자들을 먹이십니다. "와서 조반을 먹으라!"(21:12)

"우리가 우리에게 죄 지은 사람을 용서하여 준 것같이 우리의 죄를 용서하여 주시고"

요한복음 17장 "거룩하신 아버지여…우리와 같이 그들도 하나가 되게 하옵소서.…그들을 진리로 거룩하게 하옵소서.…그들도 다 하나가 되어…우리가 하나가 된 것같이 그들도 하나가 되게…그들로 온전함을 이루어 하나가 되게 하려 함은…의로우신 아버지여."

아버지 그리고 그분과 하나이신 예수님은 사랑이시며 거룩하시고 진실하시고 의로우십니다. 사랑, 거룩함, 진실, (개인의 선과 사회적 정의를 모두 포함하는) 의로움에 미치지 못하는, 우리 안에 있는 모든 것을 용서받지 않고는 아버지와 예수님과 하나가 되고 서로 하나가 되는 것은 상상할 수도 없습니다. 요한복음 17장의 상호성은 용서의 상호성을 요구합니다. 여기서도 '같이'라는 작은 단어가 매우 중요합니다.

나중에 부활하신 예수님이 아버지가 그분을 보내신 것처럼 제자들을 보내시고 그들에게 성령을 불어넣으셔서 요한복음 17장의 기도를 성취하실 때 동시에 용서의 중요성을 강조하십니다(17:18; 20:21-23).

"우리를 시험에 들지 않게 하시고, 악에서 구하여 주십시오."

요한복음 17장 "거룩하신 아버지여 내게 주신 아버지의 이름으로 그들을 보전하사 우리와 같이 그들도 하나가 되게 하옵소서.…그들을 보전하고 지키었나이다. 그중의 하나도 멸망하지 않고 다만 멸망의 자식뿐이오니…내가 비옵는 것은 그들을 세상에서 데려가시기를 위함이 아니요 다만 악에 빠지지 않게 보전하시기를 위함이니이다."

예수님은 유혹의 위험과 요한복음에서 '어둠'으로 종종 묘사하는 악의 세력에 대해 현실적인 관점을 가지고 계십니다. 주님은 고난과 죽음을 앞두시고, 제자들이 그분을 배신하고 부정하고 버리고 떠나며 종교·정치·군 당국이 연합하여 그분을 죽음으로 몰고 가려는 찰나에 이렇게 기도하십니다. 하나님 아버지가 예수님을 그 어둠 가운데로 보내셨고, 그분을 따르는 우리도 마찬가지입니다. 그리고 그 어둠은 세상뿐 아니라 우리와 교회 안에도 존재합니다.

주기도의 끝에 울려 퍼지는 이 어두운 음조는 요한복음 마지막에서 부활하신 예수님이 베드로에게 하신 말씀과 공명합니다. "네가 젊어서는 스스로 띠 띠고 원하는 곳으로 다녔거니와 늙어서는 네 팔을 벌리리니 남이 네게 띠 띠우고 원하지 아니하는 곳으로 데려가리라. 이 말씀을 하심은 베드로가 어떠한 죽음으로 하나님께 영광을 돌릴 것을 가리키심이러라. 이 말씀을 하시고 베드로에게 이르시되 나를 따르라 하시니"(21:18-19). 이는 주님이 우리를 보호하신다는 말씀이 반드시 죽음에서 보호해 주신다는 뜻은 아님을 보여 줍니다. "멸망의 자식" 유다가 신뢰와 사랑을 저버린 것처럼 죽음보다 더 끔찍한 것도 있습니다. 사랑의 하나님을 영화롭게 하며 살고 (필요하다면) 죽는 것보다 더 영광스러운 것은 없습니다.

"나라와 권세와 영광은 영원히 아버지의 것입니다"

요한복음 17장 "영화롭게 하게 하옵소서.…권세를…영생을…내가…아버지를…영화롭게 하였사오니…나를 영화롭게 하옵소서.…창세전에 내가 아버지와 함께 가졌던 영화로써…내가 그들로 말미암아 영광을 받았나이다.…아버지께서 창세전부터 나를 사랑하시므로 내게 주신 나의 영광을 그들로 보게 하시기를 원하옵나이다."

이 결론은 마태복음의 주기도에는 없고 후대에 교회가 추가한 것입니다. 하지만 권세와 영원과 영광을 강조한 요한복음 17장이 거기에 영감을 주었을지 모릅니다.

아멘.

⁂ 부록 2

요한복음 90일 묵상

1일 1:1-9	31일 7:10-24	61일 13:21-30
2일 1:10-13	32일 7:25-31	62일 13:31-38
3일 1:14-18	33일 7:32-39	63일 14:1-7
4일 1:19-28	34일 7:40-52	64일 14:8-14
5일 1:29-34	35일 8:1-11	65일 14:15-24
6일 1:35-42	36일 8:12-20	66일 14:25-31
7일 1:43-51	37일 8:21-30	67일 15:1-6
8일 2:1-12	38일 8:31-38	68일 15:7-17
9일 2:13-23	39일 8:39-45	69일 15:18-27
10일 3:1-10	40일 8:46-59	70일 16:1-15
11일 3:11-15	41일 9:1-12	71일 16:16-24
12일 3:16-21	42일 9:13-25	72일 16:25-33
13일 3:22-36	43일 9:26-34	73일 17:1-11상
14일 4:1-14	44일 9:35-41	74일 17:11하-19
15일 4:15-26	45일 10:1-10	75일 17:20-26
16일 4:27-42	46일 10:11-21	76일 18:1-14
17일 4:43-54	47일 10:22-42	77일 18:15-27
18일 5:1-18	48일 11:1-16	78일 18:28-40
19일 5:19-29	49일 11:17-27	79일 19:1-16상
20일 5:30-38	50일 11:28-37	80일 19:16하-30
21일 5:39-47	51일 11:38-44	81일 19:31-37
22일 6:1-15	52일 11:45-57	82일 19:38-42
23일 6:16-21	53일 12:1-8	83일 20:1-10
24일 6:22-27	54일 12:9-19	84일 20:11-18
25일 6:28-35	55일 12:20-26	85일 20:19-25
26일 6:36-40	56일 12:27-36상	86일 20:26-31
27일 6:41-51	57일 12:36하-43	87일 21:1-8
28일 6:52-59	58일 12:44-50	88일 21:9-14
29일 6:60-71	59일 13:1-11	89일 21:15-19
30일 7:1-9	60일 13:12-20	90일 21:20-25

⁑부록 3 기독교 사상 1918-2024

이 책 1장에서 언급한 기독교 사상의 범위를 보여 주기 위해 아래에 『포드의 현대 신학자들』(*Ford's The Modern Theologians*) 4판의 차례를 싣습니다. 저는 이 책의 감수만 맡았습니다.

Ford's The Modern Theologians: An Introduction to Christian Theology since 1918 (Oxford: Wiley, 2004) 레이첼 뮤어스와 애슐리 콕스워스 편집, 데이비드 포드 감수

차례

현대 기독교 신학 서론

섹션 A 각기 다른 맥락 속의 현대 신학자들

1부 지리적 맥락

1 아프리카
2 아프리카의 여성 신학
3 남아메리카
4 구스타보 구티에레스(Gustavo Gutiérrez)
5 북아메리카
6 제임스 콘(James H. Cone)
7 로즈메리 래드퍼드 류터(Rosemary Radford Ruether)
8 폴 틸리히(Paul Tillich)
9 니버 형제(The Niebuhrs)
10 서유럽
11 칼 바르트(Karl Barth)
12 칼 라너(Karl Rahner)
13 한스 우르스 폰 발타자르(Hans Urs von Balthasar)
14 디트리히 본회퍼(Dietrich Bonhoeffer)
15 남아시아
16 한국
17 중국

2부 교파적 맥락

18 제2차 바티칸공의회 이후 로마가톨릭 신학
19 오순절 신학

20 에큐메니컬 신학
21 복음주의 신학
22 성공회 신학
23 동방정교회 신학

3부 신학적 맥락
24 여성주의 신학
25 후기식민주의 신학
26 퀴어 신학
27 후기자유주의 신학

4부 참여 방식
28 목양과 실천신학
29 철학과 신학
30 성경 해석
31 영성과 신학
32 전례 신학

섹션 B 현대 신학과 그에 대한 도전들

5부 신학, 예술, 과학
33 신학과 음악
34 신학과 문학
35 신학과 대중문화
36 신학과 영화
37 신학과 시각 예술
38 신학과 자연과학
39 신학과 생명과학
40 신학과 사회과학

6부 종교 간 신학
41 유대교
42 이슬람교
43 불교
44 힌두교
45 신학과 종교적 다원성

7부 신학이 직면한 현대의 도전들
46 신학과 자본주의
47 신학과 인종
48 신학과 (신)민족주의
49 신학과 환경 파괴

⁑부록 4 그리스도인의 연합: 희망의 표지

요한복음 17장이 이 책 전체를 관통합니다. 거기서 예수님은 돌아가시기 전날 밤, 그분을 따르는 이들이 온 세상을 위해 그분과 하나님 아버지와, 서로와 사랑 가운데 하나가 되어 살기를 바라는 욕망을 쏟으시며 간절히 기도하십니다. 이러한 예수님의 욕망에 비추어 세계 기독교 교회를 바라본다면 낙담하기 쉽습니다. 특히 예수님의 뜻과는 근본적으로 어긋나는 수많은 분열의 상황을 보며 그리스도인들이 오히려 거기에 안주하고 있는 듯한 모습 때문에 더욱 그렇습니다. 하지만 희망의 표지도 많습니다.

제가 지난 20년 넘게 감사하는 마음으로 지켜본 한 가지는 수용적 에큐메니즘의 실천입니다.[1] 이는 20세기 기독교 에큐메니컬 운동의 놀라운 역사에 깊이 뿌리내리고 있는데, 이를 통해 많은 기독교 교회가 대립에서 대화로, 갈등에서 협력으로(어떤 경우에는 온전한 연합으로까지) 나아갔습니다. 하지만 수용적 에큐메니즘은 에큐메니컬 운동의 한계에 직면하여 창의적이지만 쉽지 않은 길을 열었고, 이 길은 이제 세계 여러 지역에서 실천되고 있습니다. 그 핵심에는 각 전통이 각자의 난관과 상처, 왜곡, 질병과 필요를 마주하고, 다른 전통으로부터 배우고 수용하여 더 깊이 있고 신실하며 창의적인 그리스도인이 되도록 초청하는 활동이 있습니다. 이 목적은 다름 아닌, 요한복음 17장에 나오는 예수님의 기도를 따라 사랑과 진리 가운데 온전히 '화해된 다양성'(reconciled diversity)을 이루는 것입니다.

가장 최근의 발전은, 더럼 대학교 가톨릭학술연구소와 내가 참여하고 있는 로즈캐슬재단이 협력하여 선도한 기독교 성경 숙의(Christian Biblical Reasoning)의 실천입니다.[2] 이는 분열과 차이를 넘어서서 그리스도인들이 소그룹으로 모여 함께 성경을 읽는 활동입니다.

분열된 그리스도인들이 함께 성경을 읽으려 할 때 활용할 수 있는, 열려 있고 유연하며 검증된 실천이 지금까지 거의 없었다는 사실은 실로 놀랍습니다. 우리는 사실상 모든 그리스도인의 토대가 되는 활동, 곧 성경 읽기를 등한시해 왔습니다. 기독교 성경 숙의는 그런 실천을 개발하려는 시도입니다. 저는 이 책이 미래에 그런 실천에 참여하려는 이들에게 자료와 격려가 되기를 기대합니다.

더 깊은 이해를 위하여

요한복음을 다룬 문헌은 무척이나 많고 계속해서 출간되고 있습니다. 그중에서도 저는 다양한 면에서 요한복음을 이해하는 데 가장 도움이 되는 책을 서른 권 아래로 선택했습니다. 책은 저자 이름 알파벳순으로 배열하고, 각 책을 선택한 이유를 덧붙였습니다. 아래 목록에도 있는 제가 쓴 요한복음 주석을 보면 더 많은 도서를 확인할 수 있습니다.

Augustine, *Homilies on the Gospel of John 1–40* (New York: New City Press, 2009). Translated by Edmund Hill. Edited by Allan D. Fitzgerald. 어거스틴은 요한복음에 정통한 매우 영향력 있는 사상가다.

C. K. Barrett, *The Gospel according to St. John: An Introduction with Commentary and Notes on the Greek Text* 2nd ed. (London: SPCK, 1978). 위대한 학자이자 설교자가 쓴 그리스어 요한복음 현대 주석의 고전. 『요한복음』(알맹e).

Richard Bauckham, *Gospel of Glory: Major Themes in Johannine Theology* (Grand Rapids: Baker Academic, 2015). 『요한복음 새롭게 보기』(새물결플러스); *The Testimony of the Beloved Disciple: Narrative, History, and Theology in the Gospel of John* (Grand Rapids: Baker Academic, 2007). 신학자이면서 현존하는 최고의 신약학자 가운데 한 사람이 쓴 책 두 권.

Jo-Ann A. Brant, *John* (Paideia. Grand Rapids: Baker Academic, 2011). 특히 요한복음의 문학 기법을 잘 짚어 주는 간결하면서도 훌륭한 주석.

Raymond E. Brown, *The Gospel According to John: Introduction, Translation, and Notes* 2 vols (Anchor Bible 29, 29A. New York: Doubleday, 1966, 1970).

요한복음 해석 분야를 이끄는 가톨릭 학자의 대표작. 『앵커바이블 요한복음 1-2』(CLC).

Frederick Dale Bruner, *The Gospel of John: A Commentary* (Grand Rapids: Eerdmans, 2012). 내가 읽은 복음주의 요한복음 주석서 중 최고다.

Paul Cefalu, *The Johannine Renaissance in Early Modern English Literature and Theology* (Oxford: Oxford University Press, 2017). 이 책을 읽고 '왜 오늘날에는 요한복음이 이와 비슷한 르네상스를 불러일으키지 못할까?' 하는 생각을 품게 되었다.

Mary L. Coloe, *Dwelling in the Household of God: Johannine Ecclesiology and Spirituality* (Collegeville, MN: Liturgical Press, 2007). 오늘날 그리스도인의 삶에 적실성 있는, 요한복음에 대한 깊이 있는 가톨릭적 해석.

Margaret Daly-Denton, *David in the Fourth Gospel: The Johannine Reception of the Psalms* (Arbeiten zur Geschichte des antiken Judentums und des Urchristentums 47. Leiden: Brill, 2000). 요한복음은 시편에 깊이 뿌리내리고 있는데, 이 책은 요한복음과 시편 모두를 더 깊이 이해하도록 우리를 인도한다; *John: An Earth Bible Commentary* (London: Bloomsbury T&T Clark, 2017). 탁월한 학문성과 풍부한 성찰이 돋보이는 모범적인 작업으로, 특히 오늘날 환경 위기 문제를 적실성 있게 다룬다.

Alan Ecclestone, *The Scaffolding of Spirit: Reflections on the Gospel of St John* (London: Darton, Longman & Todd, 1987). 요한복음을 다룬 얇은 대중서 중에 내가 가장 좋아하는 책. 저자의 제안을 따라서 나도 날마다 요한복음을 읽게 되었다(부록 2를 보라).

Ruth B. Edwards, *Discovering John: Content, Interpretation, Reception* 2nd ed. (Discovering Biblical Texts. London: SPCK, 2014). 균형감과 학문성을 갖춘 요한복음 개론서.

David F. Ford, *The Gospel of John: A Theological Commentary* (Grand Rapids: Baker Academic, 2021). 더 언급하지는 않겠다! 『요한복음: 신학

적 주석』(도서출판 100).

Thomas Gardner, *John in the Company of the Poets: The Gospel in Literary Imagination* (Waco: Baylor University Press, 2011). 내가 읽은 최고의 시들을 활용한, 깊이 있고 영감을 주는 책.

Richard B. Hays, *Echoes of Scripture in the Gospels* (Waco: Baylor University Press, 2016). 현대의 탁월한 성서학자가 구약성경이 요한복음을 포함한 사복음서에 얼마나 중요한지를 보여 주는 책. 『복음서에 나타난 구약의 반향』(감은사).

E. C. Hoskyns and F. N. Davey, *The Fourth Gospel* (London: Faber & Faber, 1947). 학문성과 신학이 심도 있게 결합된 책.

Dorothy Lee, *Flesh and Glory: Symbolism, Gender and Theology in the Gospel of John* (New York: Crossroad, 2002). 상상력이 풍부하면서도 깊이가 있으며, 학문적 전문성과 신학과 영성을 하나로 아우른다. *John* (Grand Rapids: Zondervan, 2025). 이 목록 중에서 가장 최신작으로, 훌륭한 성공회 학자이자 신학자의 성숙한 통찰을 얻을 수 있는 탁월한 방법이다.

Denise Levertov, *The Collected Poems of Denise Levertov* (New York: New Directions, 2013). Edited by Paul A. Lacey and Anne Dewey. 내가 가장 좋아하는 20세기 기독교 시인 레버토프의 후기 작품들은 요한복음과 노리치의 줄리안 전통에 깊이 잠겨 있다.

Judith M. Lieu and Martinus de Boer, eds. *The Oxford Handbook of Johannine Studies* (Oxford: Oxford University Press, 2018). 요한복음 연구 분야에서 축적된 최상의 학문적 성과를 정제해 제시한 탁월한 책.

Andrew T. Lincoln, *The Gospel according to Saint John* (Black's New Testament Commentaries. Peabody, MA: Hendrickson, 2005). 신학적 섬세함과 설득력 있는 결론까지 갖춘 신뢰할 만한 학문 연구로, 내가 가장 많이 사용한 주석서다.

Francis J. Moloney, *The Gospel of John* (Sacra Pagina. Collegeville, MN:

Liturgical Press, 1998). 호주에 영향력 있는 요한복음 연구 학파를 형성하는 데 일조한 이 호주 가톨릭 학자는 항상 주의 깊게 살펴볼 가치가 있다. 『요한복음서』(대전 가톨릭대학교출판부).

Lesslie Newbigin, *The Light Has Come: An Exposition of the Fourth Gospel* (Edinburgh: Handsel, 1982). 20세기 가장 위대한 예언자적 교회 지도자로 꼽히는 저자의 지혜가 농축된 책. 『레슬리 뉴비긴의 요한복음 강해』(IVP).

Gail R. O'Day and Susan E. Hylen, *John* (Westminster Bible Companion. Louisville: Westminster John Knox, 2006). 내가 신뢰하는 뛰어난 두 학자가 쓴 매우 훌륭한 단권 주석서.

Micheal O'Siadhail, The Five Quintets (Waco: Baylor University Press, 2018). 근대 이후 예술, 경제, 정치, 과학, 철학, 신학을 아우르는 훌륭한 시선집. 나는 이를 요한의 '하나님과 만물' 세계관을 21세기에 걸맞게 구체화한 결과물로 여긴다.

Adele Reinhartz, *Befriending the Beloved Disciple: A Jewish Reading of the Gospel of John* (New York: Continuum, 2001). 그리스도인들이 유대적 시각으로 요한복음을 이해하는 것은 매우 중요하다.

Rudolf Schnackenburg, *The Gospel according to St. John* 3 vols (Herder's Theological Commentary on the New Testament. London: Burns & Oates, 1980–82). Translated by Kevin Smyth. 요한의 '신학적 역사 서술'을 다룬 방대한 가톨릭 주석서. 끈기 있게 읽어 나가면 보석 같은 통찰을 발견할 수 있다.

주

들어가는 글

1. 그리스어 '피스테우에인'(*pisteuein*)은 '믿다'라는 뜻이지만, '신뢰하다'라는 의미도 있다. 오늘날 가장 중요한 요한복음 학자 중 한 사람인 수전 하일렌(Susan Hylen)은 언젠가 내게 이렇게 말한 적이 있다. "나는 학생들에게, 우리 문화에서는 그리스어 동사 '피스테우에인'을 우선적으로 '신뢰하다'라고 번역하는 편이 현명하다고 말합니다. 그래야 이 다층적인 단어의 핵심 의미를 잘 살릴 수 있고, 이를 '믿다', '믿음을 갖다', '확신하다', '누군가에게 무언가를 맡기다', '헌신하다' 같은 다른 의미들과도 연결할 수 있기 때문입니다."

1. 큰 그림 의미, 사랑, 예수님

1. *The Modern Theologians: An Introduction to Christian Theology since* 1918, 3rd edn, edited by David F. Ford and Rachel Muers (Oxford: Blackwell, 2005) 『현대 신학자 연구』(CLC). 내가 감수한 책은 4판이다. *Ford's The Modern Theologians*, edited by Ashley Cocksworth and Rachel Muers (Oxford: Wiley Blackwell, 2023).
2. 안타깝게도, NRSV는 그리스어 '엔 토 콜포'(en tō kolpō)에 주어진 이미지를 빠뜨린 채, '의지하여 누운'(who had reclined)으로 번역한다. 다른 번역본이 더 낫다.
3. 이 시리즈의 다른 책 *Meeting God in Matthew* (London: SPCK, 2022)에서 일레인 스토키(Elaine Storkey)는 마태복음을 가지고 요한복음과 매우 어울리는 방식으로 비슷한 작업을 하고 있다. 로완 윌리엄스(Rowan Williams)는 *Meeting God in Mark* (London: SPCK, 2014)에서 다른 접근법을 취하지만, 요한복음과도 깊이 공명한다.

2. 정체성 "당신은 누구입니까?"

1. "가나의 항아리들에는 물이 담겨 있다. 물은 거듭남을 상징하며, 요한과 예수님과 제자들의 세례에 사용된다. 사마리아 우물가, 베데스다 연못, '갈릴리 호수', 실로암 연못, 제자들의 발을 씻기신 대야에도 물이 있다. 게다가 물의 의미는 '이야기가 펼쳐지면서 점차 확장되어', 십자가에 달리신 예수님의 창에 찔린 옆구

리에서 물이 쏟아져 나오는 데서 절정에 달한다. 복음서 기자가 의도적으로 기록할 만큼 경이로운 사건이다(19:34-35)." Margaret Daly-Denton, *John: An Earth Bible Commentary* (London: Bloomsbury T&T Clark, 2017), p. 89를 보라.

3. 욕망 "당신은 무엇을 구합니까?"

1. 요한복음에 나오는 욕망의 드라마에 대한 다른 각도의 접근은 다음을 보라. 예수님을 찾는 무리(6:24)와 나중에는 이리저리 흔들리는 무리(12:12-19; 18:38-40; 19:15), 자신의 영광이 아니라 하나님의 영광을 구하는 것이 그의 '참됨'을 드러냄(7:18), 개인을 넘어서는 차원에서 선한 욕망과 나쁜 욕망의 충돌(8:39-47), 예수님의 영광을 구하시는 (예수님이 아닌) 하나님(8:50), "너희가 나를 찾아도 만나지 못할 터이요 나 있는 곳에 오지도 못하리라"는 말씀으로 대적자들을 당황스럽게 하시고(7:34, 36; 8:21-30도 보라), 나중에는 같은 말씀으로 제자들을 당혹스럽게 하신 예수님(13:33), "예수님을 뵈옵고자" 온 헬라인들(12:21), "너희가 내 안에 거하고 내 말이 너희 안에 거하면 무엇이든지 원하는 대로 구하라. 그리하면 이루리라"고 하는 놀라운 약속(15:7). 이 중 일부는 이 책 뒷부분에 나올 예정이다.
2. 가나 혼인 잔치에서 베푸신 '첫 표적'(2:11)과 베다니 무덤 앞에서 베푸신 마지막 표적(11:4, 40)이 둘 다 영광과 밀접하게 연관되어 있음을 주목하라. 영광은 5장에서 자세히 다룰 것이다.
3. 이 매력적인 주제에 관해서는 다음 책을 보라. David F. Ford, *The Gospel of John: A Theological Commentary* (Grand Rapids: Baker Academic, 2021), pp. 102-104, 112-114. 『요한복음: 신학적 주석』(도서출판 100).

4. 집 "당신은 어디에 머물고 있습니까?"

1. 내가 이 사건을 그토록 중요하게 보는 이유에 대해서는 Ford, *The Gospel of John*, pp. 178-181를 보라.
2. 예수님이 마태복음 12장 46-50절에서 하신 말씀도 생각해 보라. "예수께서 무리에게 말씀하실 때에 그의 어머니와 동생들이 예수께 말하려고 밖에 섰더니 한 사람이 예수께 여짜오되 보소서 당신의 어머니와 동생들이 당신께 말하려고 밖에 서 있나이다 하니 말하던 사람에게 대답하여 이르시되 누가 내 어머니이며 내 동생들이냐 하시고 손을 내밀어 제자들을 가리켜 이르시되 나의 어머니와 나의 동생들을 보라. 누구든지 하늘에 계신 내 아버지의 뜻대로 하는 자가 내 형제요 자매요 어머니이니라 하시더라."

3. 이에 대해 더 자세한 내용은 Ford, *The Gospel of John*, pp. 217, 231–235를 보라.
4. 이는 또한 하나님을 한 분이요 삼위일체로 이해하는 것이 그리스도인들에게 중요한 이유를 이해할 수 있게 한다. 그것은 사랑 안에서 상호 내주함으로 이루는 연합이다. 요한복음에 나타난 삼위일체에 대한 자세한 내용은 Ford, *The Gospel of John*, pp. 8, 12, 15, 36, 51, 104, 282, 305를 보라.

5. 영광 요한복음에서 하나님을 만나다

1. 이 말을 문자 그대로 하나님이 남성이라는 뜻으로 이해해서는 안 된다. 아버지와 아들이라는 표현은 요한복음 1장 14절에 처음 등장한다. "아버지의 독생자의 영광이요."(glory as of a father's only son) 이 책 뒷부분에서 살펴보겠지만, 여기서 '같이'(as, 개역개정은 이 단어를 살려 번역하지 않았다—옮긴이)라는 단어는 요한복음에서 매우 중요하다. 이 단어는 은유, 이미지, 비유를 암시한다. 재닛 소스키스(Janet Soskice)는 "페미니스트가 하나님을 아버지라고 부를 수 있는가?" 라고 묻고는 확실히 그렇다고 대답한다. 그러고 나서 소스키스는 신약성경이 하나님이 누구시며 어떤 아버지이신지에 대한 개념을 어떻게 바꾸어 놓는지에 대한 놀라운 이야기를 들려준다. 물론 소스키스와 요한복음 모두, 아버지 외에도 다른 이름, 은유, 이미지, 비유도 많이 사용한다. Janet Soskice, *The Kindness of God: Metaphor, Gender, and Religious Language* (Oxford: Oxford University Press, 2007) 4장 "Calling God 'Father'"를 보라. Ford, *The Gospel of John: A Theological Commentary*, p. 37도 보라.
2. 리처드 해리스(Richard Harries)는 말한다. "무언가 좋은 것을 알아차리고 인정하고 감탄할 때 찬양이 시작됩니다. 찬양할 때 우리는 그 자체로 가치 있는 것에 집중하면서 자기에게서 벗어나게 됩니다. 때로는 그것이 너무 좋아서 우리는 경이에 사로잡힌 채 할 말을 잃어버립니다. 테니스 팬에게는 로저 페더러(Roger Federer)가 전성기였을 때가 그런 순간이 있었을 것입니다. 페더러가 선수로 뛴 동시대에 우리가 살았다는 것이 큰 특권처럼 느껴지는 것 말입니다. 발레나 축구, 음악이나 체조 같은 다른 영역에서도 얼마든지 비슷한 예를 들 수 있습니다." 출처는 "Thought for the Day" on Radio 4, 날짜는 알 수 없음.
3. 하나님의 미소 지으심에 내포된 영광과 그것을 사랑, 기쁨 및 즐거움, 계시, 상호성, 은혜 및 은사, 부모-자녀 관계, 거저 주심 및 자발성, 환영 및 환대, 격려, 참여, 단테의 『신곡』(*Divine Comedy*), 삼위일체와 연결하는 것에 관한 더 자세한 내용은 다음을 보라. Ashley Cocksworth and David F. Ford, *Glorification and the Life of Faith* (Grand Rapids: Baker Academic, 2023), pp. 118–129.

4. 요한1서가 이를 어떻게 요약하는지는 하나님에 대한 다음 두 핵심 진술에 드러난다. "하나님은 빛이시라"(요일 1:5). "하나님은 사랑이심이라"(요일 4:8, 16).
5. 마가복음 22장 34-35절과 누가복음 10장 25-28절에 나오는 병행 구절도 보라.
6. 성 아우구스티누스(St Augustine)는 『기독교 교양』(*On Christian Teaching*)에서, 하나님 사랑이나 이웃 사랑에 반하는 성경 해석은 모두 틀렸다고 말한다.
7. 한 절 한 절을 마치 최고급 포도주 한 잔처럼 음미할 수 있는 이 시의 전문은 Richard Wilbur, *The Mind-Reader: New Poems* (New York: Harcourt Brace, 1976), p. 12와 Ford, *The Gospel of John*, p. 69를 보라.

6. 목요일 철저히, 친밀하게, 취약하게 서로 사랑하다

1. 나머지 한 구절은 "보지 못하고 믿는 자들은 복되도다"라는 말씀이다(요 20:29).
2. 그들의 생활 규칙(Rule of Life)은 https://www.stanselm.org.uk/wp-content/themes/vu-theme/assets/images/RuleofLifeBooklet.pdf를 보라. 이 규칙은 많은 면에서 요한복음의 영향을 받았는데, 특히 요한복음 17장에 나오는 예수님의 기도를 삶의 기초로 삼은 점이 그렇다. "이 기도는 세인트안셀무스 공동체 하나됨의 기초다.…우리는 예수님의 기도를 우리 마음의 열망으로 겸손하게 받아들인다."
3. 더 자세한 내용은 Ford, *The Gospel of John*, pp. 49, 88, 141, 143, 156–157, 259, 277, 293–294, 390를 보라.
4. 이어지는 부분에 대한 더 자세한 내용, 특히 삼중 현실에 대해서는 다음을 보라. David F. Ford, 'The Gospel of John' in *Companion to Suffering and the Problem of Evil*, edited by Matthias Grebe and Johannes Grössl (London: T&T Clark, 2023).

7. 금요일 예수님이 죽으시다

1. NRSV는 1장 3절을 이렇게 번역한다. "만물이 그로 말미암아 존재하게 되었으니 그가 없이는 아무것도 존재하지 못했다. 존재하게 된 것은…." 이 한 절에 세 차례 등장하고 '존재하게 되었다'라고 번역된 핵심 그리스어 동사 '기네스타이'(*ginesthai*)는 프롤로그에 아홉 번이나 나오는데 매우 다양하게 번역된다(예를 들어, NRSV에는 '존재하게 되었다', '되었다', '왔다', '거기에 있었다', '되다', '있었다'로 번역된다). 모든 번역어의 공통점은 무언가 중요한 사건이 벌어졌다는 인식이다. 프롤로그가 보여 주는 예수 중심 사건의 범위는 하나님과 모든 실재에 미치며, 거기에는 그분을 믿는 이들의 가족 공동체가 살아가게 될 지속적인 삶

까지 포함된다(1:12, "하나님의 자녀가 되는[*genesthai*]"). 요한복음 1장 15절에서 세례자 요한이 예수님에 대해 한 말씀에서 동사 '기네스타이'를 사용하여 예수님과 하나님 그리고 하나님의 영원한 시간과의 관계를 강조한다. 15절의 '엠프로스텐 무 게고넨'(*emprosthen mou gegonen*)을 NRSV는 "그가 나보다 앞서 **계셨다**"라고 번역하는데, 직역하면 "그가 나보다 앞서 발생하셨다"라는 뜻이다(참고. 1:30; 8:58, 17:5, 24). '발생하다/생기다'(happening)라는 이 동사는 요한복음 전체와 신약성경 나머지 부분 전반에 걸쳐 등장한다. 이 동사는 요한복음 프롤로그의 배경이 되는 창세기 1장 창조 기사에서 시작하여 이스라엘 성경의 그리스어 번역인 70인역(신약성경의 그리스어 사용 저자들이 가장 많이 인용하는 성경 본문)에도 나온다. "하나님이 이르시되 빛이 있으라[*genēthētō*] 하시니 빛이 있었고[*egeneto*]"(창 1:3). 이 동사는 창세기 1장에 23회 나오는데 '발생하다', '존재하게 되다', '되다', '드러나다', '일어나다', '생기다', '태어나다', '생산하다', '유래하다' 등을 뜻한다.

2. 하나님의 어린양과 그 뒤를 따르는 모든 모범에 대해서는(각각이 묵상할 만한 가치가 있으므로) Ford, *The Gospel of John*과 이 책 p. 445에 수록된 다른 주석들을 보라.
3. '들어 올려지신' 예수님에 대해서는 8장 28절도 보라. 거기서도 '인자'이신 예수님과 '내가 그'라는 정체성이 그분의 십자가 처형에서 결합되며, 이는 예수님의 인성과 신성 모두의 핵심에 닿는 것으로 이해할 수 있다. 이 장 후반부의 12장 32-33절도 보라.
4. 이 책 6장을 보라.
5. '[완전히] 하나가 되어'를 뜻하는 그리스어 '테텔레이오메노이 에이스 헨'(*teteleiōmenoi eis hen*, 17:21)은 예수님의 죽음에 관한 표현과 직접적으로 연결된다. "**끝까지** 사랑하시니라"의 '에이스 텔로스'(*eis telos*, 13:1)와 "모든 일이 이미 이루어진 줄 아시고…다 이루었다"의 '테텔레스타이'(*tetelestai*)…'테텔레스타이'는 모두 완성, 완료, 완전, 성취를 가리키는 공통된 어근을 갖는다(19:28, 30).
6. 부활하신 예수님이 도마에게 나타나신 사건(요 20:24-29)을 미리 살펴보자면, "나의 주님이시요 나의 하나님이시니이다"라는 도마의 고백은 로마 황제에게도 부여된 두 호칭, 곧 라틴어 '도미누스'(*dominus*)와 '데우스'(*deus*)를 사용한다. 로마 제국의 그리스도인들은 황제를 신으로 섬기느니 차라리 순교를 택했다.
7. Denise Levertov, *Breathing the Water* (New York: New Directions, 1987), pp. 68-69. 시 전문과 시에 대한 자세한 논평은 Ford, *The Gospel of John*, pp. 381-384를 보라.

8. '완전히'라는 의미를 지닌 그리스어 어근 '텔'(*tel*)은 19장 28절과 30절의 '이루어지다', '응하다', '이루었다', 17장 4절의 '이루어', 13장 1절의 '끝' 같은 단어에도 나타난다.

8. 일요일 예수님이 살아 계시다

1. 나는 요한1서를 우리가 가진 요한복음에 대한 첫 반응이자 주해로 보았다. 요한1서의 한 가지 두드러진 점은 공동체에서 사랑의 중요성과 성령과 진리와 예수님 안에 거함과 같은 요한복음의 핵심을 강화하고 요약하는 것이다. 이 모든 내용의 중심에 예수님이 계신다. 그분은 사람으로 오신 '생명의 말씀'(요일 1:1)이시고, '빛'(요일 1:5)이시며, '사랑'(요일 4:8)이신 하나님과 하나 되신 하나님의 아들이시다. 예수님이 누구신지가 진리와 사랑이신 살아 계신 하나님을 체현한다.
2. 이 하나님 차원의 사건을 다룬 유비들은 하나같이 부적절할 수밖에 없지만, 나는 20세기 남아프리카공화국에서 나타난 변혁적 사건에서 '누가'라는 요소가 지니는 결정적 중요성을 보여 주는 데 도움이 되는 사례를 찾았다. 남아프리카공화국 넬슨 만델라(Nelson Mandela)에게 아파르트헤이트라는 사건이 벌어졌다. 그는 그런 인종 차별 정책에 반대하다가 수십 년간 옥고를 치렀다. 하지만 넬슨 만델라 역시 아파르트헤이트를 향해 벌어진 사건이었다. 아마도 남아프리카공화국이 대규모 유혈 사태를 피할 수 있었던 것은, 감옥에서 보낸 그 세월을 통해 만델라가 F. W. 데 클레르크(De Klerk)와 함께 아파르트헤이트의 종식을 협상하는 위험을 감수할 만한 인물이 되었고, 많은 지지자가 폭력만이 유일하게 현실적인 길이라고 여겼음에도 불구하고 남아프리카공화국을 무지개 국가(rainbow nation, 모든 인종이 조화롭게 공존하는 남아프리카공화국을 상징하는 만델라의 비전—편집자)로 그리는 도덕적·정치적 권위를 갖게 되었기 때문일 것이다. 이후에 출소한 그는 아파르트헤이트 종식 이후 최초의 대통령이 되었다.
3. 2인칭 대명사 그리스어 '휘마스'(*humas*)는 복수형이다.
4. 여기서 '거처'로 번역된 그리스어 단어는 '거주하다', '거하다', '지속하다', '견디다', '안에 살다'를 뜻하는 동사 '메네인'에서 파생된 '모네'(*monē*)다. 요한복음 15장의 포도나무 비유에서 이 단어는 예수님과 그 제자들의 지속적인 관계를 묘사하는 핵심 용어다. 이 책 4장을 보라.
5. 이 하반절은 두 가지 다른 뜻으로 번역할 수 있다. 이에 대한 자세한 논의는 Ford, *The Gospel of John*, pp. 407–408를 보라.
6. 그리스도인들이 성령에 대한 의견 충돌로 분열되는 일은 교회 역사에서 되풀이

되는 비극이다. 1천 년경에 있었던 동방교회와 서방교회의 분립도 (공식적으로는) 성령에 대한 논쟁이 원인이었다. 16세기 개신교 종교개혁이 가톨릭과 결별한 것도 핵심은 하나님의 은혜를 어떻게 이해하느냐 하는 문제였는데, 이 문제는 성령에 대한 이해와 떼려야 뗄 수 없는 관계라고 할 수 있다. 또한 20세기에 와서, 역사상 가장 큰 기독교 부흥 운동인 오순절파는(전 세계 수억 명을 아우른다) 성령에 대한 그들의 이해와 체험이 기존 교회의 틀에 온전히 담길 수 없으며, 기존 교회의 체제로는 그 가치를 제대로 구현하거나 정당하게 대우하기 어렵다는 사실을 깨닫게 되었다.

9. 오늘날 기독교의 핵심 예수님과 배움, 기도, 사랑

1. 21장 18절은 베드로에 대해 언급하면서 동일한 그리스어 단어를 "원하는…원하지"라고 옮긴다.
2. David F. Ford, Deborah Hardy Ford and Ian Randall (eds), *A Kind of Upside-downness: Learning Disability and Transformational Community*를 보라.
3. 마거릿 데일리덴턴이 요한복음에 대한 자기 결론을 뒷받침하기 위해 인용했다. 'This is a text that calls for re, re, and re-readers', in *John: An Earth Bible Commentary*, p. 10.
4. 마거릿 데일리덴턴의 다음 책은 여기에 대한 훌륭한 연구를 담고 있다. *David in the Fourth Gospel: The Johannine Reception of the Psalms* (Leiden: Brill, 2000).

나가는 글

1. 나는 초대교회에 있던 불화가 요한복음이 예수님의 제자들 가운데 사랑의 연합을 매우 강조하는 데 부분적으로 기여했다고 보는 학자들의 의견에 전적으로 동의한다. 신약성경 요한서신은 요한복음과 가장 크게 연관된 공동체가 갈등과 분열을 경험하고 있었다는 사실을 보여 준다. 내가 기독교의 본질이라고 설명한 내용은, 그리스도인의 연합에 필수적인 요소들을 요한이 그 정수만 농축하여 정리한 것이다. 이것의 반대 측면이 오늘날 거의 모든 기독교 공동체에 주요한 도전이다. 요한복음에 없는 내용을 근거로 동료 그리스도인들(요한복음에 합당하게 예수님을 믿고, 신뢰하고, 삶을 내맡긴 이들)과 갈라서는 일에는 매우, 매우, 매우 주저해야 한다. 특히 요한1서는 이 본질적 요소들이 공동체의 연합을 지지하기 위해 어떻게 활용되는지를 보여 준다. 그리스도인들이 사랑으로 연합해야 한다고 요한이 강조한 것처럼, 바울 전통에서 성숙한 신학을 대표하는 에베소서가 똑같이 강조한 점도 두드러진다. (에베소서 저자가 정말로 바울인지에 대

해서는 학자들 사이에 의견이 분분하다.) 이는 다음과 같은 열정적인 호소로 요약될 수 있다. "그러므로 주 안에서 갇힌 내가 너희를 권하노니 너희가 부르심을 받은 일에 합당하게 행하여 모든 겸손과 온유로 하고 오래 참음으로 사랑 가운데서 서로 용납하고 평안의 매는 줄로 성령이 하나 되게 하신 것을 힘써 지키라. 몸이 하나요 성령도 한 분이시니 이와 같이 너희가 부르심의 한 소망 안에서 부르심을 받았느니라. 주도 한 분이시요 믿음도 하나요 세례도 하나요 하나님도 한 분이시니 곧 만유의 아버지시라. 만유 위에 계시고 만유를 통일하시고 만유 가운데 계시도다"(엡 4:1-6). 에베소서 중심에 위치하여 이 본문으로 이어지는 놀라운 기도(엡 3:14-21)는 주기도와 요한복음 17장을 떠올리게 한다. 이 세 기도 모두 우리가 날마다 드리는 기도에 포함시켜도 될 만큼 충분히 가치 있다. 하지만 이런 기도를 드리는 것은 우리 그리스도인이 예수님의 욕망을 거슬러 얼마나 반복적으로 그 말씀을 어기고 있는지를 뼈저리게 경험하게 하여, 우리의 고뇌과 고통을 더욱 깊게 만든다. 오늘날 심각하게 분열된 전 세계 교회를 바라보면서, 내가 발견한 가장 긍정적인 희망의 표지는 폴 머레이(Paul Murray) 교수와 더럼 대학교 가톨릭연구소가 개발한 수용적 에큐메니즘(Receptive Ecumenism)의 실천이다. 이 책의 부록 4에서 이에 대해 간략하게 다룬다.

2. Ford, *The Gospel of John*, pp. 9, 13, 37, 94, 95, 201, 210, 260, 266, 295, 329, 330, 343, 344, 346, 404를 보라.
3. Alan Ecclestone, *The Scaffolding of the Spirit: Reflections on the Gospel of John* (London: Darton, Longman & Todd, 1987), p. 2.

부록 1 요한복음 17장에 비추어 주기도로 기도하기

1. 5장의 첫 번째 주를 반복하자면, 이 말을 하나님이 문자적으로 남성이라는 뜻으로 이해해서는 안 된다.

부록 4 그리스도인의 연합: 희망의 표지

1. 이에 대한 이해에 가장 손쉽게 접근할 수 있는 경로는 더럼 대학교 가톨릭연구소 웹사이트다. https://www.durham.ac.uk/research/institutesand-centres/catholic-studies/research/constructive-catholictheology-/receptive-ecumenism-/. 이제는 수용적 에큐메니즘에 대한 문헌이 많은데, 그중 주요 저술 두 권은 다음과 같다. *Receptive Ecumenism and the Call to Catholic Learning: Exploring a Way for Contemporary Ecumenism* edited by Paul D. Murray (Oxford: Oxford University Press, 2008). *Receptive Ecumenism as Transformative*

Ecclesial Learning. Walking the Way to a Church Re-formed edited by Paul D. Murray, Gregory A. Ryan and Paul Lakeland (Oxford: Oxford University Press, 2022). 나는 두 번째 책에 한 장을 기고했다. David F. Ford, 'Mature Ecumenism's Daring Future: Learning from the Gospel of John for the Twenty-First Century'.

2. 로즈캐슬재단 웹사이트를 참고하라. https://www.rosecastlefoundation.org.

찾아보기

가나 혼인 잔치 81, 87, 127, 131
가버나움 84, 86
가야바 176-177, 181
가족 91, 95; 과 제자도 204-205; 과 영광 124; 과 사랑 185-187; 과 서로 섬김 152; 또한 "집"을 보라.
같이'와 변주/즉흥 연주 148-149, 274-276
개신교 종교개혁 301
개인의 삶과 욕망 75
개인의 정체성 34, 57-58, 225; 과 사회적 표지 66; 과 변화 69-71, 73
겟세마네 동산 135-136
결혼 축사(윌버) 129
고난받는 종 168
고난주간과 부활절 34, 136-137
고별 강화 110-114, 136-138, 153, 170-171, 207; 와 제자도 244-245, 270; 와 악 270-271; 와 성령 213; 와 사랑 255-256; 와 기도 250-251; 와 말씀 249-250 5천 명을 먹이신 사건 80-82, 94, 129, 171
공관복음 136, 154-156
공동체(와 제자도) 57, 106, 125-126, 209, 244-248, 255, 267-271; 와 성찬 154; 와 사랑 301-302; 와 상호성 148
공동체로서의 교회 247-248
광야에서의 시험 92-93
교회력 36-37
권력과 나라 82, 92, 177-178, 182; 과 주기도 281
그리스도인의 삶 34, 35, 39, 265; 과 배움 246-248, 276-278, 289-290; 과 새 계명 142, 145-146, 148-149, 249-250, 255, 257; 과 예수님을 영접하는 것 150-154; 과 섬김 152, 208-210; 또한 제자도를 보라.
그리스도인의 연합 269, 287-288, 302-303
그리스어 문체 31
'기네스타이'(*ginesthai*, 되다) 299
기도 124-125, 140, 153, 210, 250-255, 259; 요한복음 17장의 예수님 89-90, 136, 137, 138, 173-174, 226, 258-259; 와 읽기 277; 또한 "주기도"를 보라.
기독교 사상(20세기에 발전된) 45, 287-288
기독교 성경 숙의 289-290
기독교 세계관 55, 225, 276
기쁨 207-208
기적 "표적/표지"를 보라.

나는…이다 60, 64, 86, 109, 150, 198, 231; 와 십자가 처형 193, 299; 나사렛 예수 176; 길이요 진리요 생명이니 30, 65, 74, 107, 172; 또한 "하나님과 예수님의 하나 됨"을 보라.
나사로 81, 105, 200
남아프리카공화국과 아파르트헤이트 300
내가…행한 것같이 148
넬슨 만델라 300
노리치의 줄리안 191
누가복음 92
니고데모 168, 212

다양한 매체 76, 90
당신은 누구십니까? "정체성"을 보라.
당신은 무엇을 구합니까? 75, 127, 202, 244, 225, 296
더럼대학교 가톨릭연구소 289, 302
도마 107, 117; 와 부활하신 예수님 29-30, 49-50, 197-198, 215-217, 299
드니스 레버토프 191-192, 293
뜻과 욕망 72, 87, 236

'람바네인'(*lambanein*, 영접하다) 188
로완 윌리엄스 295

로즈캐슬재단 289
리처드 윌버 129, 298
리처드 해리스 297

마가복음 248
마거릿 데일리덴턴 296, 301
마르다 105
마리아(마르다의 자매) 105, 131
마리아(예수님의 어머니) 101-102, 186
마지막 만찬 "주의 만찬"을 보라.
마태복음 92, 125-126, 279-285, 295, 296
막달라 마리아 52, 78, 197, 200-205
만나 85, 86
말씀 41-43, 47, 48, 117, 300; 과 영광 121; 과 성령 220-221; 과 예수님 48, 51, 55, 167, 226, 250
'메네인'(*menein*, 머물다 거하다) 84, 97-99, 103, 105, 106, 107, 236, 300
메시아/그리스도(이신 예수님) 29, 50, 64-65, 117, 201, 245
모세 64, 85, 86
목격자의 증언 49-51, 216-217, 238
목마름 71, 86, 189-191, 212
목회자와 사순절 38
문화적 경계 62-67
물/생수 63, 67-68, 69, 190-191, 213, 295-296
물을 포도주로 바꾸신 사건 81, 87, 230
믿음(과 제자도) 241, 302; 과 표지 127; 과 증언 193-194; 과 예수님에 대한 신뢰 49-50, 65-66, 84, 117, 153, 173, 216-217, 224

바나바 178
바울 111, 154, 221, 301
방해 162
배움과 제자도 47, 57, 244-250, 260, 277
베드로 70, 83, 102, 245; 와 사랑받는 제자 235-240; 와 욕망 78; 와 사랑 121, 158, 232-233, 260; 와 부활하신 예수님 232
변주/즉흥 연주 148-149, 211, 274-275
병자를 치유하심 81
본디오 빌라도 83, 177-179, 181, 182
부활의 일요일 36, 207, 243

빌립 213
빛 41-42, 171, 299

사랑 47-48, 88, 145; 과 십자가 처형 170-171, 185-188; 과 제자들 157-161, 301; 과 제자도 241-242; 과 영광 120-121; 과 하나님 66-67, 256-257, 281-282; 과 집 101-102; 과 예수님 51-52, 174; 과 배움 246; 과 상호성 122-114, 148-149, 154, 213-214, 255; 과 베드로 232-234; 과 죄와 악 163; 과 예배 251; 또한 "새 계명"을 보라.
사랑받는 제자 48, 79, 101, 103-105, 235-237; 와 십자가 처형 184, 186-188; 와 제자도 241, 243-244; 와 주님의 만찬 157-158
사랑의 상호 섬김 143, 149-152, 253-254
사마리아 여자 61-67, 67-71, 72, 190
사순절 84; 과 욕망 90-93; 과 주기도 279; 과 그'때'를 준비함 141-142
사순절 설교 28, 38
사탄 92, 158, 270; 과 유다 157, 160
삼위일체 297
상호 내주 99, 105, 109-114, 213, 282-283, 297; 와 승천하신 그리스도 205; 와 성찬 283; 와 발을 씻어 주심 155-156; 와 기도 250
새 계명 113, 142, 171, 261, 282; 과 그리스도인의 삶 148, 249, 255-256, 258; 마태복음에서의 125; 과 베드로 158
생명(풍성한) 30, 62, 68, 81-84, 126-130, 169-170, 233, 239; "생명의 떡" 과 "영생"을 보라.
생명의 떡 85, 86, 157-158, 169, 198, 231, 283
서방과 동방 교회의 분립 300-301
선한 목자 169-170, 198, 233-234
섬김에서 예수님의 본 148-149, 253-254
성금요일 165, 172, 193, 198-199
성령 60, 64, 107, 130, 211-212, 227; 교회의 분립 300-301; 과 오늘날의 삶 218-223; 과 변주 275-276; 과 기도 254; 과 진리 172, 249
성별 297
성전 104, 122
성찬 88-90, 154-157, 231, 283

세계관과 의미 45, 46
세례자 요한 41, 42, 87, 299; 과 예수님의 세례 93, 167-168; 과 성령 211; 과 정체성 58, 59
세상과 악 171-174
수용적 에큐메니즘 289, 302, 303
숨과 성령 130, 211-215, 219-220, 224, 239, 255, 274-275
슬픔 192
습관 33, 36, 91, 277, 278
승천 52-53, 203-204
시편 119, 122, 154, 277
신명기 124
실천 제자도; 기도; "요한복음을 반복해서 읽는 것(의 가치)"을 보라.

아담 212
안드레 245
앨런 에클스턴 37, 277
야웨 110
어둠 47, 132, 159, 171, 270-271, 272, 284; 과 부활 200-201
언어와 의미 43-44
'에고 에이미'(*egō eimi*, 나는…이다)
64, 77, 176
에베소서 302
에큐메니컬 운동 289-290
'에파네로센'(*ephanerōsen*, 나타내다)
229, 232
영광 34, 117-119, 126-127, 139, 226; 과 십자가 처형 130; 과 하나님의 행위 122-123; 과 주기도 285; 과 사랑 120-121; 과 기도 250-251, 280; 과 표적 128-129
영생 84, 86-87, 132, 145, 169, 281, 283; 과 십자가 처형 193; 하나님 중심의 87, 97, 133, 246; 과 집 106-108; 과 상호 내주 99; 과 부활하신 예수님 204, 231; 과 물 63, 67-68, 190-191; 또한 "생명의 떡"을 보라.
예배 63-64, 155, 156; 와 문화적 분열 70-72; 와 욕망 72-73, 77; 와 기도 124-126, 250-254
예수님 안에 거함 89, 97, 110-113, 266, 282
예수님에 대한 신뢰/믿음
32, 49-50, 54, 84, 131, 154; 와 사랑하시는 제자 101-103; 와 생명의 떡 86; 와 십자가 처형 193; 와 제자도 242-243; 와 믿음 216-218, 224; 와 영광 129; 와 가정 104; 와 밀알 비유 131-132; 와 성령을 받음 218-221; 와 진리 195
예수님을 영접함 42, 82, 98, 204; 과 하나님 66, 73, 150-154, 187-188;
예수님의 나라 83-84, 177, 182
예수님의 부활 65, 142, 168, 201-206; 과 사랑받는 제자 243; 과 제자들 229-233; 과 새 창조 221
예수님의 십자가 처형
85, 101-103, 130, 145, 165, 175-176, 185-194, 271; 과 사랑받는 제자 188, 243; 과 어둠의 세력 159, 160, 171, 271; 과 영광 134-135; 과 들리심 193, 205, 299; 에 대한 준비 141-143, 199; 과 부활 208, 226; 의 독특성 170
예수님의 재판 176-183
예수님의 체포 77, 83-84, 142, 175-176, 180, 191
예수님이 제자들의 발을 씻어 주심
145, 146-147, 156, 257-258
오늘날과 맞닿아 있는 복음서
195, 230, 256, 259-278
요한1서 256, 298, 297-298, 302
요한복음을 반복해서 읽는 것(의 가치)
33, 220, 277-278; 과 오늘날의 삶 266; 과 제자도 269-270; 과 에클스턴의 묵상법 277; 과 성령 219; 과 의미 47
요한복음의 (이중) 목적 29-30
요한복음의 구조와 문체 31-35
요한복음의 프롤로그 39, 41-54
요한복음이 제기하는 질문들 39, 57
욕망 71, 75, 85-86, 90, 225, 296; 과 제자도 266-267; 과 충족 87; 과 하나님 90-91; 건강과 음식 81-82; 과 예수님 76-80, 94, 111, 234, 258-259; 과 뜻 235
용서 215, 283-284
우리 시대를 위한 영성 35
우리는 누구를 찾고 있습니까? 224
유다 146, 157, 158-159, 235-236, 255, 270-273
유대인의 왕 177, 184
음식 81, 82, 84, 92
음악과 즉흥 연주 274-275
의미 43-47

이레네우스 119
이사야 168
이삭 168
인격적 관계 91, 94-95; 와 집 99-103; 와 예수님을 영접하는 것 151-154
인류 54, 62, 137, 167, 191, 227
인자 60, 131, 168-170; 와 십자가 처형 193, 299; 와 영생 84; 와 성찬 88; 와 영광 271
일레인 스토키 295
잉그리드 키츠버거 250

자유와 책임 160
재닛 소스키스 297
정체성 71, 225; 과 예수님 58-67, 73, 169, 175-179, 229-230
제자도(와 사랑받는 제자)
101-103; 와 공동체 106, 207-209, 267-270; 와 오늘날의 삶 240; 핵심 실천 241-259; 와 가족 204-205; 와 성령 129, 221, 225; 와 변주 274-276; 와 배움 57, 225; 와 상호 내주 99; 부활 후 232-233; 와 세상 270-273; 또한 "예수님을 영접함"을 보라.
종려주일 38, 141
죄와 악 47, 157, 159-160; 과 십자가 처형 190; 과 제자도 270-273; 의 종 105; 과 성금요일 165-166, 171; 과 기쁨 208; 과 어린양 59; 과 주기도 284; 과 부활 200
주기도 89, 125, 140, 258, 276; 와 요한복음 17장의 예수님의 기도 279-285
주님의 만찬 88-89, 102, 130, 142; 또한 "성찬"을 보라.
죽음 115, 284; 과 십자가 처형 185, 189-191, 192, 200-201; 과 예수님 132-133, 170-171, 177, 299
줄리안의 20장 주제에 부쳐(레버토프) 191
증언 49, 117, 194-195, 216-218, 237
지혜(와 욕망) 75, 78, 80; 와 제자도 227, 244, 267, 270
진리/참 105, 195; 와 예수님의 체포와 재판 180-183; 와 성령 172, 249; 와 배움 246; 와 능력 84; 와 예배 63-64, 254
집 97-103, 114, 225, 236; 과 공동체 104-105; 과 예수님 134

창세기 298-299

카린 보스 하먼 278

'텔레마'(*thelēma*, 뜻) 72, 87, 123
'텔레인'(*thelein*, 욕망) 75, 78, 82, 89

평안/평강 206, 208-209, 215, 224, 272
포도나무의 비유 53, 104-109, 141, 204, 243, 249, 300
폴 머레이 교수 302
표적/표지 81-82, 139, 230, 296; 과 영광 127-130; 과 예수님에 대한 믿음 84
풍성함 51, 106, 230, 266; 또한 "생명(풍성한)"과 "흘러넘치는 풍성함"을 보라.
'프뉴마'(*pneuma*, 영/바람) 212
'피스테우에인'(*pisteuein*, 신뢰/믿음) 241, 295
피와 물 193

하나님 나라 125, 281
하나님 및 예수님과의 관계 53-56
하나님과 예수님의 연합
147, 151, 162, 167, 178-179, 187-188, 192; 과 십자가 처형 168-169; 과 제자도 268-269; 과 성령 213; 과 사랑 232-234; 과 기도 280, 282-284; 과 부활 222-223; 과 도마 217; 과 시간 298-299; 또한 "나는…이다"를 보라.
하나님을 아는 것 46, 53-54, 119, 154, 167, 174; 과 사랑 256-257; 과 기도 250
하나님의 어린양 59, 122, 168-169, 299
하나님의 일 84, 156, 231, 242
한 알의 밀 비유 131
'호 퀴리오스 에스틴'(*ho kurios estin*, 주님이시다) 230
환경 위기 68
흘러넘치는 풍성함 30, 33, 128-129, 143, 212(충만함), 223(깊고도 풍성한), 251

철저히, 친밀하게, 취약하게 사랑하다
Meeting God in John

지은이 데이비드 포드 • 옮긴이 이지혜
펴낸곳 (사)한국성서유니온선교회 • 등록 제14-6호(1978. 10. 21.)

초판 발행 2026년 2월 6일
주소 05663 서울시 송파구 오금로 22길 13 • 전화 02-2202-0091 • 팩스 02-2202-0095
이메일 edit02@su.or.kr • 홈페이지 su.or.kr • 페이스북 SUpublish • 인스타그램 s.u.book

ISBN 978-89-325-5079-4 03230

성서유니온선교회(Scripture Union)는 1867년에 영국에서 어린이 전도와 성경읽기 사역을 시작하여, 현재 120여 개국에서 다양한 사역을 펼치고 있는 국제 선교단체입니다.

한국성서유니온선교회는 1972년에 시작되어 한국 교회에 성경묵상(QT)을 소개하였고, 현재 전국 12개 지부에서 성경읽기, 어린이 · 청소년 전도, 캠프, 개인성경공부(PBS), 그룹성경공부(GBS), 지도자 훈련, 기독교 서적 출판 등의 사역에 힘쓰고 있습니다.

성서유니온선교회의 목적은 어린이와 청소년 그리고 그들의 가정에 하나님의 복음을 전하는 한편, 모든 그리스도인이 규칙적이고 체계적인 성경묵상을 통해 온전한 믿음에 이르도록 돕는 것입니다.